本书受贵州省哲学社会科学创新工程资助出版

贵州省社会科学院甲秀文库

数据要素市场
性质、影响因素及动力机制

THE DATA MARKET
THE NATURE, INFLUENCING FACTORS,
AND DYNAMIC MECHANISMS

黄朝椿　著

社会科学文献出版社
SOCIAL SCIENCES ACADEMIC PRESS (CHINA)

贵州省社会科学院甲秀文库
编辑委员会

主　任：黄朝椿　张学立
副主任：赵　普　索晓霞　陈应武　黄　勇
成　员：谢忠文　戈　弋　刘　岚　余　希

贵州省社会科学院甲秀文库出版说明

近年来，贵州省社会科学院坚持"出学术精品、创知名智库"的高质量发展理念，资助出版了一批高质量的学术著作，在院内外产生了良好反响，提高了贵州省社会科学院的知名度和美誉度。经过几年的探索，现着力打造"甲秀文库"和"博士/博士后文库"两大品牌。

甲秀文库，得名于贵州省社会科学院坐落于甲秀楼旁。该文库主要收录院内科研工作者和战略合作单位的高质量成果，以及院举办的高端会议论文集等。每年根据成果质量数量和经费情况，全额资助若干种著作出版。

在中国共产党成立100周年之际，我们定下这样的目标：再用10年左右的功夫，将甲秀文库打造为在省内外、在全国社科院系统具有较大知名度的学术品牌。

贵州省社会科学院
2021年1月

序

本书是我的博士毕业生黄朝椿在他的博士学位论文基础上完善而成的。他请我写个序言，作为博士生导师，我责无旁贷，欣然应允。

评价一篇博士学位论文，可以有不同的视角，也有多种标准，但最为核心的无外乎"创新"二字。

理论上要有所创新。博士学位论文需要重要的理论创新。本书难能可贵之处，在于在一个新的研究领域不仅有创新观点，而且提出和发展了相关理论。作者基于信息不对称理论，将市场划分为四种类型，发现耐用品属于卖方信息占优市场，如果任由市场机制作用，结果将是需求侧引致的市场失灵，而以"柠檬市场"最为典型；资本品属于买方信息占优市场，如果任由市场机制作用，结果将是供给侧引致的市场失灵，而以"数据要素市场"最为典型。在此基础上，通过理论分析和数学建模，本书提出"饥饿市场"的概念，得出数据要素市场供给特别是高质量数据供给将长期小于需求的结论。这一理论发现很好地解释了数据要素市场"有数无市、有市无数"的现状，也符合我们在科研工作中"一数难求"的现实感受。关于数据产权的"二重性"、要素价格的"间接性"研究，不仅为数据特征在理论上作出了很好的阐释，而且为建立相关理论提供了一个系统的分析框架。

理论对实践有重要的指导作用。马克思曾说："问题就是时代的口号，是它表现自己精神状态的最实际的呼声。"博士学位论文要立足于问题导向，提出真正解决问题的新理念、新思路和新办法。人类进入数字经济时代，数据成为关键生产要素。推进数据要素资源的市场化配置，是发展社会主义市场经济的基本要求，对于助力发展新质生产力、推进中国式现代化具有关键作用，对加快数据要素市场建设提出了现实课题。在基础研究不够、市场实践不足的前提下，选择这一题目作为博士学位论文的选题，研究工作面临着许多难题。在已有相关研究的基础上，本书紧紧围绕数据要素市场面临的确权难、定价难、入场难、互信难、监管难"五难"现实，进行了相关理论探讨，提出了数据要素市场存在产权主体的二重性、价值测度的间接性、规模交易的困难性、经济性质的复杂性、市场模式的多样性"五性"特征，并对数据要素市场影响因素进行了理论解释和实证分析。在此基础上，基于物理—事理—人理（WSR）系统方法论和市场设计理论，提出了数据要素市场机制设计原则和发挥政府作用的若干政策建议。

方法上也要有所创新。2023年11月26日，中国科学院88岁高龄的顾基发先生获颁"复旦管理学终身成就奖"，这也是对"物理—事理—人理"（WSR）系统方法论的肯定。本书将这一思想方法用于研究数据要素市场这一复杂系统，跳出过去研究中主要用于具体项目的局限，也有效避免了已有文献在研究数据要素市场时过于法律化、政策化、单一化的倾向。系统动力学思想方法的引入，既为数据要素市场研究提供了科学的定量研究方法，又解决了在研究中缺乏有效数据的难题，从而为数据要素市场建设的政策取向提供了更明确、更具体、更科学的理论基础。本书集成WSR系统方法论、扎根理论、主成分分析、验证性因子分析、系统动力学等思想、理论和方法，形成思想—理论—方法"三位一体"的研究范式，为复杂系统的新领域、新问题的研究提供了一种新的思路。

作为导师，我还是要特别表扬一下这位学生。作者临近毕业之际，从中央机关回到地方单位工作，实现了从行政官员到科研人员的身份转换。有人说，古今中外，学而优则仕易，仕而优则学难。我在想，学而优则仕，这是把所学知识运用到实践中去；仕而优则学，这是带着工作积累去寻求新的知识。无论是"学而优则仕"，还是"仕而优则学"，都是为了更好地服务党和人民的事业。实际上，作者的经历就是在不断地进行着这样的身份转换，在探寻理论与深入实践的螺旋式上升过程中，保持着对知识、理论和实践的热爱和执着。

最后，衷心祝愿作者在新的工作岗位上为我国社会科学事业的发展与繁荣作出新的更大贡献。

2023年12月23日

前　言

　　数字经济是以数据为关键要素的经济形态，数字经济的快速发展，为建设数据要素市场提出了现实需求。然而，与数字经济快速发展形成鲜明对比的是，数据要素市场仍然相对滞后，总体呈现"有数无市、有市无数"的现象。重要的原因在于，作为一种新型要素市场，基础理论研究滞后，市场组织设计滞后，致使数据要素市场的发展仍然处于探索中。

　　本书围绕数据要素市场的性质、影响因素及动力机制等问题展开研究，首先，分析了数据要素市场的性质，阐释了数据要素市场独有特性。其次，在此基础上，基于市场信息理论，研究了数据要素市场供求关系，构建了数据要素市场供求模型。针对数据要素市场的复杂性、系统性、综合性，运用WSR系统方法论、扎根理论、主成分分析、验证性因子分析对数据要素市场影响因素进行了定性分析和实证分析。最后，构建了数据要素市场系统动力学模型，对数据要素市场的运行及发展进行仿真模拟，并提出了相应的政策建议。具体创新之处如下。

　　本书立足于管理科学与工程学科方法，在经济管理方面的基础理论、政策实践、研究方法上作了一些创新探索。

　　（1）基础理论的探索。围绕数据要素市场建设，就市场的经济性质、定价机制、供求机制、信息机制、组织形态等进行了理论探索和创新研究。基于数据要素的物质形态和经济技术特点，已有单边市场、双边市场并不完全适用于数据要素市场，必须从数据要素的基本理论入手，回答和解决数据要素市场存在的问题。基于买卖双方不同的市场信息占有情况，将市场划分为对称市场、卖方占优市场、买方占优市场、地下市场四种类型，对市场组织形态的研究具有一定理论价值，也为探讨数据要素市场性质提供了理论基础。针对数据要素市场定价难的问题，本书提出要素价格既包括"成本投入"，也包括"价值创造"，数据要素市场定价必须反映参与生产的经济贡献。通过数学建模和理论推导，对数据要素市场的供求关系进行了深入研究，发现数据要素市场存在供给不足特别是高质量数据供给不足的问题，是一个典型的"饥饿市场"，这也解释了数据要素市场"有市无数、有数无市"的现实。

（2）政策实践的探索。基于实地调研和问卷调查数据，运用统计方法，本书研究了影响数据要素市场物理、事理、人理因素及各自的权重系数，说明数据要素市场受物理技术、政策制度、市场环境的综合影响。通过构建数据要素市场WSR系统动力学模型，厘清了市场动力系统的运行机理，仿真模拟结果还表明，政府对数据要素市场的支持十分必要，当前特别是加大物质技术投入力度的政策效应更为明显。从政府支持政策视角来看，在单一政策情景下，数据要素市场增长程度和GDP对各政策的敏感度排序均为"物理维"投入模式＞"事理维"投入模式＞"人理维"投入模式；在组合政策模式下，"物理维+事理维"投入模式具有最大的政策效应，这就为加快发展数据要素市场的政策取向提供了明确的方向。

（3）研究方法的探索。数据要素市场是一个新型市场、专业市场、复杂市场。本书集成多种理论和方法，坚持定性研究与定量研究、实地调研与文献调研、经济理论与管理理论、理论分析与实证分析"四个结合"，形成了"思想+方法+实践"的集成研究框架。全书贯穿WSR系统方法论思想，综合运用管理学、统计学、经济学、社会学等多学科、多方法，最后通过仿真模拟进行政策实验，提出了数据要素市场机制设计的构想和建议。本研究逻辑和方法，为在基础研究不够、数据资料不多、实践经验不足的数据要素市场研究新问题、新现象、新领域提供了一种思路。

Contents
目 录

第1章 数据是数字时代的新型生产要素 …………………………001
1.1 社会形态的演进 …………………………………………001
1.2 数据成为新型生产要素 …………………………………006
1.3 各国抢占数字经济新高地 ………………………………010
1.4 数据要素市场现状 ………………………………………012
1.5 本章小结 …………………………………………………027

第2章 数据、数据要素及数据要素市场 …………………………028
2.1 数据及其经济技术特征 …………………………………028
2.2 数据要素的形成及其特点 ………………………………031
2.3 数据要素市场 ……………………………………………037
2.4 本章小结 …………………………………………………051

第3章 供给侧引致的市场失灵 ……………………………………053
3.1 基于信息的市场分类 ……………………………………053
3.2 基于供给侧和需求侧的市场失灵 ………………………060
3.3 数据要素市场供求曲线 …………………………………068
3.4 本章小结 …………………………………………………073

第4章 数据要素市场供求模型 ·········· 074
- 4.1 研究设计 ·········· 074
- 4.2 市场供求函数 ·········· 078
- 4.3 供求函数均衡分析 ·········· 083
- 4.4 本章小结 ·········· 086

第5章 数据要素市场的影响因素 ·········· 088
- 5.1 已有研究概述 ·········· 088
- 5.2 理论选择及方法运用 ·········· 089
- 5.3 数据分析 ·········· 101
- 5.4 理论编码 ·········· 105
- 5.5 本章小结 ·········· 115

第6章 数据要素市场影响因素实证研究 ·········· 116
- 6.1 方法选择 ·········· 116
- 6.2 数据采集 ·········· 119
- 6.3 主成分分析 ·········· 123
- 6.4 验证性因子分析 ·········· 132
- 6.5 本章小结 ·········· 140

第7章 数据要素市场WSR系统动力学模型 ·········· 141
- 7.1 数据要素市场经济效应研究概述 ·········· 141
- 7.2 分析框架的设定 ·········· 142
- 7.3 模型基础数据 ·········· 146
- 7.4 模型检验与情景分析 ·········· 152
- 7.5 本章小结 ·········· 160

第8章 数据要素市场机制设计 ·········· 161
- 8.1 市场设计理论 ·········· 161
- 8.2 基于政府作用的市场类型 ·········· 167

8.3 数据要素价值链 …………………………………………………… 171
8.4 做市商市场模式 …………………………………………………… 174
8.5 本章小结 …………………………………………………………… 177

第9章 更好发挥政府在市场建设中的作用 …………………………… 178
9.1 政策制度 …………………………………………………………… 178
9.2 市场供给 …………………………………………………………… 186
9.3 价格机制 …………………………………………………………… 190
9.4 入场交易 …………………………………………………………… 196
9.5 市场模式 …………………………………………………………… 200
9.6 市场建设 …………………………………………………………… 207
9.7 本章小结 …………………………………………………………… 214

第10章 数据要素市场的未来 …………………………………………… 215
10.1 数据要素市场方兴未艾 ………………………………………… 215
10.2 数据将在发展新质生产力中始终发挥关键要素作用 ………… 217
10.3 数据要素市场助力中国式现代化 ……………………………… 219
10.4 数据要素市场迎来发展机遇 …………………………………… 222

参考文献 ………………………………………………………………… 226

附 录 问卷调查情况 …………………………………………………… 240
附件1 调查问卷函 …………………………………………………… 240
附件2 受访者基本信息（请在选项上直接打√）………………… 241
附件3 数据要素市场影响因素量表 ………………………………… 242
附件4 调查问卷默认报告 …………………………………………… 244

后 记 …………………………………………………………………… 249

第1章
数据是数字时代的新型生产要素

本章讨论了农业社会、工业社会、数字社会的演进规律,进而阐释数据成为新型生产要素、各国抢占数字经济高地的现实逻辑和战略考量。通过分析数据要素市场的现状,加深对要加快数据要素市场建设这一课题时代背景、现实意义的理解。

1.1 社会形态的演进

1.1.1 社会形态及其生产要素

数字经济(Digital Economy)是以数据资源为关键要素,以现代信息网络为主要载体,以信息通信技术融合应用、全要素数字化转型为重要推动力,促进公平与效率更加统一的新经济形态。

与经济形态相对应,数字社会是继农业社会、工业社会之后,人类文明的新形态。在这一社会形态的变迁过程中,随着生产力的发展、社会形态的演进,生产要素的内涵不断拓展,继土地和劳动之后,资本、管理、技术、知识、数据相继作为生产要素参与生产过程,与此同时,也形成了相应的代表性理论(见表1-1)。

人类进入数字社会以来,数字经济正在以前所未有的力量推动社会生产生活方式和社会经济关系的深刻变革,其发展速度、辐射范围、影响程度都远远超过过去任何一种经济形态,成为重组全球要素资源、重塑全球经济结构、改变全球竞争格局的关键力量。在一定意义上讲,数字经济的发展,代表了未来经济社会发展的方向,决定了一个国家的综合国力和国际竞争力。

表1-1 社会形态、生产要素及代表性观点

社会形态	生产力发展标志	生产要素	代表性理论来源	代表性观点
农业社会	人类告别游牧生活,普遍发展种植业、饲养业,进入种养化时代	劳动、土地	威廉·配第《赋税论》	劳动是财富之父,土地是财富之母
工业社会	蒸汽机的发明使用,开启第一次工业革命,进入机械化时代	劳动、土地+资本	让·巴蒂斯特·萨伊《政治经济学概论》	"三位一体"公式:劳动取得工资,土地获取地租,资本获得利息
工业社会	电力的广泛应用,开启第二次工业革命,进入电气化时代	劳动、土地、资本+管理	马歇尔《经济学原理》;约瑟夫·熊彼特《经济发展理论》	企业家才能是生产要素。企业家是推动经济发展的主体
工业社会	原子能、电子计算机、空间技术的广泛应用,开启第三次工业革命,进入自动化时代	劳动、土地、资本、管理+技术	西蒙·库兹涅茨《各国的经济增长》;罗伯特·默顿·索洛《增长理论:一种解说》	技术是长期经济增长的决定因素
	教育和研究开发是知识经济的主要部门,高素质的人力资源是重要的资源,进入信息化时代	劳动、土地、资本、管理、技术+知识	约翰·奈斯比特《大趋势》;保罗·罗默《收益递增与长期增长》;罗伯特·卢卡斯《论经济发展的机制》	新经济增长理论;知识和人力资本不仅能自身形成递增收益,而且能使资本和劳动等要素也产生递增收益
数字社会	移动互联网、大数据、云计算、人工智能、区块链等数字技术兴起应用,进入数字化时代	劳动、土地、资本、管理、技术、知识+数据	克劳斯·施瓦布《第四次工业革命》;《二十国集团数字经济发展与合作倡议》;中国共产党第十九届中央委员会第四次全体会议文件	以信息和知识的数字化为关键生产要素、以现代信息网络为重要载体、以有效利用信息通信技术以提升效率和优化经济结构重要动力的广泛经济活动

1.1.2 不同社会形态的特点

1.1.2.1 农业社会

农业社会是以传统农业经济为主的社会形态。这一时期的农业，主要是指原始农业、传统农业，一般都是以人力、畜力为动力，以简单的手工农具为设备，缺乏农业基础设施，基本处于靠天吃饭的状态。农业社会的手工业主要有手工纺织、制陶、打铁、铸铜等，主要目的也是服务农业生产。18世纪以前，人类处于农业社会。在农业社会，劳动和土地是基本生产要素。17世纪中叶，英国经济学家威廉·配第在《赋税论》一书中，提出"劳动是财富之父，土地是财富之母"的观点，认为社会财富的真正来源是劳动和土地，把劳动和土地作为最基本的生产要素。

1.1.2.2 工业社会

工业社会是继农业社会之后，以工业生产为经济主导成分的社会。从经济发展的角度，工业社会的主要特征是生产的专业化、社会化，伴随着科技快速进步、机器广泛使用、交通通信发达等，工业社会的生产效率得到全面提高。马克思在1848年写的《共产党宣言》第一章就说："资产阶级在它的不到一百年的阶级统治中所创造的生产力，比过去一切世代创造的全部生产力还要多，还要大。自然力的征服，机器的采用，化学在工业和农业中的应用，轮船的行驶，铁路的通行，电报的使用，整个大陆的开垦，河川的通航，仿佛用法术从地下呼唤出来的大量人口……过去哪一个世纪料想到在社会劳动里蕴藏有这样的生产力呢？"

从18世纪五六十年代开始，英国最先发起了第一次工业革命，开创了以机器代替手工劳动的时代，蒸汽机被广泛使用，工厂制代替了手工工场，机器代替手工劳动，生产设备、厂房等资本成为主要生产资料。因此，第一次工业革命之后，随着资本主义生产方式的形成，社会最基本的生产要素除了劳动和土地，又新增了资本这一要素。1803年，法国经济学家让·巴蒂斯特·萨伊在《政治经济学概论》一书中，第一次提出生产要素"三位一体"公式，认为社会财富分别来源于劳动、土地、资本，即劳动取得工资、土地获取地租、资本获得利息；反过来说，就是工资是劳动的价格、地租是土地的价格、利息是资本的价格。

从19世纪60年代开始，自然科学研究取得重大进展，各种新技术、新发明层出不穷，广泛应用于工业生产领域，第二次工业革命蓬勃兴起。特别是电力成为补充和取代以蒸汽机为动力的新能源。随后，电灯、电车、电影放映机相继问世并普遍使用，人类进入电气化时代。伴随工业革命的推进，资本主义生产社会化进一步明显，企业之间的竞争日益加剧，生产和资本趋向集中从而产生垄断。在这一时期，西方主要国家市场经济体制高度发达，市场成为配置资源的决定性力量，企业家地位和多方面作用充分显现出来，生产组织越来越成为一个重要的因素。1890年，英国经济学家马歇尔出版《经济学原理》，把萨伊的生产三要素扩充为生产四要素，即劳动、资本、土地和组织（企业家才能），运用均衡价格分析方法依次研究各个生产要素，分配理论成为四个生产要素的均衡价格决定理论，即社会财富由工资、利息、地租、利润共同创造和决定。1912年，美籍奥地利经济学家约瑟夫·熊彼特出版《经济发展理论》一书，明确提出"企业家精神"，认为企业家的本质是创新，企业家是推动经济发展的主体。以这些理论作为核心思想，管理即企业家才能被列为独立的生产要素。

从20世纪四五十年代开始，继蒸汽技术革命和电力技术革命之后，人类迎来了第三次工业革命，以原子能、电子计算机、空间技术和生物工程的发明和应用为主要标志，包括信息技术、新能源技术、新材料技术、生物技术、空间技术、海洋技术等，都取得了突破性进展。特别是电子计算机和互联网的应用和发展，促进了生产自动化、管理现代化、科技现代化。同前两次工业革命相比，在第三次工业革命中，科技在推动生产力的发展方面起着越来越重要的作用，科学技术转化为直接生产力的速度加快，科研探索的领域也在不断拓展，相互联系渗透的程度越来越深。反映到理论上，越来越多的经济学家认识到，科学技术在社会生产中作为独立要素具有独特作用和巨大贡献。20世纪五六十年代，美国经济学家罗伯特·默顿·索洛深入研究了经济增长理论，于1956年发表《对增长理论的贡献》一文，1957年发表《技术变化与总生产函数》一文，1969年出版《增长理论：一种解说》一书，提出技术进步是经济增长的主要动力。1971年，美国经济学家西蒙·库兹涅茨出版《各国的经济增长》一书，明确提出：劳动力与资本质量的改进是生产率提高的主要原因，而其背后则归因于科学的进步。以这些理论为代表，技术被作为独立的生产要素。

1.1.2.3 数字社会

数字社会提出时间不长，可以认为，作为社会形态正式概念应从知识经济开始。根据OECD的定义，知识经济是建立在知识和信息的生产、分配与使用之上的经济。第三次工业革命之后，出现了一大批以知识为依托的新领域、新业态、新产业、新产品，信息、教育、通信等知识密集型产业大量出现，软件研发、电子贸易、网络经济、在线经济等新型产业大规模兴起，农业等传统产业越来越知识化，教育融入经济活动的所有环节，经济社会发展越来越依靠知识的积累和运用。1982年，约翰·奈斯比特在《大趋势》一书中提出"信息经济"的概念，认为知识经济是与农业经济、工业经济相对应的概念，知识包括人类社会所创造的一切知识，可以提高投资回报率，人们可以通过创造更有效的生产组织方式以及产生新的改进的产品和服务而实现经济的增长。1983年，美国经济学家保罗·罗默在其博士学位论文中提出"新经济增长理论"，1986年发表《收益递增与长期增长》一文，提出了以知识生产和知识溢出为基础的知识溢出模型，认为知识是一个重要的生产要素，知识和人力资本不仅能自身形成递增收益，而且能使资本和劳动等要素也产生递增收益，从而整个经济的规模收益递增。1988年，罗伯特·卢卡斯在《论经济发展的机制》一文中，提出两资本模型和两商品模式，将人力资本作为独立因素纳入经济增长模式。"新经济增长理论"的提出，标志着知识经济在理论上的初步形成，知识成为独立的生产要素受到学界和业界的高度重视。

随着知识经济和信息经济的快速发展，特别是数字技术的广泛应用，经济社会发展日益呈现与农业经济时代、工业经济时代不一样的形态和特点。这背后的经济逻辑，一方面，科技的发展推动了社会变革；另一方面，在不断的发展过程中，有形生产要素、生态环境容量对发展的约束越来越明显，从而倒逼经济发展需要寻找新的要素资源。为此，优化资源的配置、提高利用效率、依靠科技进步引领发展，成为经济发展的必然路径。1993

年，美国经济学家泰普斯科特出版《数字经济蓝图》，预测了互联网时代经济发展的新形态。此后，1998年、1999年美国商务部连续发布《浮现中的数字经济》（Ⅰ）、《浮现中的数字经济》（Ⅱ），2020年发布《数字经济报告》，相继对数字经济的发展趋势、特点、影响作出论述和预测。2016年，在中国杭州召开的G20杭州峰会发布《二十国集团数字经济发展与合作倡议》，给出了到目前为止被广为接受的数字经济概念。随着数字经济概念的提出，数字经济在实践中快速发展，表现出独有的经济属性，数据作为生产要素越来越受到关注，其显示的独立生产要素的特性，已经成为学界和业界的广泛共识。

1.2 数据成为新型生产要素

1.2.1 我国重要文件的有关表述

在经典的教科书中，生产要素一般被定义为进行社会生产活动所需要的各种社会资源。这些社会资源，也就是生产要素，其内涵随着社会生产力的发展而在不断拓展；与此同时，生产要素直接参与生产、交换、流通、分配、消费过程，进而改变生产函数形式和作用方式，促进社会生产力发展，也影响着社会生产关系的变革。

市场经济意义上的生产要素在我国与改革开放进程紧密相关，既是我国改革开放的重要内容，也成为推动改革开放和现代化建设的动力源泉。改革开放以来，每一个新型生产要素写入党的重要文件（见表1-2），都成为经济体制改革的重要标志；新型生产要素写入党的重要文件，也都对经济社会发展产生了重大的作用和深远的影响，有力地推进相关理论和实践的发展。2017年12月，习近平总书记在十九届中央政治局第二次集体学习时，明确提出"构建以数据为关键要素的数字经济"，之后多次提及、论述"数据是数字经济关键要素"的思想。2019年10月，党的十九届四中全会通过的《中共中央关于坚持和完善中国特色社会主义制度 推进国家治理体系和治理能力现代化若干重大问题的决定》提出，要"健全劳动、资本、土地、知识、技术、管理、数据等生产要素由市场评价贡献、按贡献决定报酬的机制",数据作为新型生产要素正式出现在党中央重要文件中。

数据被列为新型生产要素,具有重大的理论和现实意义。一方面,数据作为生产要素体现了、顺应了数字经济发展的实践和需要,数字经济的快速发展、数据要素的海量集聚和在经济中发挥的巨大作用,使数据在客观上具有了生产要素的作用;另一方面,明确数据作为生产要素,有利于更好地采集、挖掘、利用数据资源,为数字经济的进一步发展注入动力,从而加快经济社会发展转型和高质量发展。

表1-2　中国共产党重要文献关于新型生产要素的表述

年份	会议/文件	新型生产要素	相关内容
1982	中央批转全国农村工作会议纪要	土地	明确了家庭联产承包责任制的经济形式,实际上提出了土地的生产要素性质
1984	中国共产党第十二届中央委员会第三次全体会议	劳动	开展以城市为重点的经济体制全面改革,企业开始实行用工合同制,意味着明确了劳动作为生产要素的性质
1993	中国共产党第十四届中央委员会第三次全体会议	资本	允许作为个人的资本等生产要素参与收益分配,明确了资本的生产要素性质
1997	中国共产党第十五次全国代表大会	技术	把按劳分配与按生产要素分配结合起来,着重发展资本、劳动力、技术等生产要素市场,明确了技术作为生产要素的性质
2002	中国共产党第十六次全国代表大会	管理	坚持按劳分配为主体,多种分配方式并存。确立劳动、资本、技术和管理等生产要素按贡献参与分配的原则,界定了管理的生产要素性质
2013	中国共产党第十八届中央委员会第三次全体会议	知识	健全资本、知识、技术、管理等由要素市场决定的报酬机制,明确知识的生产要素性质
2019	中国共产党第十九届中央委员会第四次全体会议	数据	健全劳动、资本、土地、知识、技术、管理、数据等生产要素由市场评价贡献、按贡献决定报酬的机制,正式明确了数据的要素性质

1.2.2 数据要素的战略资源作用

人类进入数字社会最为重要的特征，就是数据成为新型生产要素和新的战略资源。从20世纪90年代开始，数字技术蓬勃发展，数字革命方兴未艾，数字技术和人类生产生活以前所未有的广度和深度交汇融合，全球数据呈现爆发式增长、海量式集聚的特点，以其独特的方式广泛而深刻地影响社会生产力的发展和社会生产关系的变革。党的十八大以来，我国抓住机遇，超前布局数字经济，特别是较早提出数据生产要素的概念，成为数字经济的重要引领者。数据的充分挖掘和有效利用，优化了资源配置，提高了使用效率，改变了人们的生产、生活和消费模式，提高了全要素生产率，推动了诸多领域的深刻变革，对经济发展、社会生活和国家治理产生着越来越重要的作用。

（1）数据成为新的战略资源

马克思主义认为，生产力是人类社会发展的决定力量。每一次社会形态的变革，都伴随新型生产要素的出现，并且其作为核心资源带动社会生产力的跃升。在农业社会，土地和劳动是基本生产要素；到了工业社会，资本、管理、技术、知识相继成为新型生产要素，极大推进了人类社会的发展进步。进入数字社会，数据成为新型生产要素。比较其他生产要素，数据在国民经济中更具基础性、战略性地位。数字经济在国民经济中的占比高、综合效益高，与其他产业关联度高，对国民经济的驱动作用大，具有巨大的增长空间与潜力。2020年，我国数字经济核心产业增加值占国内生产总值的比重达到7.8%[1]，其增长速度也持续高于整体经济增长水平，超过一般主导产业而成为战略产业。数据渗透到经济社会发展方方面面，以其流动引领技术流、物质流、资金流、人才流，深刻影响社会生产、流通、分配、消费活动和经济运行机制、社会生活方式、国家治理模式。随着数字经济的深入发展，数据在经济活动中体现了不可或缺的地位，其战略资源的地位将越来越明显地体现出来。

---

[1] 《国务院关于印发"十四五"数字经济发展规划的通知》[A/OL]，2021-12-12.

（2）数据带来新的发展动能

数据作为生产要素参与生产，其对经济发展的促进和乘数效应，已为理论所证明，得到发展实践的证实。以数据为关键要素的数字产业化、产业数字化、数字化治理，数字技术与实体经济深度融合，已经成为经济社会发展持久、多重、巨大的动力源泉。数据既是劳动对象，也是劳动工具。以数据要素作为劳动对象，大力发展数字产品制造业、数字产品服务业、数字技术应用业、数字要素驱动业，催生了一大批新产业、新业态、新模式，成为经济发展新的增长点。数据要素作为劳动工具，通过融入其他生产要素，提升其他生产要素匹配效率，激发其他生产要素创新活力，推动生产可能性曲线外移，实现国民经济质量和水平的整体跃升。通过数据要素赋能传统产业，推动智慧农业、智能制造、智能交通、智慧物流、数字金融、数字商贸的发展，有力推动了传统产业的数字化转型，为经济社会发展注入新的活力。发掘数据资源支撑创新的潜力，可以营造繁荣有序的创新生态，通过协同推进技术、模式、业态和制度创新，形成以技术发展促进全要素生产率提升、以领域应用带动技术进步的发展格局。

（3）数据蕴含新的重要机遇

我国发展仍然处于重要战略机遇期，但机遇和挑战都有新的变化，其中就包含数字经济带来的机遇。当今时代，数字经济已经成为重组全球要素资源、重塑全球经济结构、改变全球竞争格局的关键力量，世界主要国家均高度重视发展数字经济，纷纷出台战略规划，采取各种举措打造竞争新优势，重塑数字时代的国际新格局。我国是世界第二经济大国、第一人口大国，是全球互联网、移动互联网用户最多的国家，拥有丰富的数据资源和较大的应用市场优势，数据大国的优势越来越明显。数字经济将为我国提供千载难逢的发展机遇。充分利用我国的数据规模优势，实现数据规模、质量和应用水平同步提升，发掘和释放数据资源的潜在价值，就能加快新质生产力发展，在若干领域以至于整体上追赶世界先进水平。随着数据成为新型生产要素，其具有的特殊物质形态和经济技术特征，给我国摆脱传统要素资源人均占有量少、资源环境约束大的困难带来新的历史机遇。

1.3 各国抢占数字经济新高地

1.3.1 主要国家数字经济政策

数字社会的到来，引起了各国政府的高度重视，我国和美国、欧盟、英国、日本、德国等国家和地区纷纷出台政策、战略和文件，支持和推动数字经济发展。据不完全统计，20世纪90年代以来，主要发达国家和地区相继制定发布各种政策、战略和文件达到五六十项之多，持续用力抢占数字经济发展高地（见表1-3）。

表1-3　西方主要国家和地区出台的有关数字经济的政策文件

国家和地区	政策、战略或其他文件
美国	"信息高速公路"战略；浮现中的数字经济；新兴的数字经济1999年；数字经济2000；数字经济2002；数字经济2003；创新美国报告；制造业创新网络评估指南；美国创新战略；联邦大数据研发战略计划；国家人工智能研究和发展战略计划；为人工智能的未来做好准备；智能制造振兴计划；国家制造创新网络战略计划；美国机器智能国家战略报告；先进制造业美国领导力战略；美国人工智能计划；美国如何领导人工智能；联邦参与制定技术标准及相关工具的计划
欧盟	数字红利战略；未来物联网发展战略；通用数据保护条例；人脑计划；石墨烯旗舰项目；非个人数据在欧盟境内自由流动框架条例；可信赖人工智能道德准则；可依赖的人工智能政策与投资建议；欧洲数据战略；人工智能白皮书
英国	数字英国计划；国家网络安全战略；在数字世界中保护和促进英国的发展；英国信息经济战略2013；英国数字经济战略（2015-2018）；英国数字战略2017；数字经济法；数字产业战略；人工智能领域行动；数字宪章
日本	e-Japan；i-Japan；科学技术创新综合战略；第五期科学技术基本计划；日本智能制造参考框架IVRA；集成创新战略；综合创新战略；日本制造业白皮书
德国	德国联邦政府ICT战略；数字德国2015；工业4.0战略；数字议程（2014-2017）；数字化战略2025；高技术战略2025；建设数字化战略；国家工业战略2030

资料来源：根据综合资料整理。

在各国和地区政府强有力的引导推动下，数字经济呈现前所未有的增长态势，增加值占GDP的比重迅速攀升，成为国民经济的第一拉动力、第一推动力。与其他生产要素不同的是，数据要素推动数字经济发展，政府的作用十分明显，包括提出数字经济的概念，提出建设数据要素市场，制定数字经济的发展规划、政策举措等。

1.3.2 中国数字经济政策

进入数字社会以来，我国高度重视数字经济发展，超前布局数字经济，可以说，为了加快发展数字经济，出台政策密度之大、政策举措之多、政策力度之大，都是前所未有的。党的十八大以来，国家层面就有11个重要文件论述和部署数字经济发展（见表1-4）。

表1-4 党中央、国务院关于数字经济及数据要素的政策文件

序号	出台时间	文件名称
1	2015年	《中共中央关于制定国民经济和社会发展第十三个五年规划的建议》
2	2016年	《国家信息化发展战略纲要》
3	2017年	中国共产党第十九次全国代表大会报告
4	2018年	《网络强国战略实施纲要》
5	2018年	《数字经济发展战略纲要》
6	2019年	《中共中央关于坚持和完善中国特色社会主义制度　推进国家治理体系和治理能力现代化若干重大问题的决定》
7	2020年	《关于构建更加完善的要素市场化配置体制机制的意见》
8	2020年	《中共中央　国务院关于新时代加快完善社会主义市场经济体制的意见》
9	2020年	《中共中央关于制定国民经济和社会发展第十四个五年规划和二〇三五年远景目标的建议》
10	2022年	《中共中央　国务院关于加快建设全国统一大市场的意见》
11	2022年	《中共中央　国务院关于构建数据基础制度更好发挥数据要素作用的意见》

为了落实党中央的决策部署，国务院及国家有关部门密集出台政策文件，支持和促进数字经济的发展。

根据国务院政策文件库的数据，截至2022年10月15日，标题含有"数字""数据""数字经济"字段的文件，国务院层级有8个，国务院部门层级有91个；按照文件内容，含有"数字经济"字段的文件，国务院层级有998个，国务院部门层级有2374个；按照文件内容，含有"数据要素"字段的文件，国务院层级有236个，国务院部门层级有340个（见表1-5）。这些文件，涵盖了数字经济的重要问题，涉及国民经济几乎所有领域，成为数字经济发展的强大政策力量。

表1-5 国家出台的有关数字经济的政策文件

单位：个

文件层级	以标题字段统计（数字/数据/数字经济）	以内容字段统计（数字经济）	以内容字段统计（数据要素）
国务院层级	8	998	236
国务院部门层级	91	2374	340

1.4 数据要素市场现状

1.4.1 中国数据市场

中国是人口大国，也是全球第二大经济体，数字经济起步早。随着数字经济的快速发展，数据规模呈现出爆发式增长态势。IDC最新发布的Global DataSphere 2023显示，中国数据规模2022年为23.88ZB，2023年为30.02ZB，预计2027年将增长至76.60ZB（见图1-1），年均增长速度为26.3%，增速居全球第一。可以预见，随着数字经济的深入发展，数据规模的增长态势仍将持续下去。

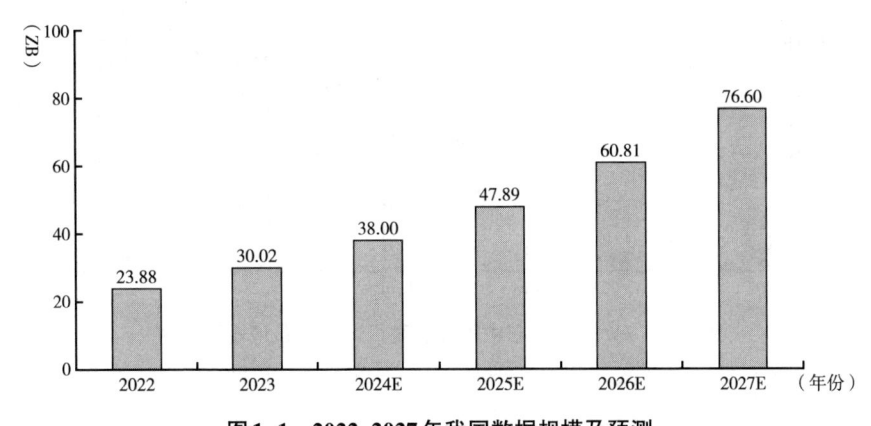

图1-1　2022~2027年我国数据规模及预测

资料来源：弗若斯特沙利文（北京）咨询有限公司等.2023年中国数据交易市场研究分析报告。

在数据海量集聚的同时，中国数据要素市场得到了快速发展。这主要是因为如下几点。

第一，中国政府对数据要素市场的发展高度重视，集中出台政策文件给予支持，政策力度之大，这在世界其他国家都是没有的。

第二，中国在数字经济领域的数字产业化、产业数字化、数字化治理发展领先全球，无论是数字经济的发展，还是社会治理领域的数字化、智能化、网络化，推进速度都前所未有。

第三，中国平台企业快速发展，形成了具有世界领先地位的多家数据密集型平台企业和互联网企业，这些企业对数据的生产和海量集聚具有重要的推动作用。

根据《2023年中国数据交易市场研究分析报告》，2021年、2022年中国数据交易规模分别为618亿元和877亿元，预计2025年可以达到2046亿元，如果在2025~2030年按照复合年均增长率（CAGR）20.3%测算，2030年，中国数据要素市场规模将达到5155亿元（见图1-2）。

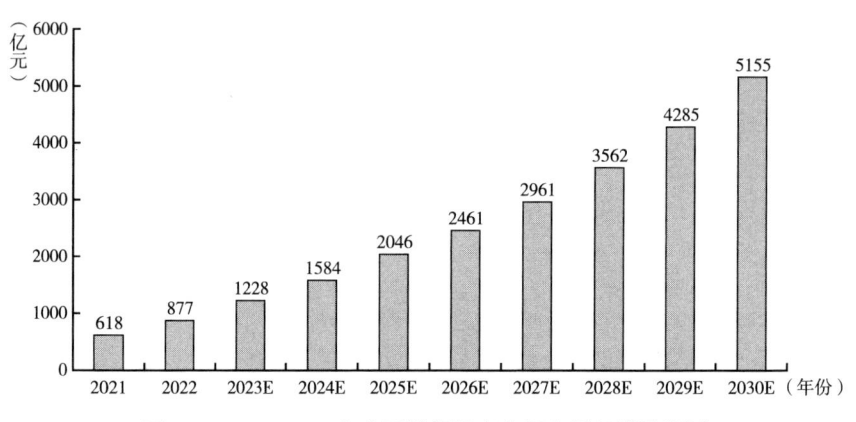

图1-2　2021~2030年中国数据要素市场交易规模及预测

资料来源：弗若斯特沙利文（北京）咨询有限公司等.2023年中国数据交易市场研究分析报告。

分行业来看，2022年，我国数据要素市场总共876.8亿元的规模中，相关行业的数据市场规模分别是：金融行业306.9亿元、互联网行业210.4亿元、通信行业78.9亿元、制造工业61.4亿元、政务领域61.4亿元、医疗健康领域52.6亿元，其他105.2亿元（见图1-3）。

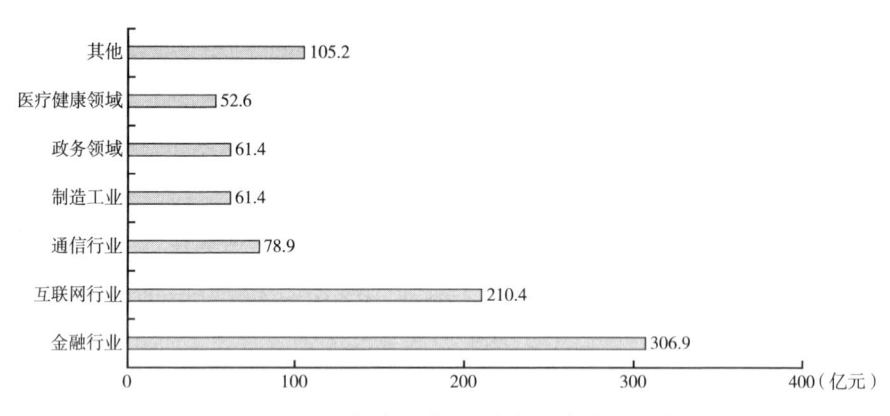

图1-3　2022年中国分行业数据要素市场规模

资料来源：弗若斯特沙利文（北京）咨询有限公司等.2023年中国数据交易市场研究分析报告。

（1）政务领域数据

全国31个省级行政区划单位的政务云都已建成，形成了数据基础库和主题库，围绕城市治理、天气气象、生态环保、交通运输、食品安全、金融服务、应急管理、公共卫生、经济运行等领域，开展数据分析应用，实现多级政务数据交互共享，为政府科学有效决策、调度经济运行、指挥突发事件等提供了有力支撑。

（2）制造工业数据

随着产业数字化转型的加快，工业领域的数据需求急剧增加，与此同时，由于企业内部及上下游之间的合作越来越依赖各类数据平台和数字化工具，工业数据市场的短板明显暴露出来。比如，缺乏用于处理巨复杂系统的数据操作系统，亟须形成工业企业生产力数据库，解决数据孤岛、数据烟囱、数据垃圾问题。

（3）互联网行业数据

我国已经形成线上线下相结合进行多源异构数据采集的格局，通过内部流通和外部流通，依托平台优势促进数据流通共享。依托互联网数据，催生了一批数据分析企业，通过在线分析、离线分析、外部分析，为市场提供数据产品和定制服务。

（4）医疗健康数据

建成全国性健康数据信息平台，加快建设智慧医院，推进医疗数据的分析应用，为医疗数据的流通共享提供了支撑。省级卫健行政部门、等级医院大多建立了数据中心，大家都意识到数据对于医疗行业的极端重要性，开展对数据脱敏、患者主索引、主数据管理、数据清洗、数据映射、数据标准化和结构化的加工处理，形成可信可用的医疗数据资源。

（5）金融行业数据

金融机构在开展业务的过程中，运用人工、系统、设备和网络采集方式，已经形成了海量的金融数据信息。由于涉及个人信息安全和企业商业秘密，金融行业数据主要是企业内部的流通使用，用于业务分析、客户画像及工作效率的提升，而金融机构之间以及对外提供数据仍然面临着政策和技术的制约。

（6）科学数据

国家政策明确要求科学数据应在统一的政务服务网络和数据共享平台开放，要求主管部门将相关目录和数据接入国家数据共享交换平台，面向相关领域、单位和社会开放共享。由于数据开放共享的加快，科学研究正由定性研究、定量研究、仿真研究转向大数据研究，有力推动了科学研究方法、研究范式向"第四范式"转变。

从各行业在总的市场规模中所占比例看，从高到低分别是（见图1-4）：金融行业占35%，互联网行业占24%，通信行业占9%，制造工业占7%，政务领域占7%，医疗健康领域占6%，其他占12%（包括旅游、农业等数据）。

数据从产生到形成生产要素，再进入生产环节，需要经历生产、流通、使用等一系列流程，实现数据的资源化、资产化、要素化，通过应用到特定的商业模式，使数据的价值体现在其应用效果、应用对象、及时性上，从而发挥作为生产要素的作用。

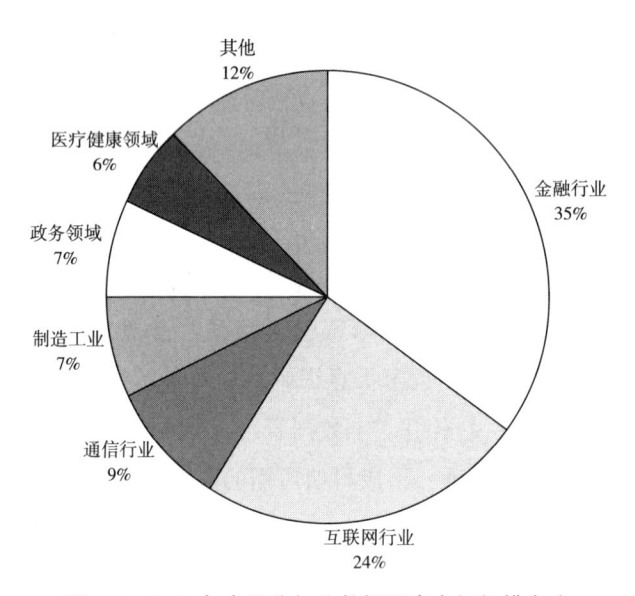

图1-4　2022年中国分行业数据要素市场规模占比

资料来源：弗若斯特沙利文（北京）咨询有限公司等.2023年中国数据交易市场研究分析报告。

数据要素在形成过程中，也就催生了不同阶段、不同形式的数据市场。根据国家工业信息安全发展研究中心的数据，在数据生产、经营及其交易流通过程中，催生了数据采集、数据存储、数据加工、数据交易、数据分析、数据服务、生态保障等数据市场。2021年，数据采集市场规模达45亿元；数据存储市场规模为180亿元；数据加工市场规模为160亿元；

数据交易市场规模为120亿元；数据分析市场规模为175亿元；数据服务市场规模为85亿元；生态保障市场规模为50亿元（见图1-5）。

从细分市场规模的占比看，2021年，数据采集市场规模占6%；数据存储市场规模占22%；数据加工市场规模占20%；数据交易市场规模占15%；数据分析市场规模占21%；数据服务市场规模占10%；生态保障市场规模占6%（见图1-6）。

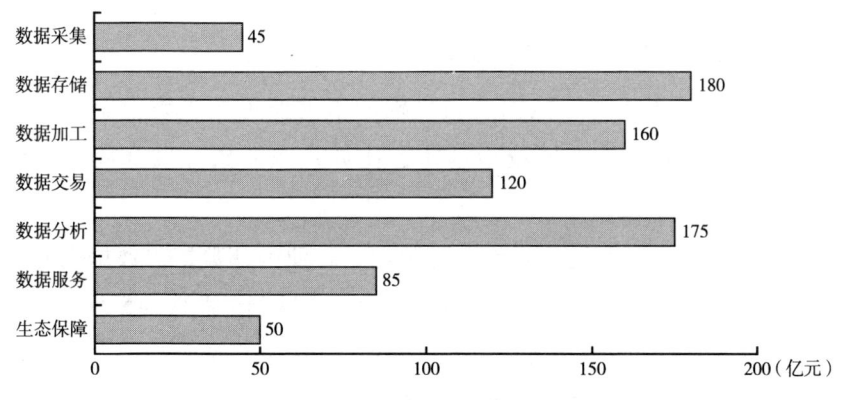

图1-5　2021年中国数据细分市场规模

资料来源：弗若斯特沙利文（北京）咨询有限公司等.2023年中国数据交易市场研究分析报告。

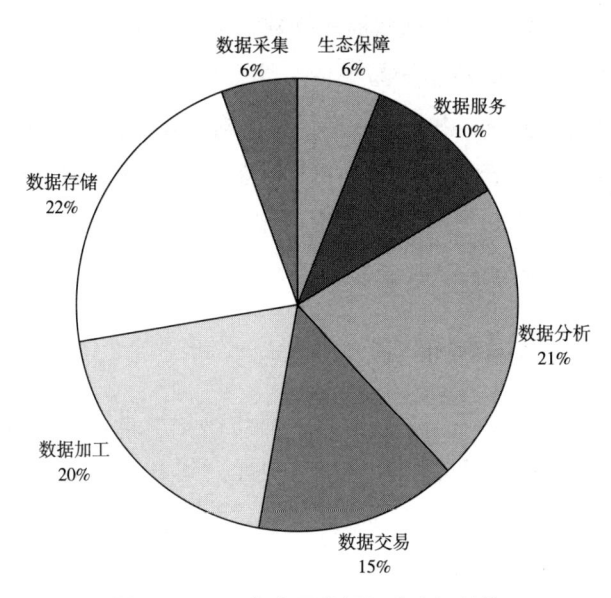

图1-6　2021年中国数据细分市场结构

资料来源：弗若斯特沙利文（北京）咨询有限公司等.2023年中国数据交易市场研究分析报告。

已有数据流通交易的主要特点表现如下。

一是从产品形态看，产品以数据 API、数据集、数据报告为主，还有一些机构提供数据质押、模型算法、可视化组件、数据管理、数据应用等服务，这些数据产品涵盖了原始数据、脱敏数据、模型化数据集及人工智能数据等。

二是从交易的数据类型看，数据交易机构交易的主要为工商、司法、税务、电力等公共数据，另外，金融、电信、医疗、交通、工业等行业数据及气象、媒体等数据也是数据交易机构的重要内容。

三是从交易方式看，数据交易机构的落地业务大多集中于"撮合交易"，同时，数据超市发展较为迅速，比如京东万象、聚合数据、阿里数+等。

四是从数据来源看，主要为政府数据、企业内部数据、数据供应方的数据、合作伙伴的数据，以及通过网络爬虫从互联网上获取的数据。

五是从市场体系看，数据要素市场从一开始就呈现多种形式、多种层次、多种模式的特点，形成了全国一体化大数据中心体系以及统一大市场的建设。

六是从经营主体看，包括政府主导建设的大数据交易中心（所）、大型互联网公司主导建设的数据交易平台、综合性数据服务商主导建设的交易平台，以及交通、金融、电商等领域行业机构主导建设的交易平台。

七是从盈利模式看，数据交易机构在经营实践中积极寻找多种形式的盈利途径，包括中介服务费模式、增值服务费模式、生态模式等，对培育和发展数据要素市场进行了有益探索。

1.4.2 国外数据市场

根据有关机构的测算，全球数据要素市场发展迅速，2022年交易规模为906亿美元，2025年可以达到1445亿美元，到2030年有望达到3011亿美元（见图1-7）。

（1）北美数据要素市场

北美数据要素市场交易呈现快速增长势头。北美数据要素市场交易主要依靠美国和加拿大，美国数字经济快速发展，为数据要素的形成奠定了坚实基础。此外，北美数据产品形态的多样化、服务形式的多样化，也有利于数据要素市场的发展。根据头豹研究院的数据，北美数据要素市场交易规模2022年为430亿美元，预计2025年达到698亿美元，2030年有望达到1447亿美元（见图1-8）。

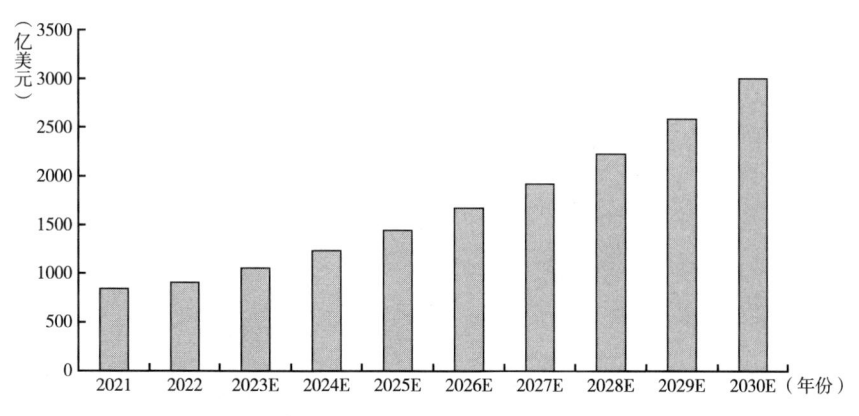

图1-7　2021~2030年全球数据要素市场交易规模及预测

资料来源：弗若斯特沙利文（北京）咨询有限公司等.2023年中国数据交易市场研究分析报告。

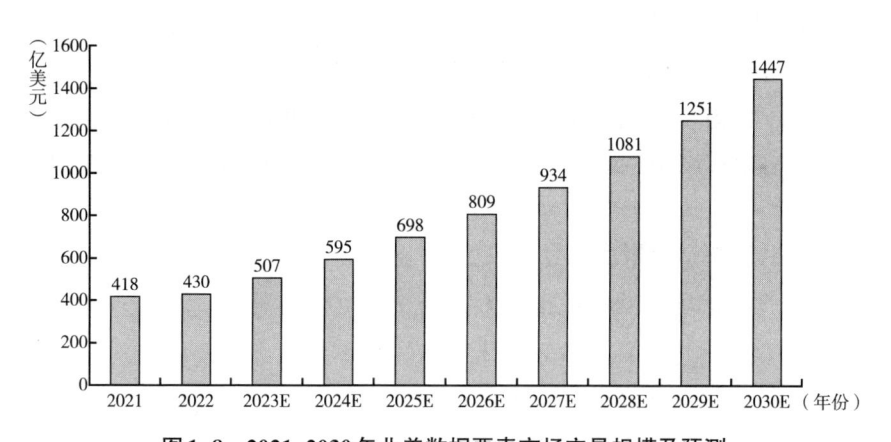

图1-8　2021~2030年北美数据要素市场交易规模及预测

资料来源：弗若斯特沙利文（北京）咨询有限公司等.2023年中国数据交易市场研究分析报告。

（2）美国数据要素市场

美国是全球数据要素市场交易规模最大的国家，主要原因在于：第一，美国是世界第一经济大国，市场主体多，GDP占全球的1/4；第二，美国是世界科技最发达的国家，特别是数字技术一直处于领先地位；第三，美国数据要素市场起步较早，形成了B2B2C的混合交易模式，数据中心数量和规模占世界的1/3；第四，美国数字经济发达，数字经济增加值在GDP中的占比高达60%；第五，美国数据密集型企业多，互联网企业横跨全球，具有海量的数据资源库。这些因素，都为数据要素市场的发展提供了有力保证。

2020~2022年，美国数据要素市场交易规模分别为361亿美元、396亿美元和417亿美元，如果按照CAGR 13.7%测算，2025年可以达到613亿美元，2030年可望达到1165亿美元（见图1-9）。

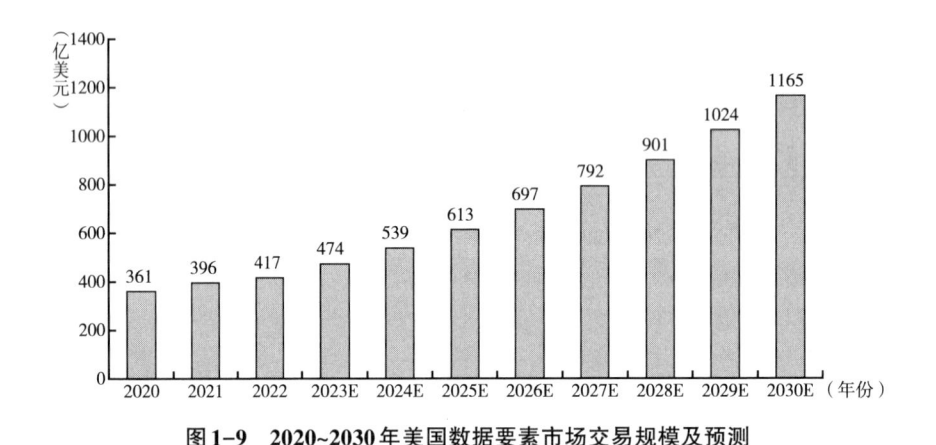

图1-9　2020~2030年美国数据要素市场交易规模及预测

资料来源：弗若斯特沙利文（北京）咨询有限公司等.2023年中国数据交易市场研究分析报告.

（3）欧洲数据要素市场

相比北美市场，欧洲数据要素市场交易规模还不大，增长势头也不算快。这主要是因为：一是欧洲总体经济规模不足，经济发展受到人口、电力、土地等要素资源约束，发展态势并不如北美；二是欧洲的数据中心以国际公司运营为主，本土数据中心不多，很多数据的产生、运营通过跨国途径交易。2021~2022年，欧洲数据要素市场交易规模分别为192亿美元、202亿美元，如果按照CAGR 5.6%测算，2025年欧洲数据要素市场交易规模可以达到238亿美元，2030年有望达到297亿美元（见图1-10）。

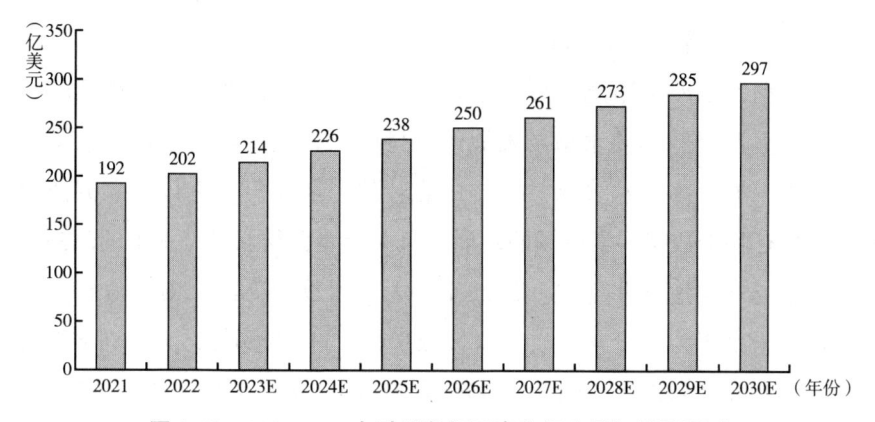

图1-10　2021~2030年欧洲数据要素市场交易规模及预测

资料来源：弗若斯特沙利文（北京）咨询有限公司等.2023年中国数据交易市场研究分析报告。

（4）亚洲数据要素市场

亚洲的数据中心主要在中国，其次是日本、韩国和新加坡，其中，中国的数据规模占亚洲的50%~60%，增长势头强劲；日本、韩国和新加坡合计占25%左右，受土地、能源等要素制约，东亚数据增长将放缓；东南亚和南亚开始重视数据要素市场的发展，除了中国，东南亚和南亚将成为亚洲未来区域数据核心区。2021年，亚洲数据要素市场交易规模为157亿美元，2022年为182亿美元，如果按照CAGR 23.3%测算，亚洲数据要素市场交易规模在2025年将达到364亿美元，2030年有望达到997亿美元（见图1-11）。

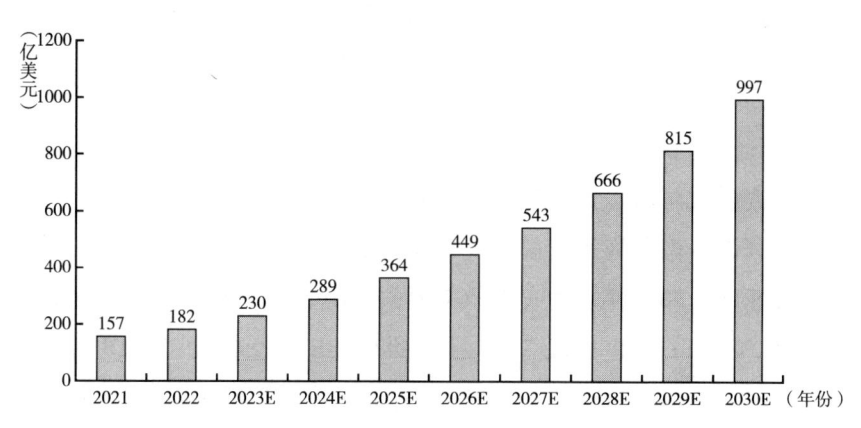

图1-11　2021~2030年亚洲数据要素市场交易规模及预测

资料来源：弗若斯特沙利文（北京）咨询有限公司等.2023年中国数据交易市场研究分析报告。

(5) 大洋洲数据要素市场

大洋洲数据要素市场主要集中在澳大利亚和新西兰。澳大利亚政府近期出台了有利于数据要素市场发展的支持政策，允许政府运营的数据中心向社会第三方、多方和多租户数据中心转移，还和美国签订了数据使用法案，这都有利于数据要素市场的发展。但由于澳大利亚经济水平的限制，数据要素市场增长速度并不快。2021年，大洋洲数据要素市场交易规模为47亿美元，2022年为44亿美元，如果按照CAGR 11.2%测算，大洋洲数据要素市场2025年将达到72亿美元，2030年有望达到146亿美元（见图1-12）。

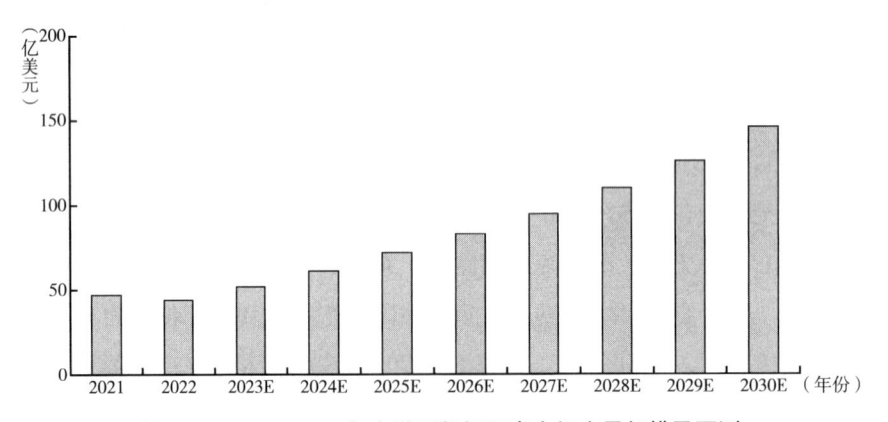

图1-12　2021~2030年大洋洲数据要素市场交易规模及预测

资料来源：弗若斯特沙利文（北京）咨询有限公司等.2023年中国数据交易市场研究分析报告。

(6) 南美洲数据要素市场

南美洲数据要素市场主要集中在巴西，作为金砖国家成员国，巴西数字经济起步早，政府对于数据要素市场重视程度高。同时，南美洲经济整体增长不容乐观，所以，南美洲数据要素市场的未来增长不会太快。加上美国等国家进入南美洲市场的速度加快，可能进一步放缓本地数据要素市场的发展速度。2021年，南美洲数据要素市场交易规模为17亿美元，2022年为34亿美元，如果2021~2025年按照CAGR 31.9%、2025~2030年按照CAGR 10.6%测算，2025年、2030年南美洲数据要素市场交易规模将分别达到53亿美元和88亿美元（见图1-13）。

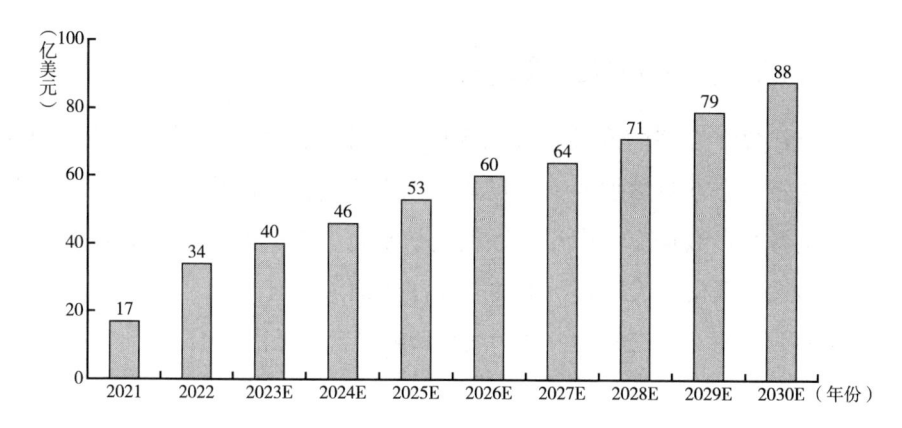

第1章 数据是数字时代的新型生产要素

图1-13　2021~2030年南美洲数据要素市场交易规模及预测

资料来源：弗若斯特沙利文（北京）咨询有限公司等.2023年中国数据交易市场研究分析报告。

（7）非洲数据要素市场

非洲整体经济发展水平较低，数字经济起步较晚、发展速度较慢，因此，数据规模小、数据要素市场发展程度也相应较低。发达国家普遍看好非洲数字经济的发展，平台企业也都有意愿抢占这一数据潜在市场，未来非洲有可能迎来一个较快的发展时期。2021年和2022年，非洲数据要素市场交易规模均为11亿美元，如果2021~2025年按照CAGR 12.7%、2025~2030年按照CAGR 12.8%测算，2025年、2030年非洲数据要素市场交易规模将分别达到17亿美元和32亿美元（见图1-14）。

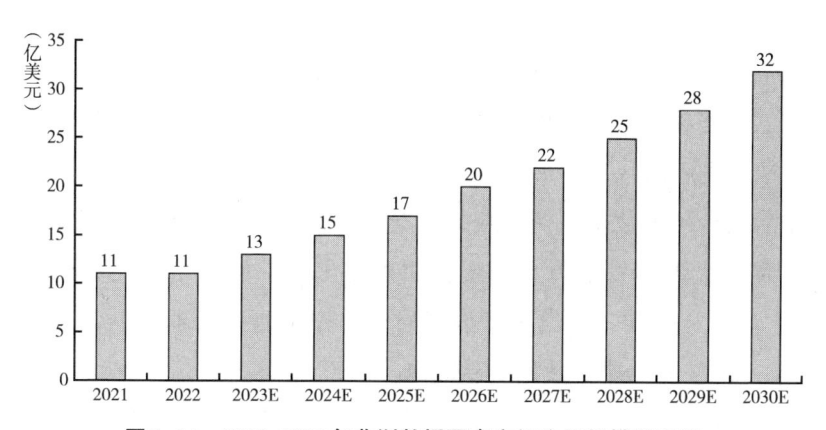

图1-14　2021~2030年非洲数据要素市场交易规模及预测

资料来源：弗若斯特沙利文（北京）咨询有限公司等.2023年中国数据交易市场研究分析报告。

023

1.4.3 我国数据要素交易平台

随着数字经济的发展、数据规模的集聚，在国家政策的引导推动下，各地政府和企业对数据要素市场建设也表现出极大的热情，纷纷建立数据要素交易所、数据交易中心、数据交易平台，探索数据要素交易流通的模式和形式。根据"天眼查"上的工商注册记录，自2014年以来，全国共设立了54家从事数据交易的公司、交易所或平台（见图1-15）。

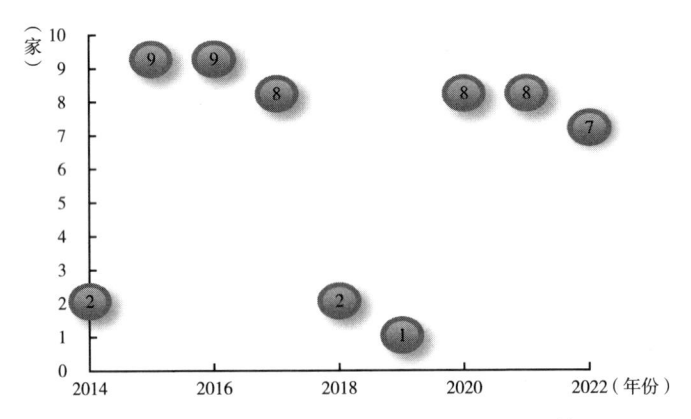

图 1-15 2014~2022年中国数据交易机构设立情况

资料来源：根据"天眼查"上的工商注册记录整理。

根据数据交易机构的设置情况，可以大致划分出我国数据要素市场发展的三个阶段。

第一阶段：2014~2017年，快速起步期。国家大数据战略正式提出并上升为国家战略，数据成为国家基础性战略资源。其间，《国家安全法》《网络安全法》先后出台，关于数据合规的法律体系开始逐步搭建。地方层面，贵州先后出台了大数据条例、政务数据管理办法。特别是2015年国务院印发的《促进大数据发展行动纲要》明确提出要"引导培育大数据交易市场"，之后，社会和市场给予了强烈回应，先由北京起步，之后，16个省（区、市）设立了28个大数据交易机构。

第二阶段：2018~2019年，调整发展期。经过前一段时期的快速发展，各部门开始制定各细分领域的数据管理政策，针对金融、电子商务及气象等行业数据的管理办法和指导性文件逐步出台；地方层面的数据政策文件开始逐步增多，天津、海南、上海制定了数据条例、公共数据管理等相关数据政策文件。但同时，数据交易并没有取得预期的效果，而且出现了一定的困难，市场进入一个相对的冷静期，两年只有3个省（区、市）设立了3家数据交易机构。

第三阶段：2020年以来，稳定发展期。我国政府文件把数据列为新型生产要素，数据具有了基础性战略资源和关键性生产要素双重角色，数据要素市场开始加速培育。《数据安全法》《个人信息保护法》出台，数据合规领域的基本法律体系搭建完成；国家层面，数据要素政策密集出台，数据要素市场布局逐渐被细化，细分领域的数据管理办法进一步被落实；地方层面，数据要素相关政策制定进入高峰期，省级"十四五"规划均明确了数据要素市场建设要点，多个省（区、市）制定了数据条例和专门面向公共数据领域的管理办法。随着国家政策支持力度的加大，数据要素市场设立再次引起重视，在3年时间里全国共设立了23家数据交易机构。

54家数据交易机构分布于24个省（区、市），除港澳台地区外，只有辽宁、四川、云南、西藏、甘肃、青海、新疆等7个省（区）没有数据交易机构（见图1-16）。

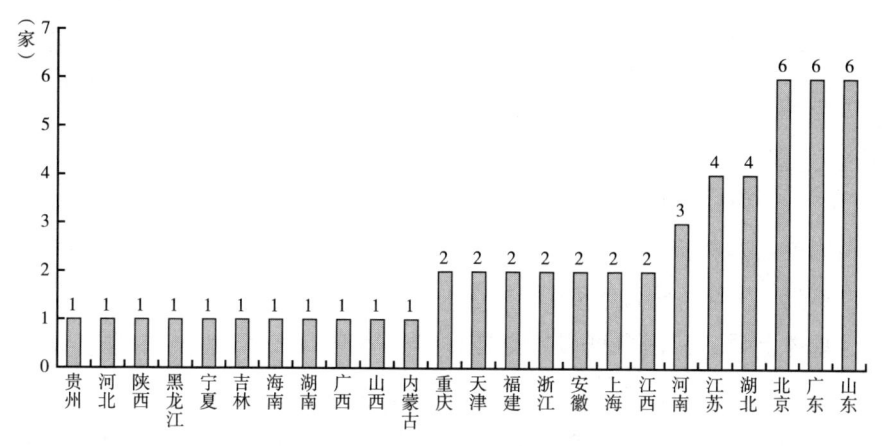

图1-16　中国24个省（区、市）数据交易机构设立情况

资料来源：根据"天眼查"上的工商注册记录整理。

从区域分布看，分别是：东部地区32家，中部地区13家，西部地区7家，东北地区2家，分别占总数的59.3%、24.1%、13.0%和3.7%（见图1-17）。

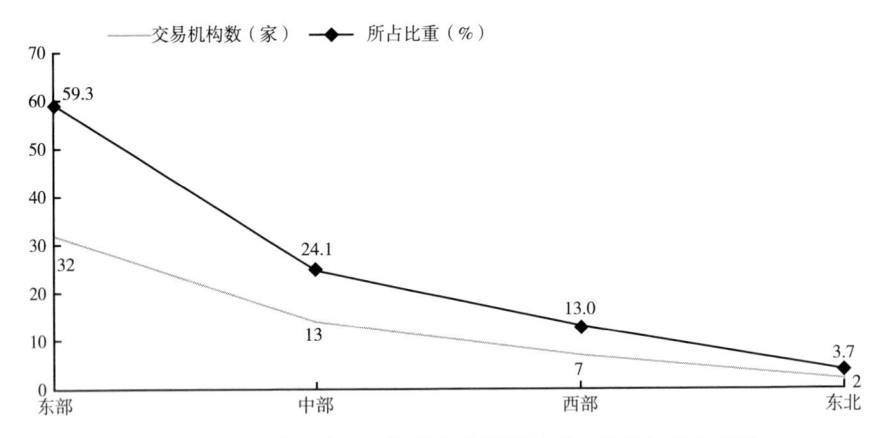

图1-17 中国东、中、西部及东北地区数据交易机构分布情况

总体上看，由于数据要素是新型生产要素，数据要素市场是新型生产要素市场，到目前为止，尽管我国数字经济快速发展，数据总量快速增长，市场热情很高，但是，数据要素市场发展还相对滞后，并没有找到成功、成熟的模式。已有54家数据要素交易平台，有34家处于存续状态，占63.0%，但多数经营情况并不理想；有8家已经停止经营，占14.8%；有3家注销企业登记，占5.6%；其余机构要么没有网站，要么仍在筹建中，占16.6%。

除了政府主导的区域交易平台之外，国内数字头部企业也依托自身的数据优势，构建了各自的数据交易平台，如阿里、腾讯、百度等均依托云计算系统，构建了各自的数据API平台。

总体上看，我国数据市场交易总体上呈现"三少"状况，即进场交易的企业少、参与交易的数据少、数据成交的金额少。

数据要素市场是一个全新的市场，没有先例可循，没有现成模式可用。到目前为止，不管是国内还是国外，都还没有成熟的数据交易市场模式。特殊的物质形态和经济技术特征，决定了数据要素比其他生产要素更为复杂,由此也决定了,数据要素市场无论是从纵向链条,还是从横向联系看,都远比一般生产要素市场要复杂。从纵向链条看,数据要素市场的形成要经过数据采集、数据聚合、数据清洗、数据储存、数据处理、数据产品、数据定价、数据交易、数据传输、数据应用等非常复杂的流程才能完成数据的交易,而其中任何一个链条的缺失或不畅,都会影响数据要素的流通交易;从横向联系看,数据要素的交易涉及数据实际持有人,还涉及数据事实所有人,特别是数据涉及个人隐私、信息安全、商业秘密,还可能危及国家安全。因此,数据要素的交易流通,就不仅仅是供需双方通过市场机制的一般交易,还广泛涉及监管部门、专业组织、企业和个人。

1.5 本章小结

本章基于社会经济发展规律,讨论了农业社会、工业社会、数字社会形态的演进及相应生产要素的形成。当前,人类正在进入数字社会,各国政府为了抢抓数字经济的战略机遇,纷纷出台政策,加快了数字经济发展。数字经济的快速发展,为加快数据要素市场建设提出了现实要求,从中央政府到各级地方政府,再到行业部门以及市场主体,从不同角度为数据要素市场建设作出了积极努力。然而,作为一个新型市场,数据要素市场的发展并不理想,总体上呈现"有数无市、有市无数"的状况。

第2章
数据、数据要素及数据要素市场

本章主要讨论数据、数据要素、数据要素市场三个基本概念，以及三个概念各自的特征。按照马克思主义生产要素理论，基于数据、数据要素的物质形态和经济技术特征，探讨数据作为新型生产要素的形成发展过程及其在社会生产中的作用，阐释数据要素市场作为新型市场相比其他要素市场在理论上的不同、在实践上的差异。

2.1 数据及其经济技术特征

2.1.1 数据的概念

根据国际标准化组织（ISO）的定义，数据（data）是指搜集到的、原始的、未经处理的关于客体的事实。

对于数据的概念，学界、业界的认识是清楚的、基本一致的，都认为数据是"可以被编码为一系列 0 和 1 组成的二进制序列的信息"。进一步讲，数据是纯粹的事实，具有无修饰的、独立的性质，通过上下文和周围环境的相互作用，数据在一个具体的、特定的背景环境下，经过释义后成为人类所定义的信息（孙毅，2022）。

国外相关研究对于数据的定义，更多是从信息这一视角进行的。数据与信息相关，数据是信息的一种表现形式或者数字化载体。从信息科学的视角，数据是指描述客观事物的符号记录，这种符号可以是数字、文字、图形、图像、声音、语言等，它们都可以通过数字化后存入计算机。

2.1.2 数据的经济技术特征

有关数据的物质形态和经济技术特征有多种归纳和表述，综合参照已有相关研究，数据的经济技术特征可以概括为以下7点（见图2-1）。

（1）物质形态的虚拟性

数据由非物质性的比特（bit）构成，这意味着数据不再需要具体物体作为物质载体，符号就是它的载体，只需要相应的数字化系统工具加以呈现，使人的认知思维可以直观识别即可。这就与传统生产要素具有看得见、摸得着的物理存在形成鲜明对比。

（2）生产过程的累积性

数据是对客观事物的记录。人类的生产生活过程，都在不断产生相应的数据。同时，数据与传统生产要素不同，不会因为使用而消耗，反而还会在使用中继续生成新的数据。根据《2016-2045年新兴科技趋势》的研究，全球新产生的数据量大约每两年翻一番。生产过程累积性的特征，使数据在一定意义上、从总量上讲不再稀缺，这在一定程度上挑战了经济学上关于资源稀缺的假设。

（3）批量生产的复制性

由于数据库技术和互联网技术的发展，数据可以比较低的成本被无限分享和复制，可供多人同时使用，可多次循环使用。在很多情况下，一个人的使用可以不排斥和妨碍别人对其使用，不同人在使用上不存在直接的冲突。体现在经济学上，就是数据具有一定程度的非竞争性和非排他性。低成本、快速度复制生产数据，使数据的边际成本很低，而且传统市场定价方法很难适用于数据。

（4）产品性质的异质性

市场交换的产品和要素，一般都具有均质性[①]，因为均质性产品便于规

[①] 均质性是一个物理和化学概念，指某一物体在不同的方向所测得的性能数值完全相同。

模化生产，通过降低交易成本，从而促进商品化的实现。与此相反，数据在很大程度上是异质性产品。数据除了本身的信息量之外，不同数据代表着不同的意义，数据不会因为信息量相同而有相同的价值。实际上，数据价值是因使用对象而异，因应用场景而异，因专业化数据质量标准而异，这就是数据的异质性。这一特性带来的问题就是数据很难进行产品化、标准化、批量化生产，传统市场模式很难适应数据交易。

（5）使用价值的易腐性

数据的累积性是指数据作为客观存在的无限性，同时，数据也会随着时间的流逝而迅速贬值。根据IBM的数据，60%的非结构化数据在几毫秒内就失去真正价值。这意味着，数据的价值在很大程度上体现在时效性上，超过一半的数据在产生的那一刻就不再有价值。能得到分析处理并产生实际效用的数据则更少，根据IDC的数据，全球90%的数据从未得到分析使用。2020年被创建或复制的数据中，只有不到2%的被保存并保留到2021年。易腐性表明，真正具有价值、能够参与生产的数据也并不是无限的，数据具有时间价值，因此，从经济学意义上讲，数据同样符合稀缺性原理。

（6）产品形成的伴生性

数据是一种物理符号或符号的组合，要依赖某种物理载体进行记录、储存和传输，数据本身并没有意义，它的意义在于事实主体的意义。事实上，数据资源更像是社会活动产出的"副产品"（Jones & Tonetti，2020），人类的任何生产、生活过程，都会产生数据。从一定意义上讲，数据是伴生品、副产品。数据的伴生性是数据确权难、定价难的一个重要原因，数据的伴生性产生了事实主体和记录主体的问题，也使成本难以准确计量。

（7）经济影响的外部性

外部性是指某一市场主体的行动和决策使另一市场主体受损或受益的情况。数据具有明显的外部性特征，表现为数据集聚和使用可能为社会和其他市场主体带来更多的价值。以网络外部性为例，数据使用用户越多，带来的价值越大（孙毅，2022）。同时，数据也具有负的外部性，单一、少数数据可能并无数据安全可言，而通过集聚形成的数据，则可能由于其蕴藏的事物本质和内在规律而损害国家安全。外部性给数据的定价、价值评估带来困难，甚至给是否可以供给市场带来不确定性。

上述7个特点，有的是由数据的特殊物质形态决定的，有的是由数据的经济属性决定的。这些特点，共同构成了数据特殊的经济技术特征。

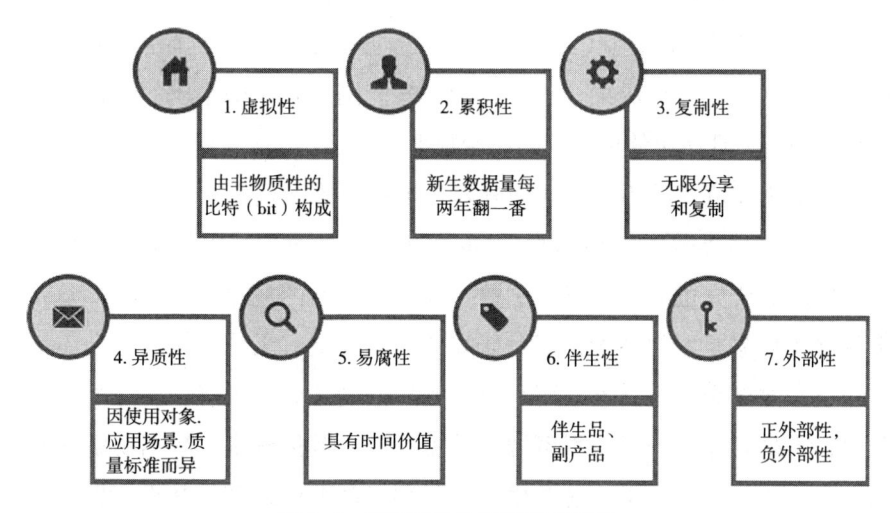

1. 虚拟性	2. 累积性	3. 复制性
由非物质性的比特（bit）构成	新生数据量每两年翻一番	无限分享和复制
4. 异质性	5. 易腐性	6. 伴生性	7. 外部性
因使用对象、应用场景、质量标准而异	具有时间价值	伴生品、副产品	正外部性、负外部性

图 2-1　数据的7个经济技术特征

2.2　数据要素的形成及其特点

2.2.1　数据要素的概念

生产要素是为维系国民经济运行及市场主体生产经营过程所必须具备的基本社会资源，其最主要的特征在于为经济发展系统提供基础与动力来源（谢康等，2020）。在一般意义上，生产要素包括创造商品或服务所需的任何资源。

数据要素属于马克思生产要素理论范畴，已有研究认识到，数据作为生产要素，具有劳动对象和劳动资料双重属性（国家工业信息安全发展研究中心等，2022），数据要素的形成需要经历数据资源、数据资产、数据资本，随着数据的要素化程度不断提高，最后才形成数据要素（孙毅，2022；徐翔和赵墨非，2020；白永秀等，2022）。

对于数据要素的范围，也就是哪些数据属于生产要素，目前还存在争议，有的把数据要素定义在数据产品范畴（Yu & Zhang，2017；赵刚，2021）；有的则认为，只有作为中间投入的数据产品才是生产要素（Pei，2020）。作为数字经济时代的生产要素，数据不是传统意义上的信息，更不单纯是数字化的知识成果，而是泛指在智能网络系统中生成的供机器学习等智能分析工具使用的可机读的原始数据。

由于研究范式的不同，国内外对于数据要素的研究是有差别的。综观国外文献，学界普遍使用信息（information）一词，而用数据的相对并不多，他们的研究也并不严格区别数据及数据要素的概念。在国内，学界对于数据及数据要素的概念是区分研究的。事实上，无论是从理论上还是从实践上，数据和数据要素这两个概念既有共同之处，也有不同之处。在实践中，不少研究区分了数据资源、数据资产、数据资本、数据要素这四个概念，从严格意义上讲，这些概念也是相互联系的，都是基于数据的延伸概念。朱扬勇（2017）认为有含义的数据集结到一定规模后形成数据资源；在此基础上，有的研究认为，数据资产可以定义为有数据权属（勘探权、使用权、所有权）、有价值、可计量、可读取的网络空间中的数据集。徐翔和赵墨非（2020）进一步定义了数据资本，认为数据资本是以现代信息网络和各类型数据库为重要载体，基于信息和通信技术的充分数字化、生产要素化的信息和数据。根据这些研究，白永秀等（2022）认为，从数据到数据要素，本质上是数据的生产要素化程度逐渐深化的过程，从数据到数据资源、数据资产，再到数据资本，数据的生产要素化程度不断加深，最终数据成为国民经济运行中必备的基本因素之一，即数据生产要素（见图2-2）。

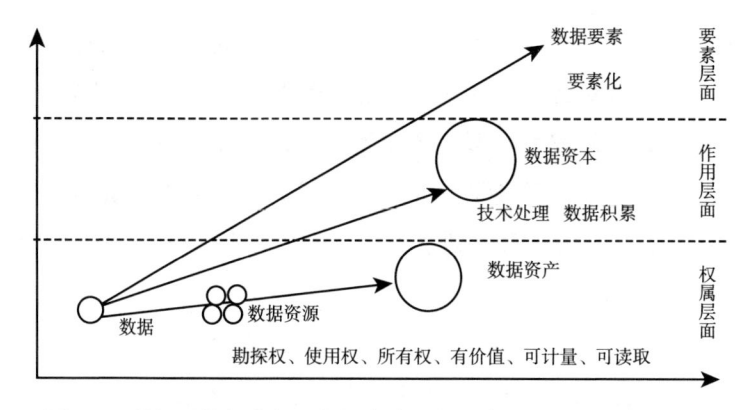

图 2-2 数据及数据资源、数据资产、数据资本、数据要素的关系

资料来源：白永秀，李嘉雯，王泽润.数据要素：特征、作用机理与高质量发展[J].电子政务，2022（06）：23-36。.

国内的研究之所以区分数据和数据要素两个概念，主要是基于马克思主义要素理论原理，一方面，数据侧重于表述数据的商品属性，而数据要素则侧重于表述数据的生产属性；另一方面，数据表现的是一种物质形态，相对是更为具体的概念，而数据要素则更倾向于强调数据的经济性质，是比较抽象的概念（见表2-1）。

表 2-1 数据及数据要素的比较

比较项目	数据	数据要素
经济属性	商品属性	生产属性
物质形态	具体存在	理论抽象

根据以上分析，可以给出数据要素的以下定义，数据要素是人类进入数字经济时代的必备社会资源，是用以支撑社会生产活动网络化、数字化、智能化运行的可机读的原始事实数据。

2.2.2 数据要素的特点

数据是"新型"生产要素而不是"新的"生产要素。每一种生产要素都不是新出现的物质资源，而是一直存在于人类社会之中，只是在成为生产要素之前的存在形式、在生产中发挥的作用、受到关注的程度不同。随着社会生产力向前发展，当某一社会经济资源在生产活动中占据重要地位、发挥关键作用时，便成为新型生产要素。土地存在于一切社会，但在游牧社会并不是生产要素，而到了农业社会则成为生产要素；资本、管理、技术也都存在于农业社会，只是到了工业社会才展现了作为生产要素的作用。知识和数据也存在于农业社会、工业社会，但只有到数字社会才展现了作为生产要素的作用。只有到了数字经济时代，数据成为核心经济资源，因为在生产中发挥着关键作用，因此才成为新型生产要素。

根据马克思生产要素理论，每一种生产要素都可以归到"劳动过程三要素"之中，也即劳动者、劳动资料、劳动对象。到目前为止，人类社会生产活动中，已经形成了劳动、资本、土地、知识、技术、管理、数据[①]7种生产要素，其中，劳动是"有目的的活动"，作为生产要素指的是劳动力；资本包括货币、机器、厂房、原料、商品等，是典型的劳动资料，而劳动资料有时也可以作为劳动对象；土地是包括未经人类劳动改造过的各种自然资源的统称，包括一般的可耕地和建筑用地，以及森林、矿藏、水面、天空等，属于典型的劳动对象；知识、技术、管理属于劳动资料，是劳动者在劳动过程中用来改变或影响劳动对象的物质资料或物质条件，通过提高资源利用效率作用于劳动对象。当然，有的生产要素因为不同用途，其性质也会在劳动对象和劳动资料之间转换，比如，耕牛作为资本时是劳动资料，而用于生产食品则是劳动对象，但已有生产要素总体上还是倾向于一种性质的用途。

根据"劳动过程三要素"的划分，数据要素表现了与以往生产要素不一样的特点，既是劳动对象，又是劳动资料。作为劳动对象，数据是生产消费资料的原料，原始数据可以生产信息产品、数字产品、图像图形产品、音频产品、视频产品等，用于最终消费；作为劳动资料，数据要素融入生产过程，通过赋能其他生产要素成为改变或影响劳动对象的物质资料和物质条件（见表2-2）。

[①] 《中共中央关于坚持和完善中国特色社会主义制度 推进国家治理体系和治理能力现代化若干重大问题的决定》明确提出："健全劳动、资本、土地、知识、技术、管理、数据等生产要素由市场评价贡献、按贡献决定报酬的机制。"

表 2-2　生产要素在生产活动中的性质

生产要素	劳动	土地	资本	管理	技术	知识	数据
劳动者	✔						
劳动对象		✔					✔
劳动资料			✔	✔	✔	✔	✔

根据马克思生产要素理论，数据作为生产要素的特点，可以作以下5点概括（见图2-3）。

（1）要素形成的时代性

数据事实上存在于人类社会始终，农业社会、工业社会都有数据，而只有到了数字社会，数据才成为新型生产要素，作为中间投入参与社会生产活动，成为信息技术和网络空间赖以生存和发展、不可或缺的物质基础。也就是说，在数字化环境中，数据和其他生产要素一样具有很高的价值，是一种新型的战略性社会资源（孙毅，2022）。

（2）要素价值的特定性

数据有一个从数据到数据要素的要素化过程，并不是说一切数据都是生产要素，而只有特定数据才具有生产要素性质。从数据到数据资源、数据资产，再到数据资本，数据的生产要素化程度不断加深，最终数据成为国民经济运行必备的基本因素之一，即数据生产要素（白永秀等，2022）。在这一过程中，首先是有含义的数据集结到一定规模后形成数据资源，其中有数据权属、有价值、可计量、可读取的网络空间中的数据集，通过信息和通信技术进行充分数字化、生产要素化，最终形成了数据要素。

（3）要素形式的原始性

数据具有多种表现形式，而作为生产要素的数据必须是原始数据，因为只有原始数据才可以不断地与其他数据结合、匹配，从而产生新的计算价值。只有保持了自身还原性、客观性与关联性的原始数据，没有被随意实质处理和篡改（许建峰等，2015），保留了对于物质对象的客观、真实描述，从而也才能对客观世界规律进行科学的分析、判断并作出预测。

(4) 要素使用的机读性

数据有多种存在形式，但只有可机读的数据才能作为生产要素。因为只有在数据具备机读性的前提下，才可以进行数据点（Data Points）的识别和提取，进而可以组合并存储在特定位置以供进一步处理。只有可机读的数据才能支撑机器学习，支撑新的知识生产方式。机读数据的特征，包括拥有计算机可以自动处理的数据格式以及结构化，没有实体独家控制且必须按照国际标准加密，数据可处理但是不丢失语义，数据格式和类型具有一致性，遵循规则和命名协定的可变命名，通过计算机代码可以查询和处理等。

(5) 要素质量的可用性

作为生产要素的数据，一定要具备一定的质量要求。一般来讲，数据要素的质量，包括确保数据的准确、相关、完整、一致、及时和格式统一等（高富平和冉高苒，2022；赵正等，2022）。计算机科学家维奈·拉奥指出，当数据满足了①及时提供，②简洁、很好组织在一起及相关性，③它具有基于经验的意义和背景，④它是多个数据源的集合等条件时就变得有价值了。原始性与可机读性只是数据成为生产要素的前提条件，而数据是否满足一定的质量要求，达到可以使用的程度，则是数据成为生产要素的实质条件。

数据要素

时代性	特定性	原始性	可机读性	可用性
只有在数字社会，数据才成为要素	具备一定条件的数据集才是要素	没有被随意实质处理和篡改	可以通过计算机代码查询和处理	具备一定的质量要求

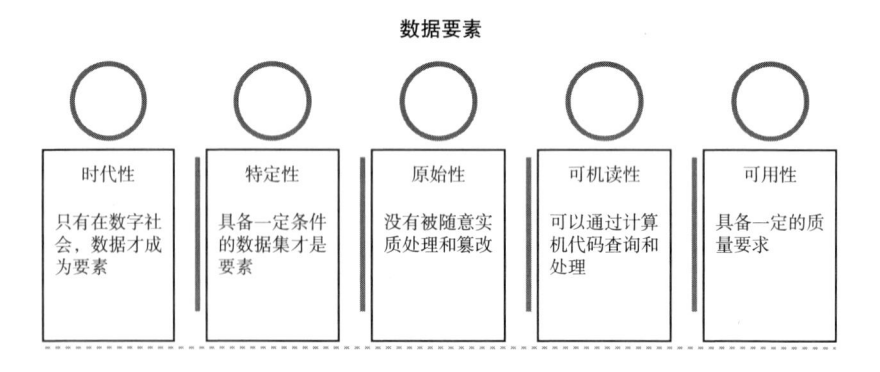

图 2-3　数据要素的 5 个特点

数据作为生产要素，对生产的投入具有独立性、协同性，既可以独立也可以协同投入生产过程。数据的价值在于可以用于生产信息和知识产品，这是最终消费品；同时，数据蕴含着其他生产要素的意义，数据、信息和知识驱动创新与决策，推进社会生产走向数字化、网络化、智能化，为经济社会变革提供了新机制和新动力，通过多种生产要素的优化、替代和倍增效应，产生巨大的经济价值，这就是数据作为生产要素的作用。

2.3 数据要素市场

2.3.1 数据要素市场的概念

对于数据要素市场概念的研究还不多，国家工业信息安全发展研究中心的定义具有一定的代表性，其认为，数据要素市场是数据要素向市场化配置转化的动态过程，基于市场的根本调节机制，数据要素在流通中产生和实现价值（国家工业信息安全发展研究中心，2021）。中国信息通信研究院从数据要素价值的角度，提出数据要素市场既包括数据价值化过程中的交易关系或买卖关系，也包括这些数据交易的场所或领域（中国信息通信研究院，2021）。

根据马克思主义市场理论[①]，结合经济学对于市场的定义[②]，可以给出数据要素市场的定义。

数据要素市场是数据供求双方在市场活动中形成的以数据交易为内容、以交易场所为载体的一系列制度和相互关系的总和。这里的市场活动，既包括形成的交易数量和交易价格，也包括多种形式的数据交易活动，比如货币交易、以数易数等。

[①] 马克思明确指出，说到供给和需求，那么供给等于某种商品的卖者或生产者的总和，需求等于这同一种商品的买者或消费者（包括个人消费和生产消费）的总和。而且，这两个总和是作为两个统一体，两个集合力量来互相发生作用的。

[②] 高鸿业指出，市场是商品买卖双方相互作用并得以决定其交易价格和交易数量的一种组织形式和制度。曼昆指出，市场是由某种物品或服务的买者与卖者组成的一个群体。

与其他要素市场相比，数据要素市场在概念表述上突出"要素"二字，这是为了强调数据作为生产要素的关键作用。根据国家相关文件的表述，发展以数据为关键要素的数字经济，将数据作为"关键要素"。有的研究主张将数据纳入"核心要素"范畴（胡东兰和夏杰长，2022）。一般认为，核心要素是第三方需要访问的资产或基础设施，以在市场上提供自己的产品或服务。数据已经成为发展数字经济不可或缺的战略资源，在事实上具有"核心要素"的特点。数据相比其他生产要素，不但独立发挥要素作用，还通过匹配效应、产业效应、赋能效应、创新效应融入其他生产要素，渗透到经济社会发展方方面面，提升生产要素之间的匹配效率，促进社会劳动生产率的提高，深刻影响社会生产、流通、分配、消费活动和经济运行机制、社会生活方式、国家治理模式，推动生产可能性曲线外移，实现国民经济质量和水平的整体跃升。可见，发展数据要素市场、促进数据资源的优化配置是实现高质量发展的迫切需要。

数据要素市场包括促成数据要素商业化利用的一整套制度安排，而不是单一的技术和场所支持（高富平和冉高苒，2022）。Cohen（2019）提出，有效运行的市场需要三个条件：一是能够被估价的标的物，以便能够进行交易；二是一套使用通用技术和方法调动计算能力的框架，并且适用广泛；三是一个被普遍理解的制度架构，在这个制度中可以进行安全、顺畅的交易。因此，数据要素市场不仅仅是指有形的交易平台或场所，更重要的是指一套有利于发挥市场机制作用、能够促进数据资源优化配置的制度体系。

2.3.2 多重难度叠加的数据要素市场

（1）产权归属的二重性

权属界定问题，是研究数据要素的基本问题之一。数据权属问题，无论是理论上还是实践中，既是一个热点，也是一个难点。对这一领域的研究，主要集中于法学、经济学两个方向。

从法学视角来看，已有研究实际上还是没有跳出现有法律理论，多数是进行了类比或推论分析，大致是四种观点（见表2-3）。

一是新型民事权利说。赵鑫（2022）认为，数据权应定性为一项新型民事权利，是一个具有相对独立性的权利束，包括数据人格权和数据财产权等。同时他还认为，数据权也不能被视为其他民事权利的集合，应结合数据的多重属性，区分主体维度、内容维度、阶段维度，明确数据权利的配置规则。这一观点在思路上、理论上具有合理性，问题在于如何进行权利束的界定和分配，这将是一个难以实践的问题。

二是新型人格权说。这一观点认为，数据权属于新型人格权，重点是用户隐私数据的保护，主要的理论主张是当前我国尚未有完善的隐私权保护制度，应当以新型人格权来定义数据产权，重点解决数据权益问题。王利明（2022）认为，数据作为一种财产，其既有财产权利的属性，也具有人格权益的属性。除了完全匿名化处理的个人信息外，其他数据可能包含了大量的个人信息，此时，就必须受到人格权的保护。这一观点的问题在于忽视了数据作为生产要素的生产属性，而且，并不是所有数据都涉及人格问题。

三是财产权说。这一观点认为，数据是一种财产，应当构建以财产权为核心的权利保护制度。有学者认为，虽然数据并非传统的有体物，在客观上也是一种物质存在形式，可以类比电能、无线电频谱资源等赋予数据绝对权保护（海龙，2018）。钱子瑜（2021）认为，数据财产权是一种新型的无体财产权，其权利人对特定数据享有的直接支配和相对排他的权利，实际上是强调数据的生产和财富功能，但是忽视了数据与传统财产的区别。无论哪种观点，可以肯定的是，数据产权一定不同于传统有形财产权，也不同于知识产权，具有财产属性但又不等同于已有法律意义的财产权利。

四是商业秘密说。这一观点认为，企业拥有的数据具有与商业秘密类似的特征，数据被泄露就如同商业秘密被挖掘，需要建立类似保护商业秘密的法律制度。商业秘密说实际上是把数据产权等同于知识产权。然而，这两者存在重大区别，知识产权的保护模式无法为数据产权问题提供完美而周密的保护（何鋆灿，2020）。商业秘密说显然只是讲到数据一个方面的特点，并不是所有数据都具有商业秘密价值，因此，也涵盖不了数据的全部产权属性。

表2-3 法理意义上数据权属主张的比较

法律视角	主要观点	不足及难题
新型民事权利说	具有相对独立性的权利束，包括数据人格权和数据财产权等	如何进行主体维度、内容维度、阶段维度的区分，界定和分配权利束，在现实中很难做到
新型人格权说	数据包含大量的个人信息，必须受到人格权的保护	忽视数据的生产属性，不是所有数据都涉及人格问题
财产权说	数据虽非传统有体物，在客观上也是一种物质存在形式，持有人享有直接支配和相对排他的权利	忽视了数据具有特殊物质形态，与其他物质存在具有明显的区别
商业秘密说	企业拥有的数据具有与商业秘密类似的特征	数据产权并不等同于知识产权，并不是所有数据都具有商业秘密价值

从经济学的角度，学界主要讨论的是数据产权的经济性质，并由此对数据的归属权利给出界定。这也大致有四类观点（见表2-4）。

一是主张数据归国家所有。梅夏英（2016）提出，因为数据在利用上具有非客体性、非财产性、非排他性和非竞争性的特征，因此数据具有独特的公共物属性。余晨然（2021）认为，数据具有明确的公共物品属性：由于数据是无形字符可无限复制，数据可由多者并行处理而互不干扰，即具有非排他性与非竞争性。李牧翰（2020）也倾向于数据属于公共物品的性质，他认为，数字经济时代下传统私权社会逐渐朝着共享形式的有机社会转变，将个人信息数据作为公共物品对待不仅有利于提高数据资源的产出效率，更有利于提高数据资源蕴涵的价值，确保数据资源权拥有合格的权利客体，实现对数字经济时代这一最基础性生产资料的不断供给。蔡万焕和张紫竹（2022）主张，数据本身又具有公共产品的特性，且数据具有共享性，在社会主义制度下，可以把数据的所有权赋予国家，将国家视为一个超大规模的平台，实行数据生产资料公有制。

二是认为数据的产权属于个人。这一主张以欧盟颁布的《通用数据保护条例》（GDPR）为代表。条例规定了个人数据携带权与被遗忘权。条例规定："数据主体有权获得其提供给控制者的相关个人数据，且其获得个人数据应当是经过整理的普遍使用的和机器可读的，数据主体有权无障碍地将此类数据从其原控制者那里传输给另一个控制者。"阿里巴巴公司的阿里云发布的"数据保护倡议书",也提出数据归属个人的倡议,其中写道:"任何运行在云计算平台上的开发者、公司、政府、社会机构的数据,所有权绝对属于客户,客户可以自由安全地使用、分享、交换、转移、删除这些数据。"Miller 和 Tucker(2018)的研究表明,将个人数据的控制权给予个人将会促进个人数据的分享。Jones 和 Tonetti(2020)的研究支持将数据所有权赋予消费者,认为消费者拥有数据所有权将对社会福利更有利:数据所有权属于消费者时,数据交易量将接近社会最优化水平。

表2-4 经济学意义上数据权属主张的比较

权利主张	理论依据	不足及难题
国家所有	数据具有典型的公共产品属性,属于公共物品,应该归国家所有,由政府代表公众管理	数据具有多重经济性质,不是所有数据产品都具有公共物品性质
个人所有	消费者拥有数据所有权将对社会福利更有利,数据交易量将接近社会最优化水平	忽视了企业或数据记录者对数据形成的劳动付出,忽视了数据对国家安全的重要意义
企业所有	数据的价值建立在大数据基础之上,而大数据必须以数据企业为核心形成,企业为数据的采集、储存、管理等工作支付了成本	忽视了数据包含的个人信息和国家安全内容
多主体共有	无论从经济性质上还是从产品形态上,数据都具有多重性特征,其权利不能简单地归属某一个主体	实践中需要更为精细的法律制度和配套规章

三是主张数据产权属于企业,同时认为企业应"为隐私付费"。这一观点认为,数据的价值建立在大数据基础之上,单个数据并无太多价值可言,而大数据必须以数据企业为核心形成,而且,企业为数据的采集、储存、管理等工作支付了成本,因此,数据产权归属企业既有利于企业的形成,也有利于调动企业的积极性。Ghosh 和 Roth(2011)研究了以"拍卖"形式进行隐私信息交易,主张对个人隐私损失进行补偿。高富平和冉高苒(2022)提出,有形物排他支配的方式(所有权)不适用数据财产,要以控制能力为基础、以数据使用权为核心、以促进数据安全有序利用为宗旨来界定数据产权,这实质也是把数据所有权赋予企业。学界对于数据产权的

研究，集中在"应该是什么"的规范研究范畴，但是，无论主张数据产权赋予个人还是企业，都注重了对于个人数据权利的保护。

四是主张数据产权具有多重性，应该分属国家、企业和个人。宋方青和邱子键（2022）认为，政府、个人和企业构成的多元主体结构是更为符合实际的数据要素主体互动格局，而分置为主权、所有权、人格权和用益权的数据权利（力）才是数据权属配置的理想状态。应围绕国家、政府、企业和个人的多元主体结构，采取权利分置的方式分数据主权、数据所有权、数据用益权和个人数据权等形式配置数据权利。黄朝椿（2022）认为，数据产权可以分类进行界定，公共数据属于公共产权；企业数据中，机器生成的非个人数据属于企业，企业记录的必要个人信息可以属于企业；个人数据中自己记录储存的数据属于个人，企业记录储存的非必要个人信息属于个人。

对于数据产权，无论是理论的研究，还是实践的探索，都还没有形成比较一致的认识。即使国际上一些国家对于数据产权有明确的界定，但是，在实践的司法案例中，并没有得到很好的执行，涉及数据权属的案件，很多都采用了合同法的规定。从我国现有的法律制度来看，无论是《民法典》，还是《数据安全法》《个人信息保护法》，都未对数据确权问题进行系统的规定，数据相关权益的种类和权益归属尚处于不甚明晰的状态。

（2）价值测度的间接性

数据价值测度是数据定价的基础。然而，在实践中，数据的价值测度十分困难（刘朝阳，2016）。

数据要素参与生产的价值创造，通过匹配效应、产业效应、赋能效应、创新效应独立或协同发挥作用，以数据为关键要素的数字产业化、产业数字化、数字化治理，数字技术与实体经济深度融合发展，已经成为经济社会发展持久、多重、巨大的动力源泉。然而，数据的价值具有不确定性（孙毅，2022），对于数据参与生产的价值贡献的测度具有间接性，在实践中，无论是数据要素自身，还是数据要素参与生产过程，渗透进产品中，都不着痕迹，难以准确计量。

一是物质形态特殊。数据既是一种独立的存在，又是对客观事实的记录和描述，包含数据本身以及所蕴含的事实的意义，而对数据本身的度量并没有统一的标准。香农方法可以计算数据的信息量，但不能反映其所蕴藏的语义，也就无法衡量数据的真正价值。数据的生产方式不同，数据包含的信息内容也不同，在表现形式上还有结构化、半结构化和非结构化之分（郝爽等，2018）。一方面，无法标准化生产，市场上就很难有可以参照的标的物；另一方面，非标准化标的物也很难通过竞价形态形成合理的价格，也就很难产生统一的数据定价规则。

二是供给主体不明。数据是生产生活的副产品、伴生品，往往需要在不断更新中实现价值，而且数据往往由企业和用户共创，在数据的生命周期中，不同阶段的数据具有不同的表现形式，其价值大小也完全不同。数据要素并没有明确的生产主体，或者生产主体不是有意识、按计划进行数据生产的。数据要素的生成，一般并不需要投入额外的生产成本，生成数据要素的成本与其所具有的价值没有正相关关系，甚至没有直接联系，因此，区分参与方及其各自贡献本身就很难。

三是缺乏价值基础。马克思主义认为，商品价值是由生产商品的社会必要劳动时间决定的，价值决定价格。西方经济学用边际效用解释市场价格，认为市场价格由边际成本和边际收益共同决定。单纯从研究方法的角度，无论是客观价值，还是主观效用，都是商品的定价基础，然而，源于原始数据、基础数据的数据产品在一定意义上没有价值基础。根据大数据原理，一般地讲，单个的、孤立的、零碎的原始数据少有甚至没有价值，数据只有聚合起来形成大数据才有开发利用的价值。

四是应用差别较大。数据的价值与其具体的应用领域、用户和场景息息相关，数据将由于使用主体的差别显示出不同的价值，在使用过程中还会不断滚动、增值，这一部分价值也很难估计（孙毅，2022）。从价值测度看，数据要素的价值在很大程度上取决于其不同用途和如何使用，同一数据使用不同算法、运用于不同场景，其产生的价值往往差距很大。

五是难以评估价值。数据可以相对独立存在，但根本上要依托其他生产要素发挥作用，因此，很难单独分离数据的真正价值和贡献。从时间上看，数据要素的价值无法在交易时直观地体现出来，而是要投入生产之后，根据所发挥作用的大小才能确定数据价值的大小。数据的价值是随时间的推移波动的。尽管不能说每一个数据会随着时间推移而贬损价值，但总体上看，最新数据的价值一般都较高。原本价值较低的数据也可能因其他新增数据的关联、技术的进步或时代的发展而产生更大的价值，由此所带来的数据价值贬损或增值也将给数据定价造成难度（鄢浩宇，2022）。闵华松、胥贵萍（2011）最早提出数据生命周期管理概念，并构建了一个动态价值评估模型。数据通过参与和渗透生产过程发挥作用，究竟能为企业带来什么样的利益，能带来多大的收益，这也是很难进行定量测算的。

此外，数据产品作为一种经验产品，由于阿罗信息悖论，很难以试用的方式让用户体验价值，一方面，用户没有得到数据时，很难辨识数据的质量和价值，数据将难以进入市场，这就是"有数无市"；另一方面，如果用户知道了数据内容，也就不再需要购买这一数据，数据市场将变得没有意义，这就是"有市无数"。同时，供需双方对于数据的价值、效用、质量评价没有统一的标准，给数据交易带来了几乎不可逾越的难题。

（3）规模交易的困难性

数据要素市场建设的又一难题，便是数据要素很难进行产品化、标准化、批量化，规模交易困难对现代要素市场发展提出了难题。

现代意义上的要素市场，最基本的要求是实现交易标的物的产品化、标准化、批量化生产。一方面，产品化、标准化、批量化是实现商品化的必然要求，可以有效降低产品生产成本，提升市场交易的整体社会福利水平；另一方面，产品化、标准化、批量化有利于买方对产品成本、价格、质量的识别，从而降低买卖双方的交易成本，同样是增进整体社会福利的重要基础。实现了买卖双方的交换价值，增进了社会福利，市场就能繁荣发展。

目前，我国已经建立的数据要素交易平台，实际上普遍采用的都是交易所商业模式，交易所商业模式的特点，主要是"五大支柱"。

一是成熟的交易制度体系。以此引导、组织、管理交易，以既定规则规范双方交易行为。

二是有效的信用保证机制。基于第三方保证信用机制，这是交易所模式的核心。

三是严格的强制信息披露。市场交易的过程，实际上就是一个非对称信息的博弈过程。强制性的信息披露为所有参与者提供了了解信息公平的机会和权利，有利于交易参与者做出交易决策。

四是标准化的交易标的。这可以方便交易双方把关注点聚焦在最重要的交易环节，特别是交易价格的判断上。标准化的交易标的还有利于减少交易摩擦，降低交割、交收成本。

五是可执行的违约处罚机制。

上述五大支柱中，标准化的交易标的是重要基础，其他的制度、机制都是围绕标准化交易标的设计和运行的；如果缺乏了这一基础，其他的制度机制将很难有效运行。

对照交易所商业模式五个方面的制度基础，可以对已有典型要素交易所的特点进行对比研究。用A、B、C、D等4个等级表示典型要素交易所对每一项制度由高到低的适应程度，可以对典型要素交易所的适用情况作出定性评价（见表2-5）。

表2-5 典型要素交易所商业模式的分项评价

要素及已有市场模式		交易制度体系完善程度	信用保证机制有效程度	强制信息披露严格程度	统一交易标的难易程度	违约处罚机制保障程度
土地	土地交易所	B	B	A	B	A
资本	证券交易所	A	A	A	A	A
技术、知识	产权交易所	B	B	C	C	C
数据	数据交易所	D	D	D	D	D

在典型要素交易所商业模式中，只有证券交易所的适应程度在五个方面都为A级。实际上，交易所商业模式最开始就是从证券市场开始的，证券交易所的运行也最成功、最成熟的。可以说，交易所就是为证券资本交易量身定做的商业模式。土地交易所在五项评级中仅次于证券交易所，这说明交易所在土地市场中也是比较成功的商业模式，现实中多数土地买卖转让都在交易所进行。相比之下，技术、知识产权交易所的交易也并不活跃，说明交易所商业模式在这一领域的运用也有局限。

针对数据交易所的运行实际，对照交易所商业模式"五大支柱"的适应程度，数据交易采取交易所模式都有无法克服的短板。

第一，完善的交易制度体系必须建立在产权清晰、市场机制充分发挥作用的基础上，而数据要素产权的模糊性、价值测度的困难，特别是高度不对称的市场信息，使价格机制、供求机制发挥作用遇到了先天的困难，再完美的制度设计，也难以达到预期的效果。

第二，基于第三方的信用保障机制难以建立。第三方信用保障机制是指在交易活动中，客户的交易结算资金、交易标的物都交由第三方存管机构存管。交易标的交由第三方存管，这对于数据要素来讲是很难做到的。

第三，无法建立强制信息披露制度。数据交易中存在阿罗信息悖论，就是交易需要披露信息，但披露信息即意味着数据价值的丧失，这也意味着信息披露制度的缺失。

第四，统一交易标的是十分困难的。数据是离散型、个性化的产品，很难形成同质同量的数据要素产品。数据要素可重复使用，复制成本极低，因此，市场并不需要批量的数据产品。

第五，由于信息高度不对称，违约处罚机制往往难以执行。数据要素供需双方对于数据的价值、效用、质量评价没有统一的标准，其参与生产过程究竟能为企业带来什么样的利益和收益，这也很难进行测算。因此，违约认定已十分困难，进行处罚就更为困难。

（4）经济性质的多重性

在经济理论分析中，根据是否具有排他性、竞争性两个特点，可以将要素或商品分为私人物品、公共物品、公共资源和俱乐部物品（曼昆，2022）。排他性是指消费者在购买了一种要素或商品之后，就获得了相应的独占权，这主要是权利上的排他性；竞争性是指消费者在使用或消费某种要素或商品时，会影响其他消费者对同一要素或商品的权益。

根据排他性、竞争性两个特点，一种物品的经济性质划分标准是：既有权利上的排他性又有消费中的竞争性的是私人物品；具有消费中的竞争性，但没有权利上的排他性的是公共资源；具有权利上的排他性，但没有消费中的竞争性的是俱乐部物品；既无权利上的排他性，又无消费中的竞争性的是公共物品（见图2-4）。

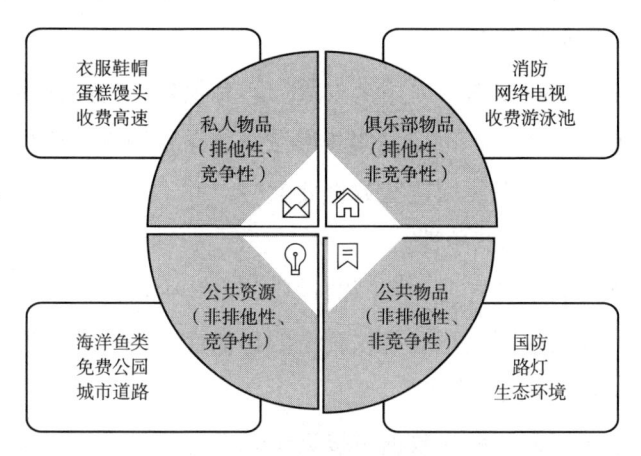

图2-4 四种不同经济性质的物品

已有很多研究都认为，数据是典型的公共物品。公共产品的认定和提供源于产品物理属性和社会属性（吴晁兵和贾康，2023），一方面，产品物理属性的特点导致市场失灵，并由此产生市场供给不足，需要政府提供这一产品；另一方面，由于产品社会属性的特点，政府提供更有利于实现基本公共服务均等化。数据在物理属性和社会属性上都具有公共产品属性的特点。从物理属性看，公共数据不具有权利上的排他性，也不具有使用中的竞争性；从社会属性看，公共数据是重要的社会公共产品，"数字鸿沟"的出现，已经带来新的社会不公平问题。

实际上，数据并不都是公共物品。通过定制化、可视化、标准化产生的数据产品，也就具有了一般生产要素的产品特性，同时具有权利上的排他性和消费中的竞争性，更接近于私人物品和公共资源。为此，从理论上讲，可以对数据要素的经济性质作如下划分。

第一，原始公共数据具有公共物品属性，没有权利上的排他性；市场主体在使用公共数据时，并不影响别的市场主体的同时使用，没有消费中的竞争性。已有研究认为数据具有公共物品性质，这主要还是指原始数据。原始数据要素一般可以同时使用、共同使用而互不影响，具有非竞争性特点，某一市场主体对于数据要素的使用不会影响另一市场主体的使用。因此，根据是否具有权利上的排他性和消费中的竞争性两个特点，原始数据的公共物品属性非常明显。

第二，原始企业数据、原始个人数据具有俱乐部物品性质，其一般权利分属企业和个人所有，市场主体获得这些数据就拥有一般权利上的排他性；但是，市场主体在使用这些数据要素时，并不影响别的市场主体的同时使用，没有消费中的竞争性。

第三，公共数据具有公共资源的性质，市场主体获得某一数据并不排斥别的市场主体的权利，不具有权利上的排他性；但公共数据并不是无限供给的，具有消费中的竞争性。

第四，企业数据、私人数据更接近于私人物品的性质，可以借助加密技术和数据要素产权制度强化私人物品的特性，也就具有权利上的排他性和消费中的竞争性。

根据以上讨论，基于竞争性和排他性原理，数据兼具公共物品、俱乐部物品、公共资源、私人物品的性质。但是，具有公共物品性质的数据与具有准公共物品性质、私人物品性质的数据的法理边界较为模糊，无法借由功利主义福利最大化的逻辑予以区分。而且，在理论上厘清数据的经济性质，并不等于就可以容易地解决实践中的问题。在实践中，哪怕是较为准确地划出数据性质的界限都是困难的。将归属于特定主体的数据认定为公共数据，这在本质上是将对数据属性的判断转换为对数据主体要素属性的判断，何种类型的数据主体要素具有公共性实际上仍然是一个有待解决的问题（沈斌，2023）。同时，数据因其使用中的非排他性和处理活动的强外部性，本身即存在高度公共性，因此公共数据与私人数据的边界可能无法单纯借由数据内容的公共利用价值予以厘定。这就是说，从经济性质上划分数据的公共物品、准公共物品、私人物品的界线本身就是困难的，需要进一步在实践中探索。

（5）市场模式的多样性

国外的研究主要集中在市场模式上，2022年，学者Santiago和Nikolaos通过对欧美亚22个国家97个网上数据产品公司的调查，总结了数据市场及其商业模式：一是单边数据提供模式；二是数据交易平台模式；三是数据管理系统模式。Zhang和Beltrán（2020）把数据要素市场分为单边市场、集中式双边市场和分散式双边市场三种类型。综合国内外研究，目前数据要素市场主要是五种模式（Koutroumpis et al.，2020；Zhang & Beltrán，2020），即"一对一""多对一""一对多""多对多""多对一对多"。

双边市场理论的提出，带动了市场模式的研究。双边市场理论是网络经济学与产业组织理论的前沿理论（孙毅，2022），学界从平台经济、专业市场、应用场景的角度，广泛研究了双边市场的形式和具体应用。但是，到目前为止，在这一领域的研究中，最为经典的双边市场定义，还是Rochet和Tirole（2003）给出的。他们认为，在市场中，先将两个参与方分别用字母B和S表示，用B表示参与方B被平台索取的价格，S表示参与方S被平台索取的价格，需求双方被平台索取的价格总水平是B和S的总和，用BS来表示。那么，当BS为定值时，则意味着在平台中，只要任何一个参与方的价格出现变化，那么平台的总需求和实现的交易数量都会产生变化；如有一个市场拥有这样的平台，该市场就可以被称作"双边市场"，否则，就是单边市场（见图2-5）。综合起来，对于双边市场以至市场的判断标准，可以遵循以下四点。

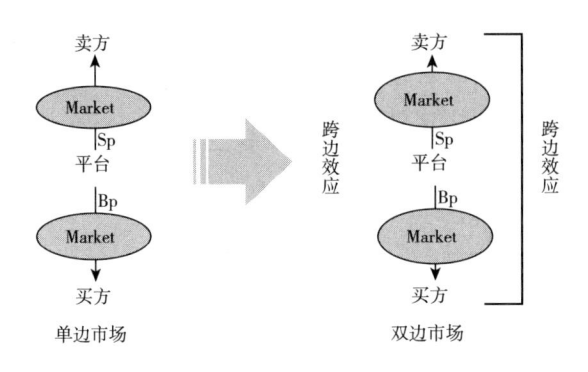

图 2-5 单边市场、双边市场示意

第一，网络交叉外部性。网络外部性可以分为网络交叉外部性和自网络外部性。网络交叉外部性是指采取相同行动的人数增多时，该行动产生的净价值增量（Katz & Shapiro，1985），也即购买同种产品的消费者数量增多，使购买这种产品的单个消费者的效用更高。双边市场的重要特征就是具有网络交叉外部性，也称跨边效应，是指平台一边用户的净效用受到另一边用户数量和行为的影响。自网络外部性是双边市场上某一边用户的行为对同一边其他用户影响的效应，是用户相互竞争和行为示范的结果，与网络交叉外部性具有本质上的不同，但仍然可以被纳入双边市场的分析。

第二，市场需求互补性。双边市场中，平台两端用户群体的需求存在互补性，一方的供给正好是另一方的需求，双方相互依存、缺一不可。双边用户均有需求，均能满足对方的需求，都需要对方提供的价值（孙毅，2022）。双边市场平台两端的用户，相互是独立的市场主体，从而可以各自形成市场群体，通过一个中间平台建立市场联系。平台通过降低双边用户的搜索成本等方式，降低交易成本，吸引双边用户加入市场交易。

第三，交易平台独立性。任何一个现代意义上的市场，实际上都存在交易平台，只是形式、功能、复杂程度不同。比如，批发商、商铺、摊位都算交易平台，但这样的市场不是双边市场。双边市场的交易平台具有独立性，平台不与两边用户发生直接的经营买卖联系，不直接购买用户的产品，不做中间商，而是设计一种制度、形成一种模式、提供一种服务，推动买卖双方达成交易目的。这就与单边市场完全不同，单边市场平台往往要直接参与市场交易，成为交易商品的短暂持有人。

第四，价格结构非中性。在单边市场中，产品价格由边际成本决定，市场均衡将取决于市场机制作用，这对于供求双方体现了公平性，也可以称价格中性。在双边市场中，平台会考虑市场供求状况，根据平台两端用户的市场行为综合决策，对于市场价格具有决定性的影响。也就是说，双边市场的价格不是根据哪一边的边际成本来决定的，平台在其中发挥着决定性作用，也即价格非中性。

高富平和冉高苒（2022）总结了可交易流通的三种类型数据产品：知识生产要素类数据产品（经过处理可以不断重复使用的原始数据）、知识生产工具类数据产品（数据分析方法或技术工具）、知识服务类数据产品。基于网络交叉外部性、市场需求互补性、交易平台独立性、价格结构非中性4个特点，对照三种类型产品形式，不难发现，无论是理论上还是实践中，数据要素市场并不完全适合某一单一的市场形式，有的适应双边市场形式，有的适应单边市场形式，现实中还有数据互换的"以数易数"的交易形式。

2.4 本章小结

本章分析了数据、数据要素、数据要素市场的概念和特征。总的来看，目前国内外有关数据要素市场的研究和理论成果明显增多（洪永森和汪寿阳，2021；邱东，2021；萧政，2021）。科学研究的演进一般可以分为四个阶段[①]：概念化阶段、工具化阶段、应用化阶段、普及化阶段。根据这一划分，我国对于数据要素市场的研究大致处于概念化阶段，部分进入工具化阶段。学界普遍认识到要加快构建数据要素市场，切实发挥数据对于经济

---

① 根据 Alex Schneider（施奈德）关于科研四阶段和科学家四类型的思想，科学研究的演进一般分为四个阶段：概念化阶段、工具化阶段、应用化阶段、普及化阶段。

增长的新型要素作用，从认识上解决了"为什么要加快构建数据要素市场"的问题。但是，在实践中，数据要素市场化配置仍然处于探索之中，对于构建一个"什么样的数据要素市场"、"如何构建数据要素市场"，仍然需要进一步的理论支撑。

第3章
供给侧引致的市场失灵

本章研究数据要素市场的性质。根据市场信息理论，从买卖双方占有市场信息的差异出发，提出信息视窗模型，并分析讨论不同类型市场的特点。在此基础上，运用博弈论基本原理，讨论不同信息条件下的市场均衡问题。最后，运用经济学基本原理，通过供求曲线的分析，论证数据要素市场属于买方信息占优市场的假说。

3.1 基于信息的市场分类

3.1.1 市场信息视窗

引入博弈论基本原理，基于市场主体掌握市场信息的差异，将买卖双方对市场信息占有情况抽象为"知"与"不知"两种情况（见图3-1），并由此将市场划分为对称市场、买方占优市场、卖方占优市场、地下市场四种类型[①]。

设定买方的信息水平表示为 $I_b \in \{0, 1\}$，卖方的信息水平表示为 $I_s \in \{0, 1\}$。不管是买方还是卖方，信息水平为1均表示知道产品的市场信息，信息水平为0均表示不知道产品的市场信息。由此，由买卖双方信息水平组合形成的市场类型函数可以表示为：

---

① 受乔哈里视窗（Johari Window）启发。乔瑟夫（Joseph）和哈里（Harry）在20世纪50年代提出，将人际沟通比作一个窗子，分为4个区域：开放区、隐秘区、盲目区、未知区。

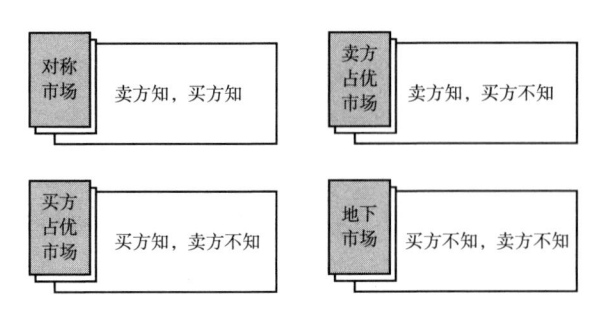

```
┌─────┐
│对称 │ 卖方知，买方知          ┌─────┐
│市场 │                         │卖方 │
└─────┘                         │占优 │ 卖方知，买方不知
                                │市场 │
                                └─────┘

┌─────┐
│买方 │                         ┌─────┐
│占优 │ 买方知，卖方不知        │地下 │ 买方不知，卖方不知
│市场 │                         │市场 │
└─────┘                         └─────┘
```

图 3-1　基于信息的市场分类

$$M = F(I_b, I_s) = \begin{cases} 1, & \text{如果}I_b = 1\text{且}I_s = 1 \\ 2, & \text{如果}I_b = 0\text{且}I_s = 1 \\ 3, & \text{如果}I_b = 1\text{且}I_s = 0 \\ 4, & \text{如果}I_b = 0\text{且}I_s = 0 \end{cases} \quad (3-1)$$

其中，$M=1$ 表示对称市场，$M=2$ 表示卖方占优市场，$M=3$ 表示买方占优市场，$M=4$ 表示地下市场。

3.1.2　四种类型市场的特点

基于掌握信息多少的市场分类，四种类型市场的特点及代表性市场如下（见图 3-2）。

（1）对称市场

对称市场就是卖方和买方同等程度地掌握同样市场信息的市场。日用品市场属于对称市场，买方由于反复比试、重复购买这类产品，在购买之前可以通过一定渠道搜寻产品的信息，从而买方可以知道卖方掌握的所有信息，买卖双方不存在信息差异，市场信息在买方和卖方之间完全对称，买卖双方在市场博弈中处于平等地位。

（2）卖方占优市场

卖方占优市场就是卖方比买方掌握更多市场信息的市场，卖方知道的市场信息而买方不知道，卖方占据市场信息的优势地位。耐用品市场属于卖方占优市场，买方由于并不经常购买这类产品，加之产品具有一定的技术复杂性，卖方为了更多更高价销售产品，可能隐藏对自己不利而放大有利于自己的信息，买方在购买之前甚至购买之后都无法知道产品的完整信息，卖方在市场中占据优势地位。

（3）买方占优市场

买方占优市场就是买方比卖方掌握更多市场信息的市场，买方知道的市场信息而卖方不知道，这样，卖方将在市场中面临信息风险，在市场博弈中处于不利地位。资本品市场属于买方占优市场。资本品用于中间投入，主要价值来源于投入生产的价值创造。一般来讲，买方知晓资本品的用途和价值创造，而卖方难以准确知晓这一市场信息。这样，买方在购买行为中就可能隐藏市场信息，致使卖方不知道或不完全知道资本品的用途和产生的效益，在市场中面临利益损失风险。

（4）地下市场

地下市场就是卖方和买方都不知道市场信息的市场，但市场有潜在供给和需求，只是由于公共利益和国家安全的需要，这类市场将会受到法律和制度的限制，成为非法市场。管控品属于地下市场，像战略武器、毒品等，买卖双方都难以准确知晓信息，但一样存在买卖行为。

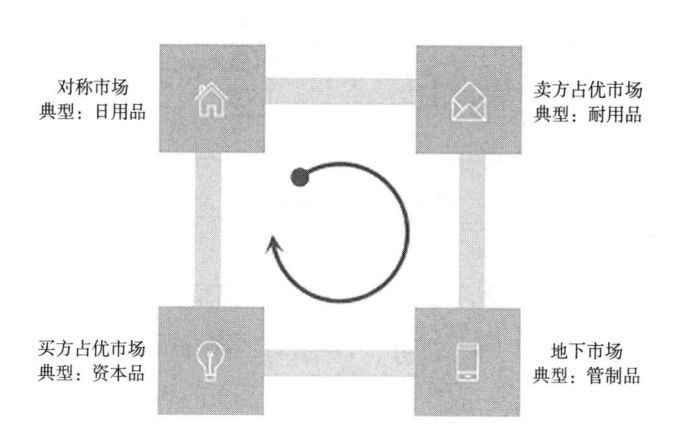

图3-2 基于信息的四类典型市场

3.1.3 市场收益矩阵

市场是一个典型的博弈场所。主要包括如下要素。

①参与人（player），指卖方和买方。

②策略（strategies），卖方的策略为收益最大化，出售高质量、低质量两类商品；买方的策略为效用最大化，分为出高价、出低价两种选择。

③得失（payoffs），设定卖方和买方在对方的策略之下都各有3、2、1、0四种收益。

④次序（orders），参与人做出策略选择的先后，一般设定由买方先行选择。

⑤信息（information），设定买卖双方具有同等信息、卖方占优、买方占优、都不掌握信息四种可能。

⑥均衡（equilibriun），参与人最优的策略组合，是一种稳定的博弈结果。根据上述设定，可以得出买卖双方的市场收益矩阵（见图3-3）。

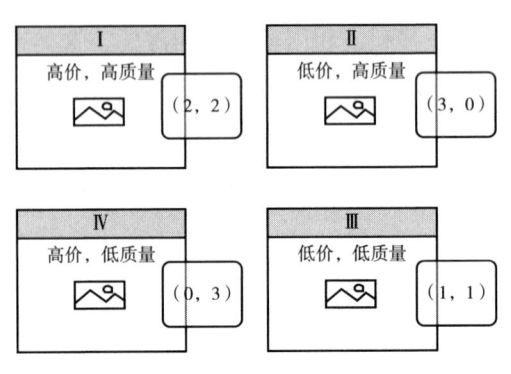

Ⅰ 高价，高质量 (2, 2)	Ⅱ 低价，高质量 (3, 0)
Ⅳ 高价，低质量 (0, 3)	Ⅲ 低价，低质量 (1, 1)

图3-3　市场收益矩阵

①在第Ⅰ象限（高价，高质量），买方出高价，卖方提供高质量产品，此时，卖方的产品卖出了好价钱，买方感到"物有所值"，买卖双方获得正常收益和效用。对于这一市场交易，设定收益矩阵为Ⅰ（2, 2），买方获得2个单位效用，卖方获得2个单位收益。

②在第Ⅱ象限（低价，高质量），买方出低价，卖方提供高质量产品，此时，买方以低价购买到了高质量的产品，因此，买方获益最大，卖方利益受到损失。对于这一市场交易，设定收益矩阵为Ⅱ（3, 0），买方获得3个单位效用，卖方的收益为0单位。

③在第Ⅲ象限（低价，低质量），买方出低价，卖方提供低质量产品，

此时，买方用低价买到了低质量产品，而卖方出售低质量产品得到相应收益。在这一市场交易中，设定收益矩阵为Ⅲ（1，1），买方获得1个单位效用，卖方获得1个单位收益。

④在第Ⅳ象限（高价，低质量），买方出高价，卖方提供低质量产品，此时，买方用高价购买卖方的低质量产品，显然，买方效用受损，卖方获得最大利益。在这一市场交易中，设定收益矩阵为Ⅳ（0，3），买方获得0个单位效用，卖方获得3个单位收益。

从上述博弈过程的收益矩阵看，买方出低价的收益分别是3个单位效用和1个单位效用（平均收益为2个单位），出高价的收益分别是2个单位效用和0个单位效用（平均收益为1个单位）；卖方提供低质量产品的收益分别是3个单位和1个单位（平均收益为2个单位），提供高质量产品的收益分别是2个单位和0个单位（平均收益为1个单位）。

3.1.4 市场收益分析

根据市场收益矩阵，现在考虑买卖双方的市场信息占有情况，即在对称市场、卖方占优市场、买方占优市场、地下市场条件下，市场博弈将出现不同均衡结果。

（1）对称市场

设定买方出低价，由于卖方同等掌握市场信息，为了实现利益最大化目标，将以提供低质量产品作为策略，而不会提供高质量产品。这样，市场均衡出现在第Ⅲ象限（低价，低质量）而不会出现在第Ⅱ象限（低价，高质量），买方的效用为1个单位，卖的收益为1个单位。

设定买方出高价，根据利益最大化原则，卖方的策略将是提供高质量产品或低质量产品，但买方掌握同等市场信息，因此，买方不会接受卖方提供的低质量产品，这样，市场均衡不会出现第Ⅳ象限（高价，低质量），而只能出现在第Ⅰ象限（高价，高质量），买方的效用为2个单位，卖方的收益为2个单位。

根据以上分析，市场均衡将出现在第Ⅰ象限（高价，高质量）、第Ⅲ象限（低价，低质量），也就是说，在信息对称的市场上，买方出高价将获得高质量商品，买方出低价只会获得低质量商品；不会出现出低价而获得高质量产品，或出高价买低质量产品的情况（见图3-4）。

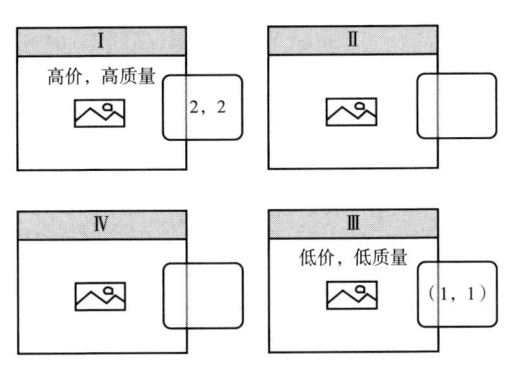

图3-4 对称市场的均衡结果

（2）卖方占优市场

设定买方出高价，由于买方并不掌握市场信息，卖方则可能提供高质量产品，也可能提供低质量产品，这样，市场均衡将出现在第Ⅰ象限（高价，高质量）或第Ⅳ象限（高价，低质量），此时，买方的效用为2个单位或0单位（平均效用为1个单位），卖方的收益为2个单位或3个单位（平均收益为2.5个单位）。

设定买方出低价，卖方只会提供低质量产品，市场均衡只会出现在第Ⅲ象限（低价，低质量），而不会出现第Ⅱ象限（低价，高质量），此时，买方的效用为1个单位，卖方的收益也为1个单位。

根据以上分析，在一次性博弈情况下，卖方因为信息占优而占据市场主动地位，将按照利益最大化原则进行策略选择，市场均衡将出现在第Ⅳ象限（高价，低质量），即卖方实现收益最大化（3个单位收益）。在重复博弈情况下，无论买方支付高价还是低价，卖方提供低质量产品获利最大；而无论卖方提供高质量产品还是低质量产品，买方出低价能获得最大收益。这就是"柠檬市场"的结果，最终导致高质量的产品从市场中退出，而只有低质量产品仍留在市场中，结果造成市场萎缩，即第Ⅲ象限（低价，低质量），买方获得效用1个单位，卖方获得收益1个单位（见图3-5）。

I	II

IV	III 低价，低质量 (1, 1)

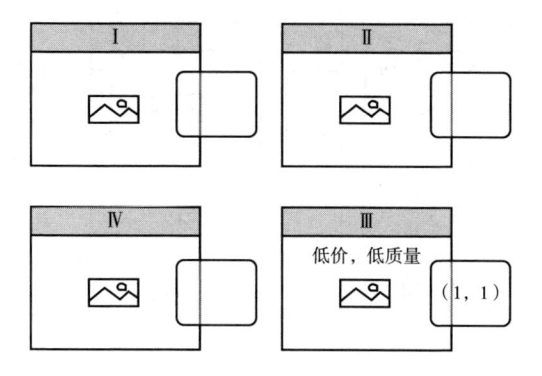

图3-5　卖方占优市场的均衡结果

（3）买方占优市场

设定买方出低价，由于卖方并不十分清楚自身产品的价值，可能提供高质量产品，也可能提供低质量产品；同时，买方自己清楚市场产品的价值，因此，只会接受高质量产品。这样，市场均衡将出现在第Ⅱ象限（低价，高质量），此时，买方的效用为3个单位，卖方的收益为0。

设定买方出高价，卖方同样可能提供高质量产品，也可能提供低质量产品，但买方占据信息优势，只会接受卖方的高质量产品，市场均衡将出现在第Ⅰ象限（高价，高质量），而不会出现第Ⅳ象限（高价，低质量），此时，买方的效用为2个单位，卖方的收益为2个单位。

在一次性市场博弈中，买方可以凭借信息优势，以低价获得高质量产品，市场均衡结果出现在第Ⅱ象限（低价，高质量），买方实现3个单位的最大效用，卖方的收益为0；在重复博弈中，卖方不会坐视利益受损，将以市场平均价格调整策略行为，这样，买方必须支付高价才能获得高质量产品。在买方占优市场上，买方一定会购买高质量产品，低质量产品将退出市场，可能会出现高质量产品的短缺问题，这样，买方占优市场的均衡结果最终将出现在第Ⅰ象限（高价，高质量），买方获得2个单位效用，卖方获得2个单位收益（见图3-6）。

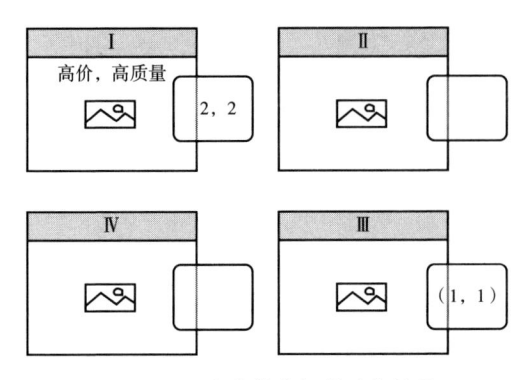

I 高价，高质量　　(2, 2)	II
IV	III　　(1, 1)

图3-6　买方占优市场的均衡结果

(4) 地下市场

在地下市场中，价格机制、信息机制将失灵，并不对市场产生调节作用。买方无论出高价还是低价，都不会出现市场的均衡结果；同样，卖方无论提供高质量产品还是低质量产品，也不会出现市场的均衡结果。价格不反映产品质量，市场将在完全无序的状态下进行。

3.2　基于供给侧和需求侧的市场失灵

3.2.1　市场的界限

传统自由市场理论认为，市场是资源配置的基本工具，市场这只"看不见的手"将实现资源的最优配置。自由市场经济的最优资源配置效率，是建立在完全竞争市场或充分竞争市场基础之上的。然而，现实中很难存在完全竞争市场，而即使是具备充分竞争条件的市场，也不可能在所有领域和一切情况下都能有效地配置经济资源，从而导致市场失灵。特别是由于垄断、外部性、信息不完全等情况存在且在公共物品领域，仅仅依靠价格机制来配置资源，都将无法实现帕累托最优均衡假设。罗奈·勒努阿认为，市场失灵的原因或表现在于"市场的界限"（见图3-7）。

(1) 政治的界限

用政治经济学的眼光来看，市场不仅是一个经济问题，还涉及政治制度、民主制度、社会制度，这些制度对于市场制度的保护程度或者破坏程度，直接关系到市场机制发挥作用的程度大小。因此，市场会受到政治的限制，政治变量将具有正面或负面效应。

（2）分配的界限

市场机制本身是以效率为核心的机制，最终就是要实现资源配置的最优化，从而实现经济效益的最大化。因此，市场本身并不能有效保证公平分配，不能阻止"纯租金"的出现，这包括与物质财产所有权相联系的纯租金，国家或集体政策给个人带来的额外收入，垄断条件下产生的纯租金等，而市场本身无法解决纯租金问题，也就是说，市场有分配上的局限性。

（3）长远发展的界限

市场机制存在短视、短期行为。在市场经济条件下，市场主体更关心消费者的直接需要以及物价、利率、汇率等，而并不关心或无力关心长期的经济发展，市场机制的结果，也必然是注重短期利益。因此，重大基础设施、公共设施、教育、重大科技等事关长远的领域只能由国家来承担或组织，而无法由市场来调节。

（4）伦理的界限

市场机制追求效率高于一切，而真实社会还有道德、伦理、公平的需要。比如社会保障制度、社会福利制度等，都是由政府创造的产物。社会伦理要求限制和取消某些市场，例如人体器官买卖市场、军火买卖市场、毒品买卖市场等，因为这些市场买卖引起了复杂的道德问题和法律问题，而市场无法解决这些社会问题。

（5）环境的界限

市场解决不了生态建设和环境保护问题。从技术上讲，人类在进行生产生活、追求经济利益最大化的过程中，不可避免会带来土壤、植物区系、动物区系、大气等生态环保问题，这种人类生产活动与生态环境的平衡必须由国家进行监督、管理和保护，而不能由市场进行调节。

（6）消极作用的界限

市场并不能保证自身不产生消极作用。市场在发挥积极作用的同时还会产生垄断、无效益竞争、过度投机、舞弊、市场犯罪等消极现象。

```
┌──────────────┐        ┌──────────────┐
│  政治的界限   │        │  伦理的界限   │
├──────────────┤        ├──────────────┤
│  分配的界限   │        │  环境的界限   │
├──────────────┤        ├──────────────┤
│ 长远发展的界限 │        │ 消极作用的界限 │
└──────────────┘        └──────────────┘
```

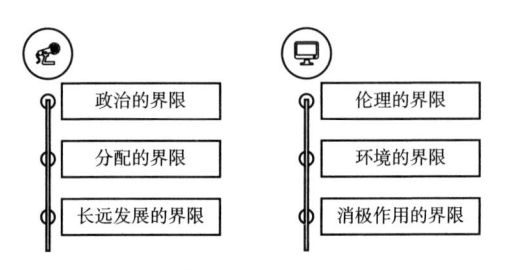

图 3-7　市场的界限

3.2.2　基于信息的市场失灵

经济学的基本假设前提之一，就是完全而对称的市场信息。因为只有买卖双方都掌握对等的信息，"经济人"的决策才可能符合利益最大化原则。然而，在现实市场中，信息总是不完全、不对称的。为此，美国经济学家乔治·阿克罗夫、迈克尔·斯彭斯、约瑟夫·斯蒂格利茨，提出了信息不对称理论（Asymmetric Information），其中最为重要的结论之一，就是在市场经济活动中，各类市场主体对有关信息的了解是有差异的；掌握信息比较充分的市场主体往往处于比较有利的地位，而信息贫乏的市场主体则处于比较不利的地位；信息不对称可能导致逆向选择（Adverse Selection）、道德风险（Moral Hazard）。

综合已有研究，可以将市场信息不对称从三个维度进行划分。

第一，市场信息在内容上不对称。市场一方的行为对另一方来说具有不可预测性，或者一方掌握的知识对另一方具有不可知性，从而导致市场信息不对称。对这一现象的研究成果主要有隐藏行动模型和隐藏信息模型（隐藏知识模型）。

第二，市场信息在时间上不对称。根据掌握信息的时间先后顺序，发生在交易之前的市场信息不对称，称为事前信息不对称；发生在市场交易之后的信息不对称，称为事后信息不对称。事前信息不对称将导致逆向选择，事后的信息不对称可能引发道德风险。

第三，市场信息在方向上不对称。根据市场交易要素或商品的流动方向，将市场信息不对称分为卖方占优和买方占优两种类型。这一划分方法既基于信息内容,也基于信息时间;既可能是隐藏行动和隐藏信息(知识)的结果,也可能是事前信息不对称和事后信息不对称的结果。在卖方占优的信息不对称市场上,卖方掌握比买方关于要素或商品质量、性能、使用寿命和生产成本方面更多的信息,市场机制作用的结果是逆向选择的发生,最终可能是买方减少购买甚至退出市场,从而导致市场的萎缩甚至消失,这可以称作需求侧引致的市场失灵;在买方占优的信息不对称市场上,买方可能占有要素或商品用途和未来收益、风险的更多信息,市场机制作用的结果是道德风险的发生,最终将是卖方减少市场供给甚至退出市场,同样可能导致市场的萎缩甚至消失,这可以称作供给侧引致的市场失灵(见图3-8)。

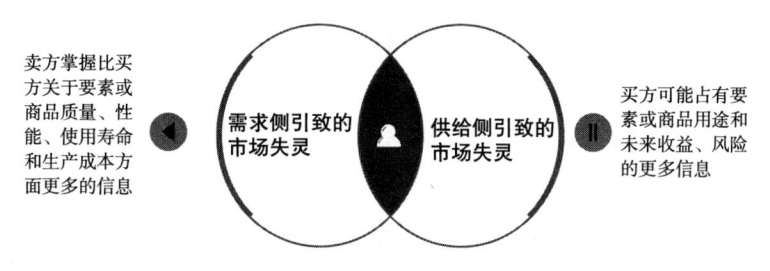

图3-8　市场信息在方向上不对称

(1)需求侧引致的市场失灵

当卖方占据市场信息优势时,买方将因在交易中处于被动地位,基于经济人假设,将以市场平均质量、平均价格出价交易;如果任由市场机制作用,那么,高质量商品将由于价格下降而退出市场,剩下的商品平均价格将进一步下降,从而引发平均价格的进一步下降;从理论上讲,这样的市场博弈持续下去,最终这一市场将只剩下低质量商品,出现市场萎缩甚至消失。

在这一市场中,卖方的市场优势主要表现在如下几个方面。

一是产品质量信息优势。卖方知道自己所卖产品的质量,包括产品的性能、寿命、可靠性、安全性、经济性等,也就是说,这个产品用起来怎么样,能够用多久,有没有安全性,这些信息卖方比买方更清楚。

二是产品成本信息优势。生产所售产品的直接材料、直接人工和制造费用是多少，各项费用的比例怎样，以及某一具体产品的性价比，未来产品是降价还是涨价等，卖方是清楚的，而买方并不清楚或者不完全清楚。

三是产品迭代信息优势。市场产品的价格，还与未来产品的更新迭代密切相关。比如，换季、技术升级、时尚引领等，在多长时间内将实现新一代产品的上市替代，或者现有产品能继续使用多长时间，这些都取决于卖方，而买方是很难获得准确信息。

卖方信息占优的市场，以"柠檬市场"最为典型。阿克罗夫研究了二手车市场，由于卖方掌握更多信息，买方难以获得车辆质量信息，他们最终将选择以"垃圾车"为基础价格对市场出价，这样的结果就是性能良好的二手车将会退出市场，最后整个二手车市场将难以为继。斯彭斯、斯蒂格利茨分别研究了劳动力和保险市场，得出的结论都是因为信息不对称，市场必然出现逆向选择和道德风险。

阿克罗夫具体的研究也非常简洁，假定一个二手车市场共有100辆汽车，其中，高质量汽车50辆、低质量汽车50辆，对这两类汽车，卖家的期望售价分别是2000元和1000元，买家的期望出价分别是2400元和1200元。

上述市场中，在信息对称、市场出清的情况下，高质量汽车和低质量汽车将分别以2000~2400元、1000~1200元的价格出售。

在信息不对称、卖方市场信息占优的情况下，基于重复博弈，二手车市场将出现以下博弈过程。

第一轮：由于卖方掌握的信息优于买方，假设买家分不清市场上的产品是高质量汽车还是低质量汽车，那么，他们将以市场商品的平均价格出价，也就是不分高质量汽车和低质量汽车，统一以1800元的出价购买二手车（$P=\frac{1}{2}\times 2400+\frac{1}{2}\times 1200=1800$元）。

第二轮：基于买家平均出价1800元，低于高质量汽车卖家期望售价2000元，而高于低质量汽车卖家期望售价1000元。为此，一部分高质量汽车将退出市场。假设这时的二手车市场变为高质量汽车占2/5，低质量汽车占3/5。那么，买家认识到这样的变化，将仍然以平均期望价格出价，统一以1680元的价格出价购买二手车（$P = \frac{2}{5} \times 2400 + \frac{3}{5} \times 1200 = 1680$元）。

第三轮：同样，高质量汽车继续退出市场，市场上高质量汽车与低质量汽车之比变为1∶3时，买家将以1500元的价格出价购买二手车（$P = \frac{1}{4} \times 2400 + \frac{3}{4} \times 1200 = 1500$元）

……

重复博弈按照以上市场行为持续下去（见图3-9），这样的结果必然是，在二手车市场上，高质量二手车将越来越少，价格会越来越低，最后，高质量二手车将不会出现在市场上，市场上将全部是低质量的二手车。

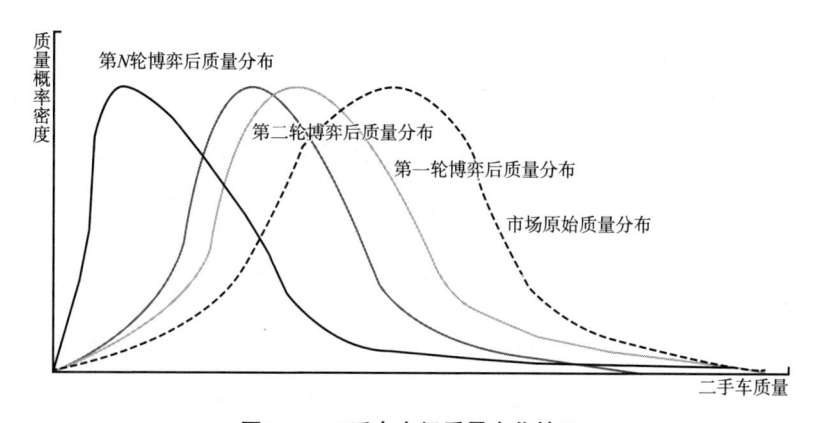

图3-9 二手车市场质量变化情况

在卖方市场信息占优的二手车市场上，二手车的质量将随着价格的提高而提高。根据价格理论，对于市场供给而言，价格越高，将会有更多的高质量二手车到市场交易，如图3-10（A）所示。但是，在信息不对称的二手车市场上，实际情况并不完全遵从价格理论，一方面，供给曲线遵从价格理论，价格越高，供给越多；另一方面，价格的下降不会导致需求的增加，买方反而会由于担心汽车质量问题而减少购买，需求曲线向后方弯曲，如图3-10（B）所示。

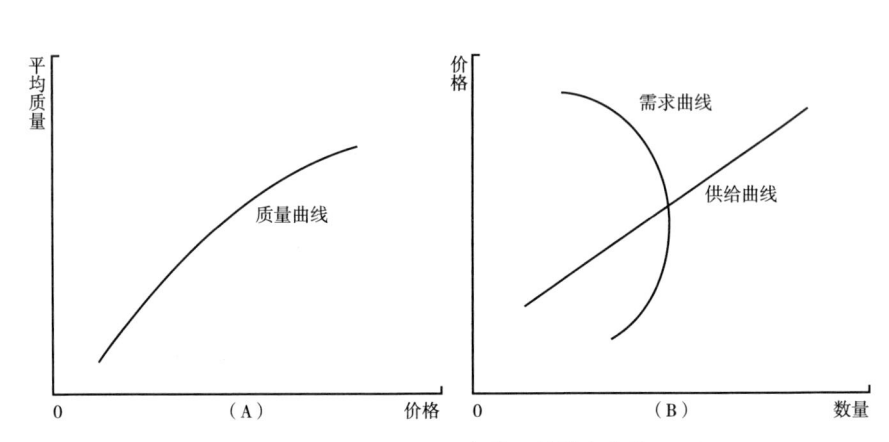

图3-10 信息不对称条件下的供求曲线

（2）供给侧引致的市场失灵

买方占据信息优势的市场与卖方占据信息优势的市场正好相反，由于卖方处于信息劣势，那么，卖方将抱着谨慎的态度参与市场交易。买方信息占优的市场主要发生在要素市场，而以数据要素市场最为典型（见表3-1）。

为了解决要素市场信息不对称问题，目前，金融市场、保险市场、风险投资市场都有了成熟的市场模式，通过制度设计和市场机制解决了信息不对称问题。银行通过贷款审批、抵押等制度规范贷款人行为，促使其事前提供更多真实信息，事后管好用好贷款；保险公司通过精算，科学设计赔付率和保费标准，尽管并不能解决信息不对称问题，但可以规避信息不对称带来的风险；风险投资机构一方面通过参与投资项目的重大事项决策解决信息不对称问题，另一方面通过自身的专业能力确保正确的投资行为，从而减少投资风险。

数据要素市场并没有成熟的制度设计能让市场机制有效解决信息不对称问题。但从实践看，数据要素及其市场建设基础理论的滞后，限制了有效的制度供给；就算制定了相应法律制度，但由于并不符合数据要素及其市场建设的规律，其制度效率也大打折扣甚至无法执行。

第3章 供给侧引致的市场失灵

表3-1 买方信息占优的典型市场

市场类型	金融市场	保险市场	风险投资市场	数据要素市场
要素产品形式	信贷资金	保单	风险投资资金	原始数据、数据产品
信息不对称具体表现	贷款人对于资金使用效率不确定	投保人动机不确定，投保之后的行为不确定	投资项目的前景、收益不确定	数据安全不确定，参与生产的收益不确定
卖方目标	利息等固定收益	发生率差异、利差、费差	获得企业股权	出让数据的收益
买方行为	用贷款进行投资获得收益	事故赔付收益	创业收益	数据参与生产提高生产效率和经营收入
风险及风险程度	呆账、坏账等不良贷款	偿付能力不足，巨灾风险等	创业失败	数据事实主体的特殊权利受损
制度设计	抵押贷款，放贷审查	精算，赔付率及保费设计	滚动投资，分散投资，投资高新技术行业，参与决策	法律保护数据产权及数据安全

在数据要素市场上，由于买方占据信息优势，那么，卖方将由于并不知道数据的用途、真实价值、安全保障程度等，一方面，将会把真正有价值的数据隐藏起来，市场的供给进一步减少；另一方面，买方为了购买高质量数据，必然进一步提升市场价格，而这在一定程度上可能加剧卖方的惜售、不售心理。如果任由市场机制作用，市场上的有效数据供给、高质量数据供给将越来越少，这就是供给侧引致的市场失灵。

在数据要素市场上，买方的信息优势主要体现在如下几个方面。

一是数据用途信息占优。对于其他生产要素或商品，在进行市场交易之后，无论用于什么目的，对于卖家都不会有太大影响，而数据要素的具体用途则会对数据卖家产生不同影响。数据要素交易之后用于什么生产和商业目的，这些信息在很大程度上取决于数据买家。

二是数据价值信息占优。对于同一数据，不同的用途，用在不同领域，在不同时间使用，用什么算法来使用，其真实价值都有差别。购买数据要素之后参与生产，能产生多大的经济价值，数据买家比卖家占有更多信息，这就使买家在市场谈判中占据有利地位。

三是数据安全信息占优。数据安全事关数据事实主体的特殊权利，然而，数据要素交易之后，这些权利事实上就掌握在买家手里，会不会、在多大程度上维护卖家的这些权利，在很大程度上取决于买家。因此，在这一市场博弈中，数据要素买家信息占优，数据要素卖家处于不利地位。

在数据要素市场上，买方信息占优将带来两个方面的结果。一方面，数据卖家惜售数据。卖家担心数据要素用途不确定、价值不确定、安全不确定，将会恪守谨慎出售出让数据要素的心理，从而导致数据要素市场供给不足。特别是个人信息安全广受社会关注，触及每一个社会成员的敏感神经，数据要素卖家便会惜售甚至不售。对于涉及个人隐私、信息安全、商业秘密的数据，将会因为市场价值的不确定和安全风险而不会出现在市场中。另一方面，数据买家寻求市场之外的渠道获取数据。数据要素供给不足，当买家认为在市场上购买数据不划算、不经济时，或者根本没有市场供给时，将以市场以外的渠道，或者自建数据中心替代市场。世界各国知名数据密集型企业，中国电信、中国移动、中国联通等电信运营商，阿里、京东、腾讯等平台公司，苹果、华为、富士康等通信产品制造商基本都是自建数据中心，就是企业对市场的替代，也在一定程度上说明了数据要素市场买方信息占优的特点。

3.3　数据要素市场供求曲线

3.3.1　需求曲线

基于市场供求机制，引进价格—收益曲线分析数据要素市场供求关系，并由此得出在一定约束条件下的数据要素需求曲线。如图3-11（A）中，Rc表示数据要素收益随着价格变化的曲线，其中，横轴为价格P，纵轴为收益R。

①作为生产要素，买方对于数据要素的需求，主要源自数据参与生产的价值创造R。假定数据要素的价格P越高，作为要素的价值越大，参与生产可能带来的收益R将越高，这样，将得到一条向右上方倾斜的价格—收益

曲线 Rc。

②在边际收益递减规律的作用下,随着数据要素价格 P 的上升,单位价格数据要素的价值将减少,相应地,其参与生产的价值创造 R 也将减少,这样,价格—收益曲线 Rc 将是一条向上凸出的曲线。

③鉴于数据具有异质性,引入性价比(price-performance ratio,PPR)指标,表示为 $PPR = R/P$,这一比值等于价格—收益曲线 Rc 上相应价格水平上的点到原点连线的斜率。由于价格—收益曲线 Rc 向上凸出的特点,相应地,随着价格的上涨,PPR 值也将不断上升,在 P^* 达到最高,之后,这一比值将趋于下降。

根据图 3-11(A),可以画出数据要素需求曲线 D〔见图 3-11(B)〕。图中,横轴 Q 表示数据要素需求数量,纵轴 P 表示市场价格。

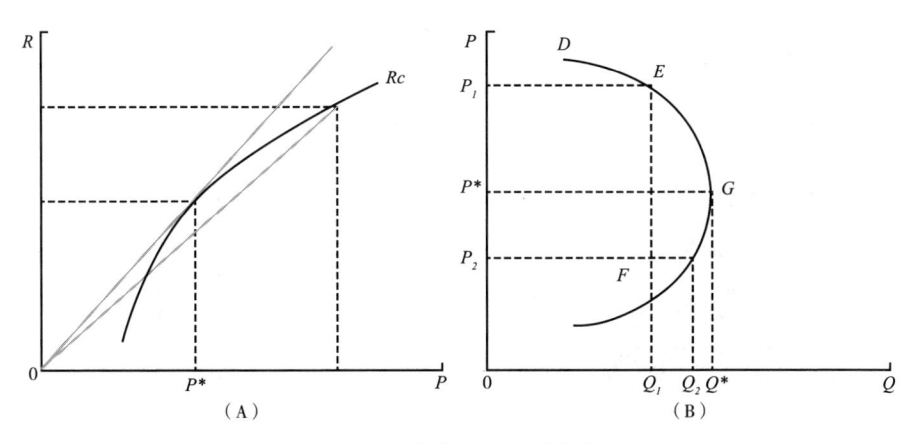

图 3-11 数据要素需求曲线

①根据效用最大化原则,买方的购买行为即市场需求将根据数据要素的性价比决定,性价比越高,市场需求越大;相反,性价比降低,市场需求将减少。在价格为 P^* 时,买方将在 G 点购买数量为 Q^* 的数据要素,此时 PPR 达到最大值,买方实现最大效用;在价格 P^* 之上的 P_1 或之下的 P_2 价格水平,由于 PPR 下降,买方都将减少数据要素的购买数量,分别为 Q_1、Q_2,且 $Q_1<Q^*$、$Q_2<Q^*$。将不同价格水平 P 对应的市场需求数量 Q 连接起来,就得到市场需求曲线 D。

②数据要素需求曲线 D 是一条向后弯的曲线，分为两段：上半段 EG 与信息对称条件下的完全竞争市场需求曲线呈同一趋势，都向右下方倾斜，即数据要素价格越低，市场需求将会越大；相反，数据要素价格越高，市场需求将会越小。下半段 GF 向左后方倾斜，即数据要素价格越低，市场需求越小；相反，数据要素价格越高，市场需求越大，这与信息对称条件下的完全竞争市场需求曲线完全不同。

3.3.2　供给曲线

设定卖方会在数据的市场供给和留存两者之间作出选择，由此引入数据预算约束线。通过数据要素预算约束线［见图 3-12（A）］，可以画出数据要素的供给曲线［见图 3-12（B）］。

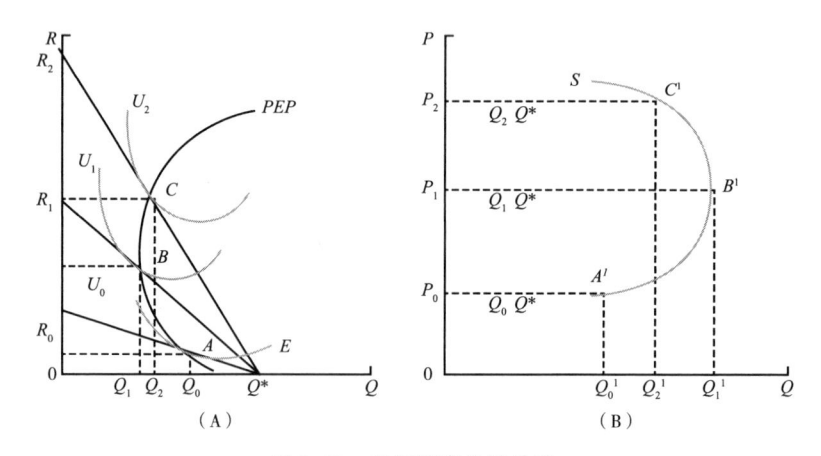

图 3-12　数据要素供给曲线

假定数据总量为 Q^*，其中有的数据可以用来供给市场并取得收入，其余的用于留存，主要是基于数据安全的考量。

①在价格为 P_0 时，如果卖方向市场供给全部数据 Q^*，将获得的收益为 $R_0 = P_0 \times Q^*$，连接 E 与 R_0，得到预算约束线 ER_0。

②在价格为 P_1 时，且 $P_1 > P_0$，卖方向市场供给全部数据 Q^*，将获得的收益为 $R_1 = P_1 \times Q^*$，连接 E 与 R，得到预算约束线 ER_1。

③同样，还可以画出预算约束线 ER_2，直到 ER_n。

④画出无差异曲线 U_0、U_1、U_2，直到 U_n，无差异曲线与预算约束线将分别相切于 A、B、C 点，将这些点连接起来，就得到价格可能曲线 PEP。

现在，就可以根据 PEP 推导出数据要素的供给曲线 S［见图3-12（B）］。

①当数据要素价格为 P_0 时，市场供给将出现在 A^1（Q_0^1，P_0），即留存数据要素 Q_0，向数据要素市场供给数据要素 Q_0^1，其中，$Q_0^1=Q^*-Q_0$。

②当数据要素价格为 P_1 时，市场供给将出现在 B^1（Q_1^1，P_1），即留存数据要素 Q_1，向市场供给 Q_1^1，其中，$Q_1^1=Q^*-Q_1$。

③当数据要素价格为 P_2 时，市场供给将出现在 C^1（Q_2^1，P_2），即留存数据要素 Q_2，向市场供给 Q_2^1，其中，$Q_2^1=Q^*-Q_2$。

④同样，在每一个价格水平，都能得到相应的数据要素供给量，将数据要素价格 P 与相应供给量 Q 之间的点连接起来，就得到数据要素的市场供给曲线 S。

⑤数据要素市场的供给曲线将由两个部分组成，以 B^1 为临界点，下半段是 A^1B^1，这与信息对称、完全竞争市场向右上方倾斜的曲线在趋势上相同，即数据要素价格上升，市场供给将相应增加；反之，数据要素价格下降，市场供给将相应减少。上半部分是 B^1C^1，不同于下半部分，是向左后方弯的曲线，表明数据要素价格的上升并不能增加相应的市场供应，相反，市场供应会随之减少。

数据要素市场供给曲线 B^1C^1 部分向左后方弯曲，主要原因在于如下几点。

一是高质量数据是稀缺资源。数据要素并不能无限供给，特别是高质量数据实际上属于稀缺资源，市场供给总体存在缺口。科学研究普遍遇到的问题就是数据"不好找"，实际上就是这一市场现象的反映。

二是数据安全影响数据供给。设定数据要素由不涉及安全、部分涉及安全、完全涉及安全三部分数据组成。在数据价格比较低的情况下，不涉及安全的数据将随着价格的上升而不断进入市场供给中来；随着价格的上升，部分涉及安全的数据也将有一部分进入市场供给，市场也将表现为价格上升、供给增加的趋势；当这两部分数据随着价格上升而达到最大供给量（B^1），而且，在买方占据市场信息优势的情况下，卖方将把优势视为数据安全风险程度的重要参照标准，数据价格越高，安全风险可能越大，从而需要更加谨慎。就算价格上升，出于数据安全的考虑，市场供给也不会再继续增加。

三是买方占据市场信息优势。数据要素市场是买方信息占优的市场，买方占据数据用途、数据价值、数据安全等方面的信息优势，因此，买方总是要购买高质量数据，而一般不会购买低质量数据。这样，一方面，低质量数据将不会有市场需求，处于"闲置"中，这也是数据"易腐性"的直接表现；另一方面，高质量数据将由于需求的旺盛而出现供给的长期短缺。

3.3.3 供求曲线均衡分析

根据图3-11得出的需求曲线D和图3-12得出的供给曲线S，可以对数据要素市场的供求状况及市场均衡进行描述（见图3-13），可知这是一个典型的"饥饿市场"，特别是对于高质量数据要素，需求将长期大于供给。

（1）市场需求大于市场供给

对于买方来讲，由于占据市场信息优势，能够完全了解产品信息和要素参与生产的价值创造，对于数据要素的市场需求没有保留，可以表达为买方具有"充分需求"。卖方的供给则有所保留，一方面，卖方处于信息劣势，具有惜售心理；另一方面，鉴于数据安全的考虑，任何卖方都不会出售全部数据，卖方的市场选择可以表达为"有限供给"。这样，可以提出一个假说：在数据要素市场上，需求大于供给（$D>S$），数据要素的供给总是不足的。

（2）需求曲线D位于供给曲线S的外侧

根据$D>S$的假设，数据要素市场供给曲线和需求曲线不会相交，只能在两种情况相切：第一种情况，如图3-13（A）所示，S_1与D_1有两个切点E、F，此时，均衡状态的市场供给将小于最大供给，市场不能实现数据要素资源的最优配置；第二种情况，如图3-13（B）所示，S_2与D_2有一个切点G，此时，均衡状态的市场供给在最大供给水平实现，市场对数据要素资源实现最优配置。

(3) 将图3-13（A）和图3-13（B）合并，得到图3-13（C），此时的供求曲线像一轮"新月"。

在图3-13（C）中，数据要素市场有E、F、G三个均衡点，其中，在E点，买方必须出高价购买数据要素，这是上一章重复博弈的结果；在F点，买方可以出低价就获得高质量数据要素，这是一次性博弈的结果；在G点，这是市场均衡需要调控的目标，通过有为政府的作用，进行市场机制设计，形成完全而对称的信息，推动市场实现最有效率的均衡结果。

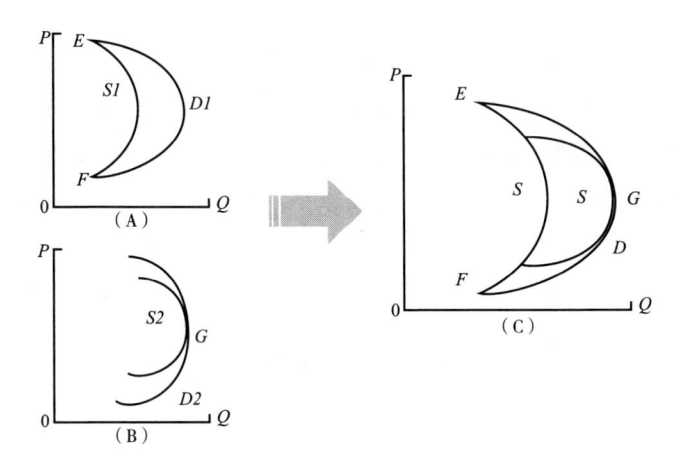

图3-13 数据要素市场均衡

3.4 本章小结

基于市场信息不对称理论，数据要素市场属于典型的买方信息占优市场。无论博弈论的分析，还是市场供求曲线的分析，任由市场机制作用，这一市场将出现供给侧引致的市场失灵。由于高质量数据供给出现缺口，当从市场上购买数据不再便宜甚至无法可购的时候，买方将通过市场以外的渠道获得数据，比如，自建数据中心、私下互换、非法地下买卖等，也就是说，在一定的市场均衡点之后，市场交易量将呈现下降趋势，数据要素市场上将长期出现供给不足的问题，根据供求曲线呈现的图形，数据要素是一个"饥饿市场"，需求长期大于供给。

第4章
数据要素市场供求模型

本章通过理论抽象，基于数据及数据要素的经济技术特征和数据要素市场的特殊性、复杂性，综合考虑数据要素市场的信息不对称问题，建立一个简洁规范的数据市场供求函数。通过函数求解结果，分析数据要素市场上高质量数据供给情况，验证数据要素市场属于市场信息买方占优、供给侧引致市场失灵的基本结论，从而深化对数据要素市场性质的认识。

4.1 研究设计

4.1.1 建模目的

基于数据、数据要素的特殊物质形态和经济技术特征，数据要素市场呈现产权主体具有二重性、价值测度具有间接性、商品转化具有困难性、经济性质具有多重性、市场形态具有多样性等特征，由此可以认为，数据要素市场是一个组织形态特殊、运行机制复杂的市场。

当前，从理论上将数据要素纳入宏观经济分析框架的研究主要以Jones和Tonetti（2020）以及Cong等（2021）的研究最有代表性。Jones和Tonetti（2020）将数据作为中间商品、生产技术引入内生增长理论框架，一类中间商品的数据不仅来源于该类中间商品的产出，还部分来源于其他类别中间商品的产出。Jones和Tonetti（2020）研究发现，数据具有非竞争性（进而带来规模报酬递增），因而更大的经济体由于其产生的数据更多而更加富有。Cong等（2021）则将消费者数据作为中间商品和创新投入，且消费者面临数据出售后的隐私负效用，进而构建一个内生增长模型，在 Cong 等（2021）的模型中，数据具有动态非竞争性以及灵活的所有权，且数据生产过程是完全内生的，研究发现，对创新部门研发人员投入不足且数据会过度使用，通过补贴研发人员而不是直接对数据进行监管更能解决效率较低问题。之后的很多研究都是在这两个文献的理论基础上展开的，如 Farboodi 和 Veldkamp（2021）、Cong 等（2022）、Xie 和 Zhang（2021）。

尽管数据对生产技术进步的影响及其产生的隐私风险被广泛关注和研究，然而，数据作为一种生产要素，其供给方和需求方之间的信息不对称性以及数据的异质性并未得到很好的研究。由于数据要素市场上买方占据信息优势，且数据要素具有高价值和低价值的异质性，因此，现有的涉及数据要素的宏观模型难以直接应用于数据要素市场的分析。基于此，需要在充分刻画数据要素市场买卖双方信息不对称性以及数据价值异质性基础上，构建了一个简单的供给—需求模型，为研究经济现实中数据要素定价以及"高价值数据供给不足、需求旺盛"提供分析框架。

建立数据要素市场供求数学模型的目的是要在前述定性研究的基础上，进一步回答以下几个问题。

（1）通过建模，将数据要素市场五个特征的影响纳入经济理论和市场机制的框架下来分析，提高对数据要素市场研究的规范化、科学化水平。对数据要素市场五个特征内涵进行理论抽象，在一定的假设前提下，通过建立供求函数，即可运用主流经济学理论特别是市场理论来分析数据要素市场。

（2）基于信息经济学信息不对称理论，根据上一章的分析，买方占优的要素市场将出现供给侧引致的市场失灵。那么，具体到数据要素市场，在市场机制作用下的市场结果是什么？通过建模，可以更为清晰地发现数据要素市场的运行机制。

（3）已有文献对于数据要素市场的研究，更多的是从法律、技术、理论等方面进行的单一属性、趋于定性的分析，缺乏在经典理论框架下的定量研究。建模可以弥补这一方面的研究不足，拓展数据要素市场的研究视野，引导学界更多地关注市场自身的运行机制，而不致使这一经济管理领域的问题过于简单化、过于法律化。

4.1.2 假设条件

新古典经济学的基本假定是理性的"经济人"和"完备信息"。在此前提下，任何经济行为的结果都是确定的。微观经济学的任务是解决最优化决策问题，即如何实现资源的最优化配置和最大化效率。然而，从现实的制度安排和经济实践中发现，不仅行为者的信息是不充分的，而且信息的分布是不均匀、不对称的，即同一经济行为的当事人双方所持有的信息量可能是不对等的。现实中的市场失灵，实际上就是并不满足"完备信息"这一假设前提，以及由市场信息导致的"有限理性"，这种状况会严重影响市场的运行效率。

根据前述章节的讨论，数据要素市场的五个特征对市场机制运行的影响及导致的市场结果如下。

（1）产权主体的二重性体现的是数据权属的模糊性、复杂性，数据买卖双方都将因此而面临风险。对卖家而言，产权归属不清，为了规避出售不属于自己财产的法律风险，必然惜售数据；对于买家而言，产权归属不清，也会影响购买之后运用中潜藏的法律风险。因此，买卖双方都会因此而对数据交易持谨慎态度。

（2）价值测度的间接性会体现到市场定价中，通过市场机制影响交易活动的正常进行。对于卖家而言，一方面，数据究竟有多大的价值，并不像其他生产要素那么直观，其在很大程度上是不清楚的；另一方面，如果按照成本计算价值，那么，数据价格必然被低估。对于买家而言，难以知晓数据的成本、质量等信息，但对于数据投入生产的价值贡献和数据安全风险等，则在一定程度上占据市场信息的主动地位。

（3）商品转化的困难性体现的是数据作为生产要素市场化的困难。由于数据要素的商品化、市场化困难，一方面，产品标准化受限带来的规模化生产的直接问题，是不能形成足够多的买家和足够多的卖家，使市场的稠密度不够；另一方面，非标准化的数据产品，将加剧信息不对称程度，从而必然增加交易成本，难以催生一个繁荣的市场。

（4）经济性质的多重性体现的是数据供给的多主体、多形式、多渠道，数据要素市场比一般要素市场更复杂。根据经济学原理，公共产品、准公共产品、私人产品的市场供给方式各有不同，加之公共数据、企业数据、个人数据的界线并不明确，因此，数据要素的市场供给方式也容易出现错位，从而给数据要素市场的供给带来困难。

（5）市场形态的多样性体现的是数据要素市场兼具单边市场、多边市场的特点。由于单边市场、多边市场具有不同的定价机制和运行模式，加之上述因素的市场信息叠加问题，这就可能导致不同数据产品在交易中的市场形态匹配错位，影响市场机制作用的发挥，并影响统一数据要素市场的形成，最终造成市场分割和市场失灵的问题。

根据以上分析和建模的需要，可以作出如下假定。

假定1：存在一个信息传递机制，数据要素市场存在的五个特征，都会形成叠加效应，实质性影响市场机制的有效运行，而且在理论上可以传递到数据要素市场信息中，集中体现为市场信息的不对称、不充分、不完备。

假定2：数据要素市场五个特征具有特定性。五个特征不同具体形式和内容无论如何组合，都将形成一个特定的信息集合。因此，数据要素市场信息是唯一的、确定的、可以分析的，并实质性影响市场主体的决策行为。

假定3：数据的市场供给可以运用预算约束线进行分析。对于数据持有者，数据有两种用途：一方面，数据可以供给市场，获得经济收益，使卖方的收益增加；另一方面，为了最大限度地保证数据安全，需要将敏感、涉密的数据留存，相当于自用数据。

以个人数据为例，研究发现，共享个人数据（供给市场）虽然会增加用户隐私泄露风险，使用户面临价格歧视、心理侵扰和安全问题等（Acquisti et al., 2015），同时，也可以使用户获取物质上和精神上的收益，且用户可以在一定程度上感知到个人数据共享的风险收益，作出是否通过数据共享换取商品或服务的决策（Steinfeld, 2015）。当用户隐私顾虑较高时，通常会主观认定隐私泄露风险大于数据共享收益，从而拒绝数据共享（留存自用）。已有研究还发现，一些隐私顾虑较高的用户甚至对隐私保护具有支付意愿，即愿意额外支付现金成本来保护自己的隐私数据不被泄露

(Tsai et al., 2011)。这些研究表明，用预算约束线分析数据的市场供给是完全适合的，符合市场主体的行为选择。

假定4：设定市场上的数据供给可以分为高价值数据和低价值数据，这是由数据质量的异质性决定的。数据要素价值主要取决于成本投入和价值创造，买方掌握数据价值创造的信息优势，所以，买方总是希望在市场上购买高价值数据，而卖方一般并不清楚数据投入生产创造价值的高低，只能以平均的价值为数据定价。

4.1.3 函数的适用性

拟建立的供求模型刻画了数据要素市场的信息不对称性和数据异质性的特征，并且借鉴传统文献中数据促进生产的设定，探讨了市场均衡时数据价值以及数据量的决定因素。此外，供求模型将力图解释现实中"高价值数据供给不足，但是需求旺盛"的数字经济新现象，一方面对数据要素理论有一定程度的边际贡献，另一方面也为理解数字经济现实提供分析框架。

从模型设定而言，在传统数据要素模型的基础上，供求模型进一步刻画了数据要素市场供给方与需求方信息不对称性以及市场上数据异质性问题。具体而言，数据需求方比数据供给方拥有更多关于数据价值的信息，这与产品市场上"卖家比买家拥有更多关于商品的信息"这一类信息不对称性有较大差异，因此，供求模型在数学结构上也存在明显差异性；数据存在价值高与价值低的异质性，有一部分是高价值数据，而余下的部分则是低价值数据，这与经济现实也是相符的。从结论而言，通过对理论模型的分析发现，在某些条件下，市场上高价值数据供给不足，而对高价值数据的需求旺盛，这与经济现实也是一致的。

4.2 市场供求函数

4.2.1 卖方市场行为

在卖方处于信息劣势的数据要素市场上，为了分析卖方的市场行为，

第4章 数据要素市场供求模型

再作如下具体设定。

H1：卖方拥有初始数据禀赋为 D_0，且该数据中 η 比例的数据是高价值数据，剩下的（$1-\eta$）数据则为低价值数据。由于数据要素的价值主要取决于要素投入生产的价值创造，这一市场信息掌握在买方一边，而卖方知之甚少甚至无从得知。因此，就某一具体数据产品的整体价值而言，卖方分不清哪些数据是高价值数据、哪些是低价值数据，卖方只能将其视为同质数据在数据市场上进行交易。

H2：卖方是数据要素市场上的供给方，出售数据要素能够带来收入回报，这些收入用于消费将获得正效用。与此同时，卖方在市场上出售数据要素，也会面临一些风险，包括损害国家安全利益、泄露商业机密、侵害个人隐私等一系列政治风险、法律风险和社会风险，由此将给市场主体带来负效用。这与经济学关于要素供给的预算约束线分析具有一致性。也就是说，卖方将通过市场供给在出售数据带来收入和防范风险以留存数据之间进行选择。

H3：设定数据安全风险 s 是出售数据量 D 的函数，即 $s=s(D)$，且具有 $\dfrac{\partial s(D)}{\partial D}>0$ 的性质，这意味着卖方销售出去的数据越多，其数据安全风险越大。在信息不对称的市场上，从概率上讲，销售越多，出现风险的可能性将越大，这一假设是成立的；从大数据规律来看，单个数据可能不存在安全风险，而大量集聚的数据可能形成和揭示新的数据主体信息甚至隐私，这一假设也是成立的。

根据上述设定，可以得出卖方的效用函数 $u(c,s)$，其中 c 表示消费。根据经济学基本原理，效用函数具有以下性质。

$$\frac{\partial u(c,s)}{\partial c}>0,\ \frac{\partial^2 u(c,s)}{\partial c^2}<0,\ \frac{\partial u(c,s)}{\partial s}<0,\ \frac{\partial^2 u(c,s)}{\partial s^2}>0$$

以上四个不等式中，$\dfrac{\partial u(c,s)}{\partial c}>0$，意味着数据要素卖方的效用会由于出售数据要素的收入增加而增加；$\dfrac{\partial^2 u(c,s)}{\partial c^2}<0$，意味着卖方每出售一单位数据要素，其增加的边际效用是递减的，表现在几何图形上就是一条向

上凸的曲线，这符合边际效用递减规律。同样，$\frac{\partial u(c, s)}{\partial s} < 0$，意味着卖方从数据安全中获得的效用随着数据出售数量的增加而减少；$\frac{\partial^2 u(c, s)}{\partial s^2} > 0$，意味着卖方每出售一单位数据，其增加的边际数据安全风险是递增的。

根据以上设定，可以得出数据卖方的最优决策如下。

$$\max_{c, D} u[c, s(D)] \tag{4-1}$$

s.t.

$$c \leq PD$$
$$D \leq D_0$$

其中，$c \leq PD$ 为预算约束条件，P 为单位数据的价格，PD 表示所有数据出售的总价格，消费 c 只能在这个总价格内进行。考虑到资源约束条件 $D \leq D_0$ 取到等式的情况不一定成立，为了便于数学上简化且不影响本章探讨的核心机制，不妨假设 D_0 足够大，也就是说，卖方并不会把全部数据都进行出售（$D < D_0$），以使均衡时该约束条件取不到等号。

由上述条件，得出最优问题的拉格朗日函数为：

$$L(c, D) = u[c, s(D)] + \lambda(PD - c) \tag{4-2}$$

上式中，λ 为预算约束条件的拉格朗日乘子。

最优问题的一阶条件为：

$$\frac{\partial L}{\partial c} = \frac{\partial u}{\partial c} - \lambda = 0 \tag{4-3}$$

$$\frac{\partial L}{\partial D} = \frac{\partial u}{\partial s}\frac{\partial s}{\partial D} + \lambda P = 0 \tag{4-4}$$

$$\frac{\partial L}{\partial \lambda} = PD - c = 0 \tag{4-5}$$

考虑到表达式较为抽象，为了进一步探讨存在显示解时卖方数据供给问题，且不影响研究的核心机制，不妨将效用函数形式设定为 $u[c, s(D)] = c^{\frac{1}{2}} - [s(D)]^2$，其中，数据安全风险函数设定为线性形式 $s(D) = \alpha D$，其中 $\alpha > 0$。这一效用函数性质满足前面的设定，且相对而言容易解出显示解。

由此，不难得知，卖方的数据供给函数为：

$$P = 16\alpha^4 D^{s\,3} \text{ 或 } D^s = \left(\frac{P}{16\alpha^4}\right)^{\frac{1}{3}} \tag{4-6}$$

需要说明的是：在对消费者决策行为的刻画中，并没有指明消费者效用函数的具体形式，用了一个较为一般化的表达式 $u(c, s)$ 表示消费者效用函数，其中，c 是一般商品消费，s 是隐私泄露风险。在效用函数的设定上，产生正效用的商品数量与效用的关系满足一阶条件大于零、二阶条件小于零；产生负效用的商品数量与效用的关系则满足一阶条件小于零、二阶条件大于零。实际上，如果选择其他满足相似性质的效用函数，如果可以解出结果，那么，结论也类似。这里选择2次方或1/2次方，与经济学教材以及学术论文比较接近，也是为了能够从数学上求解出显示解，以便对均衡结果进行分析。

由于卖方不知道所拥有的数据是高价值数据还是低价值数据，也就无法分别按照高价值数据或低价值数据进行定价和出售，因此，数据要素的供给函数描述的是价格与数据供给总量之间的关系。这与其他生产要素的供给函数在趋势上并无区别。

式（4-6）表示的数据要素供给函数，需要充分考虑数据安全风险函数 $[s(D) = \alpha D$，其中 $\alpha > 0]$。这其中，现实中的供给情况会随着 α 的变化而呈现极不相同的变化，取值在一定的区间，存在这一线性函数描述的现实关系；由于数据安全并不完全遵循经济规律，当数据安全风险很高时，也即当 α 取值很大时，市场的供给可能并不会因为价格的上升而增加，反而会减少。

4.2.2 买方市场行为

买方通过购买数据这一中间产品以投入最终产品生产，并获得收益，与其他生产要素一样，实现利润最大化。这里还设定，高价值数据比低价值数据能够创造更多产出价值，买方如果投入 D_H 单位高价值数据和 D_L 单位低价值数据去生产最终产品，可获得的产出（或收入）为：

$$y(D_H, D_L) = (D_H + \delta D_L)^\beta \tag{4-7}$$

其中，系数 $\delta, \beta \in (0, 1)$，其中，存在系数 δ 意味着低价值数据相较于高价值数据的产出贡献更小。

考虑到数据卖方不知道数据类型，买方将按照统一的价格购买两类混合数据。此时，买方的最优问题为：

$$\max_{D_H, D_L} \pi(D_H, D_L) = y(D_H, D_L) - P(D_H + D_L) \tag{4-8}$$

s.t.

$$D_H \leq \eta D_0$$

$$D_L \leq (1 - \eta) D_0$$

不难看出，最优问题需要进行分类讨论。如果数据价格较高，则买方可能只购买高价值数据，因为高价值数据能够带来更高的产出价值；但是，如果价格较低，则买方先购买高价值数据，且高价值数据买完后，还需要再购买低价值数据（设定如果数据价格低，但低价格数据也可以带来较好的产出价值）。

情形一：考虑买方最优选择是仅购买高价值数据的情形（低价值数据需求量为零，即 $D_L = 0$），此时高价值数据的需求量为：

$$D_H = \left(\frac{P}{\beta}\right)^{\frac{1}{\beta - 1}} \tag{4-9}$$

上式成立的前提条件为均衡时：

$$D_H = \left(\frac{P}{\beta}\right)^{\frac{1}{\beta - 1}} \leq \eta D_0 \tag{4-10}$$

该条件还可以表示为：

$$P \geq \beta (\eta D_0)^{\beta - 1} \tag{4-11}$$

不难得知，此时的数据要素总需求为：

$$D^d = \left(\frac{P}{\beta}\right)^{\frac{1}{\beta - 1}} \tag{4-12}$$

情形二：考虑买方最优选择是购买所有高价值数据，并在购买全部高价值数据之后，还购买一部分低价值数据（此时，高价值数据需求量为 $D_H = \eta D_0$），那么，低价值数据的需求量为：

$$D_L = \frac{\left(\frac{P}{\beta\delta}\right)^{\frac{1}{\beta-1}} - \eta D_0}{\delta} \tag{4-13}$$

该条件成立的前提条件为市场实现均衡时：

$$0 < \frac{\left(\frac{P}{\beta\delta}\right)^{\frac{1}{\beta-1}} - \eta D_0}{\delta} \leq (1-\eta)D_0 \tag{4-14}$$

该条件还可以进一步表示为：

$$\beta\delta\left[\delta(1-\eta)D_0 + \eta D_0\right]^{\beta-1} \leq P < \beta\delta(\eta D_0)^{\beta-1} \tag{4-15}$$

不难得知，此时的数据要素总需求为：

$$D^d = \eta D_0 + \frac{\left(\frac{P}{\beta\delta}\right)^{\frac{1}{\beta-1}} - \eta D_0}{\delta} = \left(1 - \frac{1}{\delta}\right)\eta D_0 + \delta^{\frac{\beta}{1-\beta}}\left(\frac{P}{\beta}\right)^{\frac{1}{\beta-1}} \tag{4-16}$$

需要说明的是，数据要素投入生产过程中，其生产产品的生产函数形式为 $y(D_H, D_L) = (D_H + \delta D_L)^\beta$，这与 Jones 和 Tonetti（2020）的研究是类似的。有区别的是，这里为了简化，没有考虑劳动投入问题。实际上，如果进一步考虑劳动力市场问题，并不影响数据对产出的影响机制，但是，会增加数学上求解的复杂度。由于数据供求模型还进一步刻画了数据异质性问题，因而不过多考虑劳动力市场上的供求问题。此外，这里还设定高价值数据和低价值数据可以相互替代，但是低价值数据存在一个损失因子 $0 < \delta < 1$。这就充分刻画了高价值数据和低价值数据在生产中的差异性，虽然是较为简单的刻画，但是对理解异质性数据至关重要，特别是对理解均衡时高价值数据供给不足的经济现象至关重要。

4.3 供求函数均衡分析

本节将遵循价格原理，使用数据供求函数分三种情形对数据要素市场的均衡进行分析。

4.3.1　高价值数据成交的情形

情形一：设定 $P \geq \beta(\eta D_0)^{\beta-1}$

供给函数为 $P = 16\alpha^4 D^{s\,3}$ 或 $D^s = \left(\dfrac{P}{16\alpha^4}\right)^{\frac{1}{3}}$，需求函数为 $D^d = \left(\dfrac{P}{\beta}\right)^{\frac{1}{\beta-1}}$，那么当市场出清时，即 $D^s = D^d$，可以求解得到均衡时的数据价格和数据成交量分别为：

$$P = (16\alpha^4)^{\frac{\beta-1}{\beta-4}} \beta^{\frac{3}{\beta-4}} \tag{4-17}$$

$$D_e = (16\alpha^4 \beta)^{\frac{1}{\beta-4}} \tag{4-18}$$

由均衡结果可知，情形一满足的前提条件 $P \geq \beta(\eta D_0)^{\beta-1}$ 可以进一步表示为 $\eta D_0 \geq \dfrac{\beta^{\frac{7-\beta}{(4-\beta)(1-\beta)}}}{(16\alpha^4)^{\frac{1}{4-\beta}}}$，这意味着，高价值数据禀赋越高（即 ηD_0 越高），数据出售的单位风险越高（即 α 越高），则均衡时数据市场仅有高价值数据成交，也不存在高价值数据缺口。也就是说，在数据要素市场上，数据买方只购买高价值数据。

4.3.2　均衡价格存在且唯一的情形

情形二：设定 $\beta\delta[\delta(1-\eta)D_0 + \eta D_0]^{\beta-1} \leq P < \beta\delta(\eta D_0)^{\beta-1}$

供给函数为 $D^s = \left(\dfrac{P}{16\alpha^4}\right)^{\frac{1}{3}}$，需求函数为 $D^d = \eta D_0 + \dfrac{\left(\dfrac{P}{\beta\delta}\right)^{\frac{1}{\beta-1}} - \eta D_0}{\delta}$，那么当市场出清，即 $D^s = D^d$，可以得到：

$$\left(\dfrac{P}{16\alpha^4}\right)^{\frac{1}{3}} = \left(1 - \dfrac{1}{\delta}\right)\eta D_0 + \dfrac{1}{\delta}\left(\dfrac{P}{\beta\delta}\right)^{\frac{1}{\beta-1}} \tag{4-19}$$

接下来，首先，在给定假设 $\dfrac{\beta\delta[\delta(1-\eta)D_0 + \eta D_0]^{\beta-1}}{16 D_0^3} \leq \alpha^4 \leq \dfrac{\beta\delta(\eta D_0)^{\beta-4}}{16}$，

对情形二下均衡价格的存在性以及唯一性进行证明。

证明：考虑到 $\eta > 0$，$D_0 > 0$ 以及 $\beta, \delta \in (0, 1)$，不难得知等式左边是关于价格的增函数，而等式右边是关于价格的减函数。

进一步，在上述假设条件下，价格下限 $\beta\delta\left[\delta(1-\eta)D_0 + \eta D_0\right]^{\beta-1}$ 对应的需求量大于对应的供给量，价格上限 $\beta\delta(\eta D_0)^{\beta-1}$ 对应的供给量大于对应的需求量。

综合所述，可以推知，均衡市场价格存在且具有唯一性。设定价格 P^* 表示均衡价格，与之对应的数据需求量则表示为 $D_e(P^*)$。

考虑到求解出均衡时数据价格的显示解较为复杂，不妨将以上等式的解（也就是均衡价格）表示为 P^*，进而得到市场均衡时的数据交易量为 $D_e = \left(\dfrac{P^*}{16\alpha^4}\right)^{\frac{1}{3}}$，其中，均衡时高价值数据交易量为 ηD_0，均衡时低价值数据交易量为 $\left(\dfrac{P^*}{16\alpha^4}\right)^{\frac{1}{3}} - \eta D_0$。这也就是数据买方在购买全部高价值数据后，还会购买一部分低价值数据的情形。

4.3.3 高价值数据供给不足的情形

情形三：高价值数据供给不足情形分析

不妨做一个思想实验，假设数据要素市场中高价值数据较为充裕，低价值数据较少，且数据总量足够大。由此可以得到均衡时高价值数据价格及数据交易量。

$$P = (16\alpha^4)^{\frac{\beta-1}{\beta-4}}\beta^{\frac{3}{\beta-4}} \tag{4-20}$$

$$D_e = (16\alpha^4\beta)^{\frac{1}{\beta-4}} \tag{4-21}$$

注意，此时与情形一的求解结果类似，但唯一不同的地方在于，没有了价格区间的约束，这意味着不管参数 α 和 β 与 ηD_0 有何关系，市场均衡结果均是如此。

再将情形三与情形二进行对比，进而可以得到高价值数据的供给缺口。

具体来看，高价值数据缺口如下。

$$\Delta D_H = \left(16\alpha^4\beta\right)^{\frac{1}{\beta-4}} - \eta D_0 > 0 \qquad (4-22)$$

由此不难得知，当高价值数据禀赋较少时，如果销售单位数据带来的风险越小（即 α 越小），单位数据转化为产出的能力越弱（即 β 越小），则高价值数据缺口越大。

具体来看，当经济中高价值数据禀赋较少时，企业不得不购买大量低价值数据参与生产，但是，低价值数据相较于高价值数据的单位生产力要低一些（取决于参与 δ），这就产生了高价值数据供给不足问题。

再假定，如果高价值数据较多，远高于其最优选择的水平，买家总会全部购买高价值数据，而不购买低价值数据。那么，数据价格随着不同情形的变化将带来何种情形呢？可能存在以下两方面的效应：一是高价值数据供给不足本身会导致高价值数据价格上涨，这是由高价值数据市场规律决定的；二是若市场均衡时低价值数据供给较多而高价值数据供给较少，且市场上由于信息不对称，卖方不知道数据类型，因此只有一个市场价格，那么低价值数据供给较多会拉低整个数据市场价格。

4.4 本章小结

根据对数据要素市场的经济分析，数据供给曲线向后弯曲，数据要素市场作为"饥饿市场"这一假设，得到了数据要素市场供求模型的证实。情形一、情形三都存在高质量数据供给不足的问题。在情形一中，高价值数据禀赋越高（即 ηD_0 越高），数据出售的单位风险越高（即 α 越高），则市场均衡时数据要素市场仅有高价值数据成交；在情形三中，当高价值数据禀赋较少时，企业不得不购买大量低价值数据参与生产，但是，低价值数据相较于高价值数据的单位生产力要低一些（取决于参与 δ），从而产生了高价值数据供给不足问题。当价格上升到一定程度（大于 P_1），在很大程度上意味着数据安全风险的增加，卖方将会更加谨慎出售数据，市场供给并不会随着价格上升而增加，反而会减少。至于情形二，在数学上叫角点解

(corner solution)，是一种极端情况，指当不消费（或选择）一种商品而只消费（或选择）另一种商品时，最优选择点出现在预算约束线的端点上的情况。具体到数据要素市场，是指买方只购买高质量数据，无论价格怎么下降，也不会轻易购买低质量数据。

第5章
数据要素市场的影响因素

在前面进行理论定性分析的基础上,本章将深入研究影响数据要素市场发展的具体因素。首先,运用扎根理论,通过文献调研、实地调研和委托调研等多种方式,归纳数据要素市场的影响因素。其次,基于WSR系统方法论,按照物理(W)、事理(S)、人理(R)"三位一体"的系统方法,对影响数据要素市场的因素进行归类分析和理论抽样。最后,通过提炼总结,建立数据要素市场发展的影响因素理论模型。

5.1 已有研究概述

关于数据要素市场的影响因素,李爱华等(2023)运用"物理—事理—人理"系统方法论,研究了多源异构大数据融合问题;黄朝椿和魏云捷(2023)基于WSR系统方法论,运用扎根理论和因子分析,建立了数据要素市场影响因素理论模型和实证模型。除此之外,已有文献更多的是从产权、定价、数据安全等关系数据要素市场有效运行的具体问题入手展开影响因素研究。

关于数据产权,核心是数据归谁所有、谁在用数据、数据收益如何分配三个问题(孙毅,2022),正如前述关于数据权属的归纳,法学视角有新型民事权利说(赵鑫,2022)、新型人格权说(王利明,2022)、财产权说

（海龙，2018；钱子瑜，2021）三种观点，实际就是财产权和人格权在数据产权中孰重孰轻的问题；从经济学视角，主要分为数据产权归国家所有（梅夏英，2016；李牧翰，2020；余晨然，2021），数据产权归属个人（Miller & Tucker，2018；Jones & Tonetti，2020），数据产权属于企业但企业应"为隐私付费"（Ghosh & Roth，2011；高富平，2022），以及数据产权具有多重性，应该分属国家、企业和个人（宋方青和邱子键，2022）等四种。

关于数据定价，有的研究将数据定价分为服务定价（Schomm，2013；Sarkar，2015）和产品定价（Heckman et al.，2015；Daskalakis，2017）；有的研究分析了数据定价难的原因，认为主要在于数据测度的困难性（刘朝阳，2016）、数据形态的异质性（郝爽等，2018）、数据价值的时效性（闵华松和胥贵萍，2011；鄢浩宇，2022）；学界还总结了数据要素的定价方法（王文平，2016；刘枃等，2021；欧阳日辉和杜青青，2022），将数据定价概括为订阅和租赁、协议定价与博弈模型、隐私定价、基于查询服务的定价、机器学习模型定价等模式。

学界研究了中国数据交易市场发展进程中应对困境的关键举措（刘金钊和汪寿阳，2022），普遍认识到，数据要素市场建设滞后，呈现"场内冷清、场外活跃"的状况。至于数据要素市场的监管和互信难题，主要是源于数据的衍生性、无形性、易复制性等特殊物质形态，学界也都认为，这需要加强法律制度的建设和完善。

5.2　理论选择及方法运用

5.2.1　WSR系统方法论

数据要素市场是一个高度复杂的市场，是一个买方信息占优的市场，如果任由市场机制作用，数据要素市场将出现供给侧引致的市场失灵，这一市场将出现长期供给不足特别是高质量数据供给不足的问题。

数据要素市场是一个复杂系统，影响因素众多且相互关联，需要从系统方法的角度进行深入研究。WSR系统方法论作为一种思想，其核心是物理、事理和人理是系统实践中需要综合考察的三个方面，在处理复杂问题时既要考虑对象的物的方面（物理，W），又要考虑这些物如何更好地被运用的事的方面（事理，S），还要考虑到认识问题、处理问题和实施管理决策都离不开人的方面（人理，R），因此，这一思想方法对于研究复杂系统问题具有较强的指导性和针对性。

WSR系统方法论思想源于钱学森（冯根尧，1997；钱学森等，2011），之后由中国科学院顾基发等学者系统提出，并在实践中进行了不断地完善发展。WSR是物理（WuLi）、事理（ShiLi）、人理（RenLi）三个名词首字拼音第一个字母的连写。WSR系统方法论把物理、事理、人理作为一个系统，达到知物理、明事理、通人理（寇晓东和顾基发，2021）的目的，从而能够系统、完整、分层次地来对复杂问题进行研究（顾基发和唐锡晋，2006；顾基发，2009；马国强，2011）。

WSR系统方法论运用于复杂系统的研究，也是一个复杂的过程，很难有一个严格、完整的工作过程。当然，在具体实践中，运用WSR系统方法论研究复杂系统也有一些基本遵循的步骤。根据这一领域学者的研究，一般认为可以把握7个工作步骤（见图5-1），即理解意图、制定目标、调查研究、构造策略、选择方案、实现构想，在这一过程中，将协调关系贯穿于整个工作全过程（王磊和陈国华，2008；张强和薛惠锋，2010；杜晓梅等，2012）。

（1）理解意图

理解意图的目的，是搞清楚研究什么问题？达到什么目的？要解决什么问题？实践中，就是针对一个课题，用头脑风暴法、研讨会、CATWOE[①]分析法、认知图法等工具和方法，通过深入分析研究发现真正的问题、科学的问题，使研究项目具有真正的理论价值和实践价值，从而明确着力方向，并确定研究的主题。

---

① CATWOE（Customers, Actors, Transformation, Weltanschauung, Owners and Environmental constraints），即切克兰德软系统方法论。

第5章 数据要素市场的影响因素

数据要素作为新型生产要素，在数字经济发展中起着基础性、关键性作用。在市场经济条件下，更好发挥数据要素的作用，推进数据的市场化配置是前提和基础。现实情况是，数据要素市场的发展相对滞后，引起政府、企业和社会的普遍关注，成为一个亟待研究和解决的重大理论和实践课题。通过对已有研究进行深度梳理，发现已有理论研究和市场实践都没有找到可行的市场发展模式和有效路径，需要运用新的思想和方法，特别是要从系统方法的角度进行深入研究，深入解释、集中解决数据要素市场运行中表现出来的"有数无市"和"有市无数"的问题。

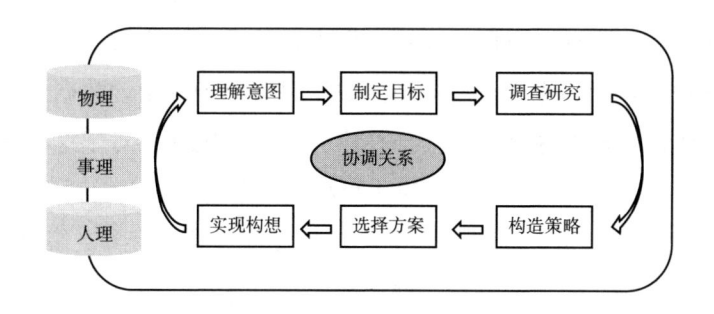

图5-1 WSR系统方法论的工作方法

资料来源：毛紫君等.WSR方法论三条生成路径发现与比较研究［J］.管理评论.2021，33（05）：44-56。

（2）制定目标

根据研究确定的主题和方向，对第一步骤研究目的进行具体化、概念化，使研究的问题可以通过一定的科学方法进行定性分析和定量研究。实践中，通常是采用目标树、解释结构模型法（Interpretive Structure Modeling）、层次分析法（Analytical Hierarchy Process，AHP）、SSM（Signature Selling Method，软系统方法论）等，确定研究任务的具体目标，提出要解决的具体问题是什么，由此提出初步的概念模型。

对于数据要素市场物理因素的分析，就是要通过运用系统方法，揭示数据要素市场的客观存在和运行规律问题。一方面，数据要素市场遵循一般要素市场客观存在和运行的规律；另一方面，数据要素市场具有自身独有、特有的客观存在和运行规律。综合目前的研究，主要的问题体现在确权难、定价难、入场难、互信难、监管难"五难"问题。解决这些问题，需要深入研究数据要素市场的本质特征和运行规律。

（3）调查研究

根据研究主题和研究目标对实际情况进行深入的调查研究，采用实地调研法、问卷调研法、德尔菲法、文献调查法、历史对比法、资料分析法、NG（Nominal Group，名义小组）法等，收集用于研究分析的材料和数据，进一步加深对于研究主题和目标的理解。

数据要素市场是一个新型市场，也是一个专业性非常强的领域，总体上还处在一个起步探索阶段，无论是国内还是国外，都没有形成成功的模式和市场建设经验，也还没有成熟的数据要素市场理论。数据要素市场环境没有形成，并没有像其他市场那样广为人知。因此，对于这一领域，专家学者的研究基本上代表了目前的认知水平。通过大量文献调研，一方面，获得数据要素市场相关的法律制度、政策文件、数据资料、发展现状等，对数据要素市场在宏观上进行全面了解；另一方面，通过对学术期刊和实践报告的研究梳理，提取专家学者和实践工作者关注的数据要素市场的影响因素，发现数据要素市场建设存在的主要问题和问题的主要方面。

（4）构造策略

根据前面三个步骤的研究结果和调查研究的情况，制订课题的整体目标和分项目标的基本框架与技术措施。根据研究主题、目标和调研情况，提出一个可行的研究方法和工具，选择系统动力学、人工智能、博弈论、统计学等方法，构建基于物理、事理、人理方法论的模式，得到详细完整的概念模型，形成策略和具体方案，并据此定义整体系统的性能指标，给出若干具体方案。

关于数据要素市场的研究，目前多集中于具体的、单项的、定性的技术性研究，因而难以找到解决问题的有效路径。但是，作为一个复杂系统，数据要素市场包含众多的影响因素，不可能穷尽所有影响因素来开展研究。为此，可以选择主成分分析、结构方程模型等统计研究方法，构建数据要素市场影响因素模型，运用主成分分析，从问卷调研的原始变量所构成的子集合中选择最佳变量，构成最佳变量集合，找到数据要素市场的主要影响因素，并通过结构方程模型，找到各因素的影响系数和相互关系。在此基础上，运用系统动力学建模，通过政策变量的改变，对数据要素市场影响因素进行仿真模拟，进而提出构建数据要素市场的具体方案和政策建议。

（5）选择方案

分析策略构造中描述的初步方案，考虑模型方法必要的支持数据，借助管理科学、决策科学工具，利用 AHP 法、GDSS[①]法、综合集成研讨厅法等方法，进行方案的可行性分析和验证，在此基础上，对提出的若干方案进行比选或者对得出的策略、方案进行完善修正。

就数据要素市场来讲，这一步骤主要体现在提出政策建议的角度。作为一个理论和实践课题，提出的结论和建议，既要符合理论逻辑，也要符合实践逻辑。特别是要对照国家法律、制度和政策，筛选科学的、可行的、建设性的政策建议，避免提出有违政策、不切实际的纯粹理论设想。

（6）实现构想

经过一系列工作程序，研究成果通过检验和验证，通过统计图表、统筹图或路线图进行呈现，此外，还可能由此启发新的意图。

对于数据要素市场而言，这一步骤只能由仿真模拟来实现，就是在进行因素分析的基础上，运用系统动力学理论，通过改变政策参数，模拟市场运行效果，得出政策的作用边界和工作的努力方向。

（7）协调关系

协调关系始终贯穿于整个工作过程。协调关系不仅要协调人与人的关系，还要协调工作中每一步所发生的系统实践中物理、事理和人理的关系；协调意图、目标、现实、策略、方案、构想间的关系；协调系统实践的投入（input）、产出（output）与成效（outcome）的关系。在具体工作中，会

---

① GDSS（Group Decision Support Systems），即群决策支持系统。

用到 SAST[①]、CSH[②]、IP[③]、和谐理论、对策论、亚对策、超对策，以及综合集成研讨厅、群件、斡件、CSCW[④]等方法。

WSR 系统方法论 7 个步骤的先后顺序也是相对的。在具体工作中，根据沟通了解到的意图、简单的观察和以往的经验等形成对研究对象的主观概念原型，包括所能想到的对考察对象的基本假设，并初步明确实践目标，以此开展调查工作。限于资源（人力、物力、财力、思维能力）问题，调查也不能漫无边际、面面俱到，并通过分析将一个粗略概念原型演化为详细概念模型，这样，研究目标得到修正，在此基础上形成策略和具体方案。通过用户选择，最后付诸实施。

具体到数据要素市场的协调关系：一是协调整个工作过程中的物理因素，特别是技术；二是对目标、策略、方案和系统实践环境的协调，如处理模型和知识的合理性，可被视为知识协调，在实际工作中，并不一定要严格按照上述步骤进行；三是工作过程中对目标、策略、方案、实施与系统实践环境（文化等因素）等诸多方面观点、理念和利益等关系的协调，配合物理与事理的协调，可被认为是利益协调。

数据要素市场是一个复杂系统，研究数据要素市场，需要系统方法理论的指导。已有关于数据要素市场的研究，侧重于单个问题和影响因素的分析。对于复杂系统问题，孤立单个因素的研究，往往并不能得出科学辩证的结论。运用 WSR 系统方法论，可以将影响数据要素市场的各种因素纳入这一理论范式中，形成一个清晰的理论框架体系。

WSR 系统方法论的基本内容及所需方法如表 5-1 所示。

---

① SAST（Strategic Assumption Surfacing and Testing），即战略假设表露与检验。
② CSH（Critical Systems Heuristics），即启发式系统批判法。
③ IP（Interactive Planning），即交互式规划。
④ CSCW（Computer Supported Cooperative Work），即计算机支持协同工作。

第5章　数据要素市场的影响因素

表5-1　WSR系统方法论基本内容及所需方法

分类	物理	事理	人理
对象与内容	客观物质世界、法规、规则	组织、系统管理和做事的道理	人、群体、关系、为人处世的道理
焦点	是什么？功能分析	怎么做？逻辑分析	最好怎么做？可能是？人文分析
原则	诚实；追求真理	协调；追求效率	讲人性、和谐；追求成效
所需知识	自然科学	管理科学、系统科学	人文知识、行为科学

资料来源：毛紫君等.WSR方法论三条生成路径发现与比较研究［J］.管理评论.2021，33（05）：44-56。

根据上述原则，数据要素市场WSR因素分析步骤及方法工具如表5-2所示。

表5-2　数据要素市场WSR因素分析步骤及方法工具

工作步骤	理解意图	制定目标	调查研究	构造策略	选择方案	实现构想	协调关系
主要内容	需要解决的问题是什么：加快构建数据要素市场	数据要素市场的影响因素及其影响程度	通过文献调研、问卷调查获得全面信息和知识	构建影响因素模型，运用统计、系统方法研究论证	进行可行性分析和验证，确保符合理论和实践	运用系统动力学构建仿真模型，进行政策模拟	整个工作过程中实行技术协调、知识协调、利益协调
方法工具	头脑风暴、研讨会、CATWOE分析、认知图、习惯域；群件、軡件、CSCW	头脑风暴、目标树、统一计划规划、ISM、AHP、SAST、CSH、SSM	德尔菲法、各种调查表、文献调查、历史对比、交叉影响法、NG法、KJ法	系统工程方法，各种建模方法和工具，综合集成研讨厅	行业标准、NG法、AHP、GDSS、综合集成研讨厅	各种统计图表、统筹图	SAST、CSH、IP、和谐理论、对策论、亚对策、超对策；综合集成研讨厅、群件、軡件、CSCW

注：ISM（Interpretive Structural Modeling），即解析结构建模。

总体上看，数据要素市场是一个新型市场，还处在一个起步探索阶段，无论是国内还是国外，仍没有形成成功的数据要素市场模式和市场建设经验，也还没有成熟的数据要素市场理论。

5.2.2 扎根理论

数据要素市场研究的任务需要面向实际数据要素市场,在实际情境中解决问题,在问题解决中获取知识,从而建构与日常生活经验问题有密切联系的"看得见、摸得着"的理论,这样才能为解决具体问题提供明确的政策方向。而扎根理论正是实现这一研究任务的正确方法,既避开了传统量化研究方法过于强调样本代表性而缺乏对问题的深度研究,也解决了对复杂、系统、动态的社会现象难以采用统计、测量等量化方法的难题。

1967年,美国学者格拉泽和施特劳斯出版《扎根理论的发现:质化研究策略》,标志着扎根理论的诞生。作为当前社会科学中最有影响力的研究范式和走在质性研究革命最前沿的一种研究方法,可以从不同视角理解扎根理论:一是从价值取向与研究目的上来说,扎根理论属于实证研究范式;二是从理论视角上来说,扎根理论属于解释主义范式;三是从研究方法上来说,扎根理论属于质性研究;四是从研究形态上来说,扎根理论属于经验研究范式;五是从认识论上来说,扎根理论属于建构主义范畴。

在具体研究工作中,扎根理论是基于概念—指标模型的理论建构,适合在对过程机理了解不足的情况下,描述一种理论产生的有机过程。在该过程中,研究人员通过对数据资料进行编码分析、识别概念类属等,归纳推导出能够揭示过程机理的理论(Pan & Tan,2011),从而能反映社会情境中行动者(行为)的诠释性本质。扎根理论在实践中的运用,可以分为四个步骤(见图5-2)。

第一步,产生问题。带着对某一现象的关注进入具体研究情境,通过目的性抽样,研究问题在研究过程中不断聚焦,继而对样本进行访谈、探究以获取研究对象关注的问题。

第二步,收集数据。能够获得的与其研究题目相关的一切东西都可以作为数据。坚持收集与分析交互进行,灵活运用多种方法,获取来自任何来源的各类数据。

第三步,分析数据。进行实质编码,包括开放编码和选择编码,将收集到的数据进行概念化与抽象化以撷取议题,从众多松散概念中发展出描述性的实质性理论架构。

第四步，塑造理论。进行理论编码，根据实质编码，找出核心范畴，绘制范畴及概念间的逻辑关系图，最后利用图形、表格、假设或描述等方法呈现研究结论。

扎根理论对归纳、梳理和研究新问题、新现象背后的规律提供了有效的方法。数据要素市场是一个新型市场。利用扎根理论，从大量调研数据中捕捉影响数据要素市场的主要因素，是一种有效而实用的方法。

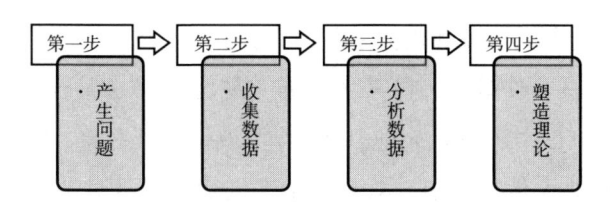

图5-2 扎根理论生成过程

5.2.3 理论抽样

理论抽样是研究人员决定收集什么数据以开发新概念以及在哪里可以获得这些数据的过程。理论抽样的目的是发现理论的范畴、性质和相互关系。目前，由于数据要素市场理论和实践都还有待探索，因此，通过多种途径、多个渠道收集数据，可以增强理论的说服力和实践的解释力。

Glaser（1992）认为，在扎根理论的研究中，"一切皆为数据"，包括访谈、反思、文本、文献、观察、问卷、备忘录等，都可以作为扎根理论的原始数据。按照这一原则，为了保证数据的代表性、丰富性、广泛性（见图5-3），可以突出数据要素市场理论和实践领域重要机构和相关企业的数据收集。数据选取的标准如下。

图5-3 扎根理论数据收集标准

①代表性。一手数据,选择数据领域有代表性的行业和有代表性的企业,对具有代表性的人员开展访谈。

②丰富性。实践扎根理论时,经常忽略的是二手数据。因此,通过大量文献分析,运用二手数据,可以成为理论抽样的丰富来源。

③广泛性。除了一手数据、二手数据之外,还灵活运用委托调研数据,使数据来源更为广泛,从而增强理论的实践基础。

基于上述三个标准,本章选择有关企业、数据交易平台、科研院所及知识数据库作为研究对象和数据来源(见表5-3)。

第一类:一手数据。选择某大数据交易所(A)、某云数据中心(B)、某数据研究院(C)、某通信企业(D)作为调研访谈对象,听取相关公司负责人、数据从业人员的介绍,对专家学者进行了有针对性的深度访谈,获得关于数据要素市场影响因素的一手数据资料。

第二类:二手数据。通过主题、关键词的检索,利用知识文献数据库中国知网、万方数据知识服务平台、超星期刊数据库、维普资讯中文期刊服务平台,获取截至2022年9月30日以"数据要素"为主题的97篇文献(其中,中文文献61篇,外文文献36篇)。

第三类:委托调研数据。通过函调、委托调研等方式,收集相关数据,涵盖中国东、中、西三个区域。

表5-3　XXX研究对象基本情况

(1) 一手数据	A	B	C	D
调研对象性质	数据交易机构	数据生产、储存及交易主体	研究机构	数据生产、传输、储存及交易主体
所在地	西部某省会城市	西部某国家级新区	东部某直辖市	东部某直辖市
选择理由	成立较早的大数据交易机构	全球领先的ICT基础设施和智能终端提供商	国内领先的数字经济研究机构	世界领先的数据生产、储存、交易主体

续表

(2) 二手数据	中国知网	万方数据知识服务平台	超星期刊数据库	维普资讯中文期刊服务平台
调研对象性质	知识数据的收集、整理、储存、传输、服务、交易等综合平台			
所在地	东部某直辖市	东部某直辖市	东部某直辖市	西部某直辖市
选择理由	同类知识数据库排名居前列，集国内外各类知识文献于一体的国内领先的网络出版及知识数据交易服务平台			
(3) 委托调研数据	E	F	G	
调研对象性质	数据交易机构	数据交易机构	数据标注产业	
所在地	西部某直辖市	东部某省会城市	中部某省会城市	
选择理由	探索了数据资产估值定价的具体算法模式	探索了以增值服务和场景挖掘为主、平台化撮合交易为辅的交易新模式	全国规模最大、产值最高、能力最强的数据标注产业基地	

由于数据要素市场是一个复杂系统，影响因素庞杂，需要在不断地研究中深化对所需数据质量的认识。为此，数据的收集历时近1年，从2022年2月到2023年1月。

5.2.4 数据获取

（1）实地调研及访谈数据

对四个机构的调研及访谈，主要是围绕数据要素市场的运行现状是什么、影响因素有哪些、问题的关键在哪里等问题展开。同时，也注意倾听、收集访谈对象离开访谈、调研题目以外的信息（见表5-4）。

表5-4 XXX实地调研及访谈情况

调研访谈对象	时间	访谈人员	访谈内容	获得的数据
A	2022年2月14日/2022年8月19~20日	①大数据交易所A负责人及员工；②大数据管理局工作人员	①大数据交易所A建立以来遇到的问题？②问题的症结在哪里？③下一步打算是什么	①20份问卷数据；②负责人及员工8人访谈数据

续表

调研访谈对象	时间	访谈人员	访谈内容	获得的数据
B	2022年8月19~20日	①云数据中心B相关负责人；②中心负责人及员工	①数据生产、储存、流通现状如何？②对于数据交易的建议是什么	①公司及中心负责人2人访谈数据；②普通员工5人访谈数据
C	2022年2月26日	研究院负责人	①中国数据要素市场建设存在的主要问题？②解决思路是什么	①研究院负责人1人访谈数据；②3名研究人员访谈数据
D	2023年1月9日	①公司有关负责人；②下属相关数据公司	①数据要素市场的供给、需求现状？②如何看待数据要素市场运行机制？③对于数据要素市场建设的前景展望	①公司负责人1人；②公司下属数据企业负责人1人；③公司员工3人

（2）文献调研及检索数据

通过中国知网、万方数据知识服务平台、超星期刊数据库、维普资讯中文期刊服务平台四个数据库，对总库中的中文期刊进行全时间段检索。截至2022年9月30日，对有关数据要素市场文献进行检索并适当进行数据清洗之后，得到的结果是：①按"篇名"检索"数据要素市场"，在核心期刊中，共有31篇文献；②按"主题"检索"数据要素市场存在的问题"，共有9篇文献；③按"关键词"检索"数据要素市场"，共有49篇文献。

上述文献总计89篇，进一步进行筛选，确定其中61篇作为重点文献研究（见表5-5）。这些文献，基本来源于2020年之后，主要原因是2020年4月中共中央、国务院制定下发了《关于构建更加完善的要素市场化配置体制机制的意见》，明确提出"加快培育数据要素市场"。之后，关于数据要素市场的研究逐步增多，迅速形成理论热点问题。

第5章 数据要素市场的影响因素

表5-5　XXX中文文献检索情况

文献来源	中国知网、万方数据知识服务平台、超星期刊数据库、维普资讯中文期刊服务平台
检索条件	①按"篇名"检索"数据要素市场";②按"主题"检索"数据要素市场存在的问题";③按"关键词"检索"数据要素市场"
文献数量	89篇,其中,筛选重点文献61篇

仍然使用上述四个数据库,检索条件设为"主题"检索"data market",检索时间为2018年以来。截至2022年9月30日,经过必要的数据清洗和筛选,最后确定了36篇重点外文文献(见表5-6)。

表5-6　外文文献检索情况

文献来源	中国知网、万方数据知识服务平台、超星期刊数据库、维普资讯中文期刊服务平台
检索条件	按"主题"检索"data market",检索时间为2018年以来
文献数量	36篇

(3) 委托调研及所得数据

委托第三方,通过实地或函调方式,相关企业提供了调研报告,获得相关数据资料(见表5-7)。

表5-7　委托调研及所得数据情况

调研对象	调研时间	调研内容	获得数据
E	2022年6月	交易机构建设基本情况,现状怎么样?问题在哪里?下一步发展方向是什么?	调研报告1份,附件8份
F	2022年6月	交易机构建设基本情况,现状怎么样?问题在哪里?下一步发展方向是什么?	调研报告1份
G	2022年6月	数据标注基地的基本情况,数据标注产业在数据交易中的作用如何?还存在什么问题?	调研报告1份,附件3份

5.3　数据分析

对于收集的数据,按照扎根理论进行编码,在数据的概念化与抽象化过程中撷取议题，从众多松散概念中发展出描述性的、实质性的理论架构。数据编码分为开放编码、选择编码、理论编码（将在5.4节详细介绍），这实际上是对原始数据进行认真阅读、标记、分析、比较、概括、提炼的过程，是一个概念、理论持续渐进、螺旋上升的过程，直到这些概念及其属性、维度得以详细阐述并最终达到饱和（数据中没有新的属性和维度）。

5.3.1 开放编码

开放编码是对原始数据进行初步整理，从而识别数据中出现的一个或多个概念的事件，目的是将原始数据抽象化、概念化，采用逐行、逐句和综合编码的方式，对一个或多个突出的词语进行标记，并进行简单的归纳概括。开放编码注意防止陷入偏见，而需要仔细倾听每一个事件，以便弄清楚到底要研究什么（Glaser，1992），强调调研访谈内容的真实表示，准确捕捉发生的事件。

（1）调研访谈数据的开放编码

根据开放编码的原则，对于调研访谈获得的数据进行阅读、分析、比较，从中抓取了有关数据要素市场影响因素的24条记录（见表5-8）。

表5-8　实地调研访谈数据的开放编码

数据来源	4个研究对象；访谈24人；20份问卷资料
初步概念	标记出24条记录

（2）文献调研数据的开放编码

文献调研数据开放编码来自97篇中文、外文文献，其中，从61篇中文文献获取信息400条，从36篇外文文献中获取信息61条（见表5-9）。

表5-9　文献数据的开放编码

数据来源	中文文献61篇，外文文献36篇
初步概念	标记出461条记录

第5章 数据要素市场的影响因素

（3）委托调研数据的开放编码

通过认真阅读委托调研报告及附件，标记出有关数据要素市场影响因素的数据22条（见表5-10）。

表5-10 委托调研数据的开放编码

数据来源	E数据交易中心调研报告（附件8份）；F大数据交易中心调研报告；G数据标注基地调研报告（附件3份）
初步概念	标记出22条记录

5.3.2 选择编码

选择编码是研究人员将编码限定于以足够重要的方式产生简约理论的、与核心类别相关的概念（即变量）。一旦选择了潜在的核心类别，编码技术就将从开放编码转为选择性，因此，核心类别成为选择编码的关键。由于数据并不都属于核心类别（或相关概念），因此，选择编码最重要的任务，就是从开放编码的初步概念中确定核心类别、核心变量。

（1）调研访谈数据的选择编码

根据开放编码数据，对实地调研访谈得到的初步概念进一步进行比较、分析、提炼，合并其中的重复概念，最后从24条记录中选择21个核心变量（见表5-11）。

表5-11 实地调研访谈数据的选择编码

原始数据来源	4个研究对象；访谈24人；20份问卷资料
编码数据来源	开放编码初始概念所得24条记录
选择编码（21个）	①明确数据产权制度；②遵循市场运行规律；③推动企业数据入市；④建设国家数据中心；⑤加快数据产业发展；⑥提升全民数字素养；⑦支持交易场所建设；⑧加强基础设施建设；⑨加大政府资金支持；⑩支持多种交易形式；⑪限制市场垄断行为；⑫加快市场体系建设；⑬培养数据专业人才；⑭依法保护个人隐私；⑮支持数据参与分配；⑯开发场景应用技术；⑰制定产品标准体系；⑱发挥平台公司作用；⑲开放更多公共数据；⑳推进数字技术进步；㉑加强信用体系建设

103

（2）文献调研数据的选择编码

按照每一条记录内容（真实意思表示）同时有两篇及两篇以上文献提到的原则，对开放编码所得461条记录数据进行选择编码，通过进一步梳理、分析、比较，最终提炼出38个核心变量（见表5-12）。

表5-12　文献数据的选择编码

原始数据来源	有关数据要素市场的61篇中文文献和36篇外文文献
编码数据来源	开放编码初始概念所得461条记录
选择编码（38个）	①加快数据授权使用；②限制市场垄断行为；③明确数据产权制度；④支持数据参与分配；⑤推动个人数据入市；⑥完善市场准入制度；⑦发挥平台公司作用；⑧出台市场交易规则；⑨重视数据伦理问题；⑩加强基础理论研究；⑪加强信用体系建设；⑫增设数据学科专业；⑬保障网络设施安全；⑭开发场景应用技术；⑮出台专项产业政策；⑯加强信息机制设计；⑰完善市场基础设施；⑱开放更多公共数据；⑲加快数据产业发展；⑳鼓励列支数据消费；㉑培育数据市场生态；㉒打造良好法治环境；㉓形成良好舆论氛围；㉔培育诚信社会风尚；㉕支持数据入市融资；㉖打击市场违法活动；㉗支持多种交易形式；㉘完善数据定价机制；㉙遵循市场运行规律；㉚突破隐私保护技术；㉛培养数据专业人才；㉜提升全民数字素养；㉝推进数字技术进步；㉞加强人工智能研发；㉟加快市场体系建设；㊱推动企业数据入市；㊲鼓励社会资本进入；㊳依法保护个人隐私

（3）委托调研数据的选择编码

对于委托调研数据初始编码得到的22个初步概念，进一步进行分析、比较，从中提炼出16个核心变量（见表5-13）。

表5-13　委托调研数据的选择编码

原始数据来源	3份调研报告和附件11份
编码数据来源	开放编码初始概念所得22条记录
选择编码（16个）	①加大政府资金支持；②支持交易场所建设；③制定产品标准体系；④培育数据市场生态；⑤支持数据入市融资；⑥明确数据产权制度；⑦推动企业数据入市；⑧加强基础设施建设；⑨推进数字技术进步；⑩制定产品标准体系；⑪突破隐私保护技术；⑫加快数据产业发展；⑬加快隐私技术开发；⑭培育数商市场主体；⑮培养数据专业人才；⑯开放更多公共数据

根据上述三个选择编码数据，并对其中重复变量进行删除，可以列出通过扎根理论生成的42个核心变量（见表5-14）。42个核心变量经过了反复比较、选择，基本达到理论饱和的要求。

表5-14 数据要素市场影响因素

	具体变量
数据要素市场影响因素核心变量（42个）	①加快数据授权使用；②限制市场垄断行为；③明确数据产权制度；④支持数据参与分配；⑤推动个人数据入市；⑥完善市场准入制度；⑦发挥平台公司作用；⑧出台市场交易规则；⑨重视数据伦理问题；⑩加强基础理论研究；⑪加强信用体系建设；⑫增设数据学科专业；⑬保障网络设施安全；⑭开发场景应用技术；⑮出台专项产业政策；⑯加强信息机制设计；⑰完善市场基础设施；⑱开放更多公共数据；⑲加快数据产业发展；⑳鼓励列支数据消费；㉑培育数据市场生态；㉒打造良好法治环境；㉓形成良好舆论氛围；㉔培育诚信社会风尚；㉕支持数据入市融资；㉖打击市场违法活动；㉗支持多种交易形式；㉘完善数据定价机制；㉙坚持市场配置资源；㉚突破隐私保护技术；㉛培养数据专业人才；㉜提升全民数字素养；㉝推进数字技术进步；㉞加强人工智能研发；㉟加快市场体系建设；㊱加快企业数据入市；㊲鼓励民营资本入市；㊳依法保护个人隐私；㊴培育数商市场主体；㊵制定产品标准体系；㊶加大政府资金支持；㊷支持交易场所建设

5.4 理论编码

通过数据收集和实质编码，生成数据要素市场影响因素的核心变量。在此基础上，运用WSR系统方法论思想，对数据要素市场的影响因素，从物理、事理、人理三个方面进行理论编码（即模型），将核心变量和相关概念之间的关系建模为一个完整的理论。

5.4.1 物理维：物质技术因素

根据WSR系统方法论思想，物理维因素主要是指客观物质世界、法规、规则以及物质运动的机理，通常要用到自然科学知识，主要回答研究对象是什么的问题。

综合相关研究，物理维因素的基本内涵如下。①物理是象征着本体论的客观存在（自然、社会；具体、抽象），包括物质及其组织结构（顾基发和唐锡晋，2000）。②物理是阐述自然客观现象和客观存在的定律、规则，通过数据、方程、描述及其他方式表达出来（高飞，2000）。③物理就是指物质运动和技术作用的一般规律，是一种客观存在，不以人的意志为转移。对此，学者许国志专门提到，他有意把运筹学和系统工程中的"硬"模型和技术工具与自然科学的方法和规则归并在一起统称为物理，……简言之，物理是指管理过程和管理对象中可以并应该由自然科学、工程技术和"硬运筹方法"描述和处理的层面。

根据以上三个方面的界定，具体到数据要素市场，物理维因素包括以下三个方面的内容。

一是数据要素市场的构成要件。市场的主要构成要件，包括可供交换的商品、提供商品的卖方、人格化——买方。商品既包括有形的物质产品，也包括无形的服务，以及各种商品化了的生产要素。商品是物，需要由它的所有者——卖方通过市场进行交换，成为基本的市场构成要素。卖方向市场提供商品，而买方作为既有需求又具备支付能力的购买者，成为商品交换的另一方，最终决定商品交换能否实现。市场还有其他一些促成交易、降低交易成本的客观主体，如数据交易机构、交易中介机构。

二是数据要素市场的运行规律。市场的正常运行，靠的是市场机制。构成市场机制运行的三大基本要素是价格机制、供求机制、竞争机制，不论市场性质、规模、范围如何，这三个要素都不会变，它们的组合及交互运动就是市场经济的基本规律即价值规律、供求规律、竞争规律、平均利润率规律、货币流通规律等共同作用于市场的结果，表现为价格围绕价值上下波动。数据要素市场也一样遵循这一运行机制，都以市场机制有效发挥作用为基本前提。

三是数据要素市场的法规规则。这里的法规规则不是指一般政治的、法律的、社会的规则。物理因素意义的法规规则，是指对于物理因素的描述和研究方法，特别是数学、物理、化学等自然科学方法，比如通过数据、方程、公式、定理描述物质运动规律和基本原理。人工智能中的算法就是典型的法规规则，通过算法提出对所要解决的问题进行准确而完整的描述，表现为一系列解决问题的清晰指令，描述算法的方法有自然语言、结构化

第5章 数据要素市场的影响因素

流程图、代码和PAD图等。

对以上三个方面的内容进行具体分析，在数据要素市场的42个核心变量中，有15个核心变量属于物理维因素，这些因素，主要体现为以物质技术的力量影响数据要素市场，因此，可以命名为"物理维——物质技术因素"。

对于"物理维——物质技术因素"15个变量，可以进一步分别编为6个核心类别，并分别进行命名，提炼出核心范畴（见表5-15）。

核心范畴一：发展数字技术。包括"⑭开发场景应用技术""㉚突破隐私保护技术""㉝推进数字技术进步""㉞加强人工智能研发"等4个核心变量。

核心范畴二：增强市场供给。包括"⑤推动个人数据入市""⑱开放更多公共数据""㊱加快企业数据入市""㊴培育数商市场主体"等4个核心变量。

核心范畴三：建设市场设施。包括"⑰完善市场基础设施""㉟加快市场体系建设""㊷支持交易场所建设"等3个核心变量。

核心范畴四：保障数据安全。主要指"⑬保障网络设施安全"这一核心变量。

核心范畴五：完善信息机制。主要指"⑯加强信息机制设计"这一核心变量。

核心范畴六：发挥市场作用。主要指"㉘完善数据定价机制""㉙坚持市场配置资源"等2个核心变量。

表5-15 数据要素市场物理维影响因素理论编码

WSR维度	核心范畴	类别编码	核心变量
物理维：物质技术因素	发展数字技术	⑭开发场景应用技术 ㉚突破隐私保护技术 ㉝推进数字技术进步 ㉞加强人工智能研发	⑤推动个人数据入市 ⑬保障网络设施安全 ⑭开发场景应用技术 ⑯加强信息机制设计 ⑰完善市场基础设施 ⑱开放更多公共数据 ㉘完善数据定价机制 ㉙坚持市场配置资源 ㉚突破隐私保护技术 ㉝推进数字技术进步 ㉞加强人工智能研发 ㉟加快市场体系建设 ㊱加快企业数据入市 ㊴培育数商市场主体 ㊷支持交易场所建设
	增强市场供给	⑤推动个人数据入市 ⑱开放更多公共数据 ㊱加快企业数据入市 ㊴培育数商市场主体	
	建设市场设施	⑰完善市场基础设施 ㉟加快市场体系建设 ㊷支持交易场所建设	
	保障数据安全	⑬保障网络设施安全	
	完善信息机制	⑯加强信息机制设计	
	发挥市场作用	㉘完善数据定价机制 ㉙坚持市场配置资源	

5.4.2 事理维：政策制度因素

事理是指做事的道理，也即涉及某项系统项目（问题）处理过程中人们面对的客观存在及其规律时介入的机理（张彩江和孙东川，2001），或者说，就是如何去理解、发现事物内在机理及运动法则的最好办法和最佳途径，主要解决如何去安排谋划，通常会用到运筹学与管理科学方面的知识，主要回答怎样去做的问题。

归纳相关论述，事理因素的基本内涵包括如下几点。①物有常规，事有定理，这些基本规律可以称为事理。②人类某些活动的理性行为就是事理。③如物理学一样，事理学要区分事理现象和事理本质，事理现象是指人们在事理活动中直观把握的一切外部形态的东西及联系，……构成办事过程的各种事实、现象，就是事理现象。事理的本质指隐藏在这些现象背后的办成办好事情应遵循的道理、规律等（苗东升，1998）。④事理意味机理，强调世界的联系和过程（顾基发和唐锡晋，2000）。⑤事理是指方法，或那些帮助人们基于世界和客观存在的机理之上的有效处理事务的方法（顾基发和高飞，1998）。⑥事理是指管理者介入和执行管理事务的方式和规律，包括如何感知、看待、认识、思考、描述和组织管理对象和管理过程（朱志昌，2000）。

根据上述对于事理内涵的归纳界定，数据要素市场事理维因素可以概括为以下三个方面。

一是数据要素市场的基本理论。数据要素市场的形成、发展需要遵循什么样的一般规律，有哪些事理现象和事理本质？经济管理理论对于市场的构成要件，即市场交易什么、如何交易、谁来交易的问题，在理论上都有共识。在实践中，无论产品市场还是要素市场，构成市场的基本要素都十分清楚和明确。但是，现实的情况是，市场千差万别，并没有因为只要有完整的市场构成要素，就一定会出现一个繁荣的市场。根据市场设计理论，一个市场的形成，需要考虑市场厚度、市场拥堵、市场行为的安全性和简易性，数据要素市场的构建必须满足这三个条件，否则，数据要素市场将无法形成和发展。

二是数据要素市场的政策导向。针对数据要素市场存在的问题，为了推动数据要素市场发展，采取了什么样的思路、政策、方法来解决这些问题。针对数据要素市场存在的确权难、定价难、入场难、互信难、监管难等问题，国家出台了一系列法律规定和政策文件，地方政府在推动国家政策的落实中，进行了大量的探索，包括制定出台地方法规，努力解决数据要素市场的一系列问题。学界针对数据要素市场存在的问题，进行了大量研究，回答了构建数据要素市场的诸多理论问题。市场主体在实践中大胆创新，从交易模式、交易方式、数据产业链的形成等方面，形成了一些有效的思路和办法。

三是数据要素市场的政府作用。如何正确发挥政府与市场的作用，是市场经济条件下的一对永恒关系。对于不同的市场，政府作用和市场作用会有所不同。在完全竞争市场上，政府就是当好"守夜人"，市场上的经济人在追求自身利益最大化的过程中将实现资源的优化配置。在信息不对称、不完全竞争市场上，需要政府这只"看得见的手"发挥作用，通过法律和制度来弥补市场缺陷，从而解决"逆向选择""道德风险"的问题。对于特殊特定商品的交易，政府作用和市场机制同等重要，需要政府发挥积极作用，用一套科学的制度设计作为保障，最终实现市场机制作用的有效发挥。

根据上述对于事理维因素的界定，在数据要素市场的42个核心变量中，有18个核心变量属于事理维因素。在这些事理维因素中，有的是政策举措，有的是法律制度，因此，可以命名为"事理维——政策制度因素"。

对于"事理维——政策制度因素"的18个核心变量，进一步分别编为6个类别，并进行命名，提炼为核心范畴（见表5-16）。

核心范畴一：完善法律制度。包括"③明确数据产权制度""④支持数据参与分配""⑥完善市场准入制度""⑧出台市场交易规则""㊵制定产品标准体系"等5个核心变量。

核心范畴二：强化政策支持。包括"⑮出台专项产业政策""㊶加大政府资金支持"等2个核心变量。

表 5-16　数据要素市场事理维影响因素理论编码

WSR维度	核心范畴	类别编码	核心变量
事理维：政策制度因素	完善法律制度	③明确数据产权制度 ④支持数据参与分配 ⑥完善市场准入制度 ⑧出台市场交易规则 ㊵制定产品标准体系	①加快数据授权使用 ②限制市场垄断行为 ③明确数据产权制度 ④支持数据参与分配 ⑥完善市场准入制度 ⑦发挥平台公司作用 ⑧出台市场交易规则 ⑮出台专项产业政策 ⑲加快数据产业发展 ⑳鼓励列支数据消费 ㉑培育数据市场生态 ㉕支持数据入市融资 ㉖打击市场违法活动 ㉗支持多种交易形式 ㊲鼓励民营资本入市 ㊳依法保护个人隐私 ㊵制定产品标准体系 ㊶加大政府资金支持
	强化政策支持	⑮出台专项产业政策 ㊶加大政府资金支持	
	加强市场监管	②限制市场垄断行为 ㉖打击市场违法活动 ㊳依法保护个人隐私	
	形成要素资产	①加快数据授权使用 ⑳鼓励列支数据消费 ㉕支持数据入市融资	
	发展数据产业	⑲加快数据产业发展 ㊲鼓励民营资本入市	
	培育数据生态	⑦发挥平台公司作用 ㉑培育数据市场生态 ㉗支持多种交易形式	

核心范畴三：加强市场监管。包括"②限制市场垄断行为""㉖打击市场违法活动""㊳依法保护个人隐私"等3个核心变量。

核心范畴四：形成要素资产。包括"①加快数据授权使用""⑳鼓励列支数据消费""㉕支持数据入市融资"等3个核心变量。

核心范畴五：发展数据产业。包括"⑲加快数据产业发展""（37）鼓励民营资本入市"等2个核心变量。

核心范畴六：培育数据生态。包括"⑦发挥平台公司作用""㉑培育数据市场生态""㉗支持多种交易形式"等3个核心变量。

5.4.3　人理维：市场环境因素

人理指做人的道理，通常要用人文与社会科学的知识，是一个人文环境，主要回答最好怎么做的问题。

归纳相关论述，人理维因素的基本内涵如下。①人理是关注涉及系统项目中所有团体相互之间的主观关系，包括顾客、权力当局、组织者、专家、潜在业主、使用者、操作者、受益者和受损者（顾基发和唐锡晋，2000）。②人理是指基于心理学、社会学、组织行为学，结合文化、传统、价值、观念等把人组织在一起有效地开展工作的方法（顾基发和高飞，1998）。③人理是指管理对象和过程中的人与人之间的关系，包括管理主体与主体之间的关系。研究人理包括研究管理过程中管理主体之间如何相互沟通、学习、调整、谈判或者排斥甚至损害，涉及人与人之间的得与失、爱与恨、信任与怀疑、扶持与操纵等（朱志昌，2000）。

根据上述对于人理内涵的界定，数据要素市场人理维因素，可以概括为以下三个方面。

一是市场主体之间的相互关系。市场主体是市场上从事交易活动的组织和个人，包括自然人、法人，体现为企业、居民和其他机构。市场主体的关系，主要是指在交易活动中形成的经济关系，以及由此带来的社会关系。买卖双方的市场信息是一对重要关系，买方可能隐藏数据要素的用途信息和价值信息，卖方可能隐藏数据真实性、完整性、时效性等信息，由此带来的市场信用体系建设的制度机制，就成为人理维因素的重要内容。在数据要素市场上，除了因为数据的交易形成的经济关系外，更为重要的关系是由此产生的数据伦理、数据主权、数据安全问题，这些关系的复杂程度远远大于交易形成的经济关系。

二是对于数据要素市场的认知和接受程度。根据市场设计理论，任何一个市场的繁荣发展，都需要有足够的市场厚度，这就包括市场主体的认知和接受程度。数据作为新型生产要素，数据要素市场作为新型要素市场，之所以出现"有数无市、有市无数"的现象，其中也包含市场主体对于这一市场不了解、不熟悉的因素。在问卷调查中，有相当部分的人认为，就是想出售数据，也不知道应该去哪里卖、如何卖、卖给谁。因此，数据要素市场的形成和发展，需要加快普及相关知识，营造良好的人文环境和社会环境。

三是数据要素市场的专业人才。任何一个市场，专业人才是基础。从要素市场的视角看，专业人才能够有效组织市场，通过专业知识设计市场，弥补市场失灵问题，降低市场交易成本，促进市场的繁荣发展。比如，《证券法》就规定，从事证券业务的人员应当品行良好，具备从事证券业务所需的专业能力。相比证券市场，数据要素市场更为复杂、更为专业。数据要素市场的数据交易，涉及国家和广大市场主体的切身利益，关系经济发展、数据安全、个人隐私，具有较强的公共属性。因此，培养一支专业的数据要素市场人才队伍，对于加快构建数据要素市场具有重要的基础性作用。

根据上述对于人理维因素的界定，在数据要素市场的42个核心变量中，有9个核心变量属于人理维因素，这些因素涉及市场环境、专业人才、伦理、理论等，可以命名为"人理维——市场环境因素"。

对于"人理维——市场环境因素"的9个核心变量，可以进一步分别编为3个类别，并进行命名，提炼核心范畴（见表5-17）。

核心范畴一：营造市场环境。包括"⑪加强信用体系建设""㉒打造良好法治环境""㉓形成良好舆论氛围""㉔培育诚信社会风尚"等4个核心变量。

核心范畴二：培养数据人才。包括"⑫增设数据学科专业""㉛培养数据专业人才""㉜提升全民数字素养"等3个核心变量。

核心范畴三：加强理论研究。包括"⑨重视数据伦理问题""⑩加强基础理论研究"等2个核心变量。

表5-17 数据要素市场人理维影响因素理论编码

WSR维度	核心范畴	类别编码	核心变量
人理维：市场环境因素	营造市场环境	⑪加强信用体系建设 ㉒打造良好法治环境 ㉓形成良好舆论氛围 ㉔培育诚信社会风尚	⑨重视数据伦理问题 ⑩加强基础理论研究 ⑪加强信用体系建设 ⑫增设数据学科专业 ㉒打造良好法治环境 ㉓形成良好舆论氛围 ㉔培育诚信社会风尚 ㉛培养数据专业人才 ㉜提升全民数字素养
	培养数据人才	⑫增设数据学科专业 ㉛培养数据专业人才 ㉜提升全民数字素养	
	加强理论研究	⑨重视数据伦理问题 ⑩加强基础理论研究	

5.4.4 数据要素市场影响因素理论模型

根据对数据要素市场影响因素的理论编码,生成了从物理维、事理维、人理维3条路径的影响因素。由此,可以画出数据要素市场影响因素理论模型(见图5-4)。这一模型有物理维、事理维、人理维3个一级因素,15个二级影响因素,共包含42个变量。

(1)发展数字技术(2)增强市场供给
(3)建设市场设施(4)保障数据安全
(5)完善信息机制(6)发挥市场作用

物理维:
物质技术

(1)完善法律制度(2)强化政策支持
(3)加强市场监管(4)形成要素资产
(5)发展数据产业(6)培育数据生态

事理维:
政策制度

(1)营造市场环境(2)培养数据人才
(3)加强理论研究

人理维:
市场环境

数据要素市场

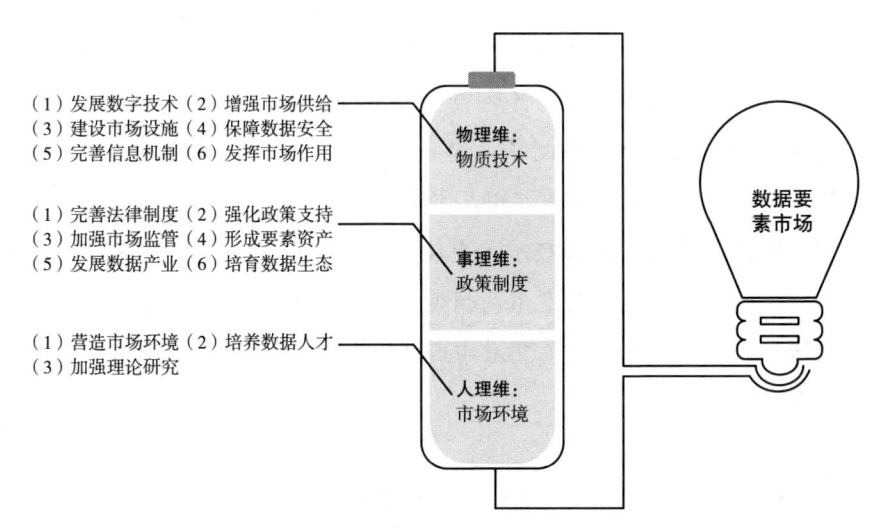

图5-4 数据要素市场影响因素理论模型

(1)物理维因素共6个,分别是发展数字技术、增强市场供给、建设市场设施、保障数据安全、完善信息机制、发挥市场作用。

(2)事理维因素共6个,分别是完善法律制度、强化政策支持、加强市场监管、形成要素资产、发展数据产业、培育数据生态。

(3)人理维因素共3个,分别是营造市场环境、培养数据人才、加强理论研究。

物理维、事理维、人理维三个影响因素,也现实地反映了数据要素市场存在的5个特征。

一是物质技术因素。物质技术包含的具体因素,是数据要素市场价值测度的间接性、商品转化的困难性等特征的现实反映,特别是技术、供给、安全等因素，既是数据要素市场存在问题的原因，也是问题导致的结果，数字技术的进步，将为增加数据供给、强化安全保障提供条件，进而促进市场的繁荣。

二是政策制度因素。政策制度包含的具体因素，是数据要素市场产权主体的二重性、经济性质的多重性、市场形态的多样性等特征的现实反映。这些问题，学界、业界给予高度关注，需要加快完善相关法律制度，特别是要厘清数据产权、加强数据监管、保护个人隐私等。

三是市场环境因素。数据要素市场的五个特征，都会反映和影响到市场环境。作为一个新型市场，不但需要专业的数据人才队伍，而且由于市场本身涉及个人信息和隐私问题，更需要一个良好的人文环境，这样才能为市场的健康发展提供人文基础和人才保障。

为了使接下来的研究在技术上更便利，将上述三个维度的理论编码按照物理、事理、人理三个维度重新归类编号，其中，b1~b15的15个变量为物理维因素，b16~b33的18个变量为事理维因素，b34~b42的9个变量为人事维因素（见表5-18）。

表5-18 基于WSR归类的数据要素市场影响因素

	具体变量		
数据要素市场影响因素核心变量（42个）	b1推动个人数据入市 b2加强人工智能研发 b3完善数据定价机制 b4坚持市场配置资源 b5培育数商市场主体 b6保障网络设施安全 b7开发场景应用技术 b8支持交易场所建设 b9加强信息机制设计 b10完善市场基础设施 b11加快市场体系建设 b12加快企业数据入市 b13突破隐私保护技术 b14推进数字技术进步	b15开放更多公共数据 b16加快数据产业发展 b17鼓励列支数据消费 b18培育数据市场生态 b19支持数据入市融资 b20打击市场违法活动 b21支持多种交易形式 b22加快数据授权使用 b23限制市场垄断行为 b24明确数据产权制度 b25支持数据参与分配 b26制定产品标准体系 b27加大政府资金支持 b28发挥平台公司作用	b29鼓励民营资本入市 b30依法保护个人隐私 b31完善市场准入制度 b32出台专项产业政策 b33出台市场交易规则 b34重视数据伦理问题 b35打造良好法治环境 b36加强信用体系建设 b37增设数据学科专业 b38形成良好舆论氛围 b39培育诚信社会风尚 b40加强基础理论研究 b41培养数据专业人才 b42提升全民数字素养

5.5 本章小结

本章讨论理论抽象结论在现实市场中具体的映射。基于 WSR 系统方法论，运用扎根理论，很好地将数据要素市场的理论分析与现实中的真实市场进行了衔接，数据要素市场的五个特征与物理、事理、人理三个维度的现象表征高度一致。基于扎根理论生成的理论模型表明，数据要素市场是一个复杂系统，受物理维、事理维、人理维因素的综合影响，包括 15 个核心范畴的 42 个核心变量。在数据要素市场发展的思路上，要在强调政策制度影响因素的同时，更加关注物理技术、市场环境的影响，离开了物理因素和人理因素，再好的制度政策也难以得到执行。

第6章
数据要素市场影响因素实证研究

　　本章对数据要素市场的影响因素进行实证分析。根据扎根理论生成的42个核心变量，设计李克特量表，通过理论抽样选定调查样本，并开展电子问卷调查。根据调查问卷所得数据，分别对WSR三个维度内部影响因素变量进行主成分分析，提取影响各个维度的主成分因子，同时针对各个维度分别计算因子综合得分。运用验证性因素分析法，探究物理、事理、人理三个维度对于数据要素市场的影响因素系数。

6.1 方法选择

6.1.1 主成分分析

　　主成分分析（Principal Component Analysis，PCA）方法由皮尔森和霍特林创立。主成分分析的基本思想是通过数学降维，对研究信息进行浓缩，减少变量个数，同时消除变量之间的多重共线性，进而对所研究问题的结果既做到准确全面，又能在研究时做到简便可行。具体来讲，主成分分析主要是按照方差最大化的原则，在方差由大到小排列的n个成分中，筛选出前m个成分作为原始变量的"主成分"，用以解释原始变量的大部分信息。

第6章 数据要素市场影响因素实证研究

在实践中，主成分分析大致分为7步（罗伯特，2016；吴明隆，2018）。

第一步，根据研究问题选取初始变量，比如，问卷调查所得数据就是初始变量。

第二步，通过KMO（Kaiser-Meyer-Olkin）检验和Bartlett球形检验，判断变量是否适合进行主成分分析。KMO统计量取值在0和1之间，越接近1，变量间的相关性越强；反之，越接近0，变量间的相关性越弱。在研究中，一般来讲，KMO统计量在0.9以上表示非常适合；0.8~0.9表示适合；0.7~0.8表示较合适；0.6~0.7表示一般；0.5~0.6表示不太适合；0.5以下表示极不适合。

第三步，对原始变量进行标准化，消除量纲影响。

第四步，根据处理后的数据矩阵求出相关系数矩阵。

第五步，求出协方差矩阵的特征根和特征向量。

第六步，确定主成分个数，选取主成分。

第七步，结合主成分对研究问题进行分析。

通常情况下，主成分筛选原则如下。

①累积方差贡献率：当前m个主成分的累积方差贡献率达到某一特定值（一般80%以上），就可以保留前m个成分作为主成分。

②特征值：一般选取特征值大于等于1的主成分。如果特征值小于1，表示该主成分的解释力低，并不是主要影响因素。

③碎石图：一般选取碎石图曲线上由陡峭变为平稳的节点前曲线上节点作为主成分。

具体到数据要素市场影响因素分析，就是根据前述扎根理论生成的数据要素市场影响因素理论模型，基于42个核心变量建立调查问卷量表，在样本选择的基础上开展问卷调查，分物理、事理、人理分别进行主成分分析，从而在众多因素中萃取主要的影响因子。

6.1.2 验证性因子分析

验证性因子分析（Confirmatory Factor Analysis，CFA）是使用样本数据对已经根据某些理论、先验知识作出的结构模型（量表题项与潜在变量的对应关系，潜在变量之间的关系）是否与实际数据情况一致进行验证的过程。

在研究过程中，验证性因子分析可分为四步（邱皓政，2013；荣泰生，2017）。

第一步，模型构建，针对测量题目的潜在结构关系，基于特定理论基础或先期假设，提出一个有待检验的因素结构模型，也即建立基于一套假设的测量模型。

第二步，删除不合理测量项，如果因子与测量项间的对应关系出现严重偏差，也或某测量项与因子间的载荷系数值过低（比如小于0.5），说明该测量项与因子间关系较弱，需要删除该测量项。

第三步，模型MI指标（因子的修正指数）修正，如果模型拟合指标效果不佳，则进行模型MI指标修正。

第四步，最终模型分析，综合理论规范和实践需要，对所得模型进行分析和解释。

验证性因子分析主要目的在于进行效度验证，常用判断标准见表6-1。

表6-1 验证性因子分析效度验证常用判断标准

效度	内容	常用判断标准	
结构效度	因子与测量项（量表题项）对应关系是否符合预期，如果符合预期则说明具有结构效度	卡方自由度比 χ/df<5 拟合优度指数 GFI>0.9 近似误差均方根 $RMSEA$<0.1 均方根误差 RMR<0.1	比较拟合指数 CFI>0.9 规范拟合指数 NFI>0.9 不规范拟合指数 $NNFI$>0.9
聚合（收敛）效度	强调本应该在同一因子下面的测量项，确实在同一因子下面	因子载荷量 λ≥0.7 或 p<0.5 信度系统 λ≥0.5 测量误差 1-λ<0.5	Cronbach's α≥0.7 组合信度 CR≥0.6
区分效度	强调本不应该在同一因子下面的测量项，确实不在同一因子下面	平均方差抽取量 AVE≥0.5	AVE 的平方根>相关系数

资料来源：吴明隆.结构方程模型——AMOS的操作与应用[M].重庆：重庆大学出版社，2010。

6.2 数据采集

6.2.1 描述性统计

基于扎根理论生成的42个核心变量，设计李克特量表调查问卷，选取中国联通公司数据部门作为调查对象，于2023年1月7日进行了网络问卷调查，共发放问卷365份，收回有效问卷356份（见附件1、2、3、4）。

参加问卷调查人员覆盖了全国31个省（区、市）。收回有效问卷的调查对象中，男性占69.94%，女性占30.06%（见表6-2）。

表6-2 有效调研样本性别分布

单位：份，%

性别	问卷数量	占比
男	249	69.94
女	107	30.06

收回有效问卷调查对象中，30岁及以下、31~40岁、41~50岁、51~60岁、60岁以上的人员分别占34.83%、40.45%、22.19%、2.25%、0.28%，其中，40岁及以下的占75.28%，50岁及以下的人员占了97.47%，说明调研对象以年轻人为主（见表6-3）。

表6-3 有效调研样本年龄分布

单位：份，%

年龄	问卷数量	占比
30岁及以下	124	34.83
31~40岁	144	40.45
41~50岁	79	22.19
51~60岁	8	2.25
60岁以上	1	0.28

数据是新型生产要素。因此，本章特别注重调查对象的专业背景。之所以选择中国联通公司，重要的考虑是该公司属于数据密集型企业，而且属于中国数据领域的大型企业，其数据部门人员对数据要素市场具有较为全面的理论知识和实践体验，这就避免了因为没有数据要素市场常识而出现的"乱答题"问题。在收回的有效问卷调查对象中，数据主管部门的人员占42.98%，数据企业的人员占43.26%，专家占5.34%，网民占8.43%（见表6-4）。

表6-4　有效调研样本职业分布

单位：份，%

职业	问卷数量	占比
数据主管部门人员	153	42.98
数据企业人员	154	43.26
专家	19	5.34
网民	30	8.43
交易机构人员	0	0

在有效问卷中，普通员工占了绝大多数，占94.38%。此外，高层管理人员、中层管理人员等也参与了问卷调查（见表6-5）。

表6-5　有效调研样本职务分布

单位：份，%

职务	问卷数量	占比
高层管理人员	3	0.84
中层管理人员	15	4.21
普通员工	336	94.38
其他	2	0.56

6.2.2　问卷信度检验

根据问卷调查所得数据，对所有42个核心变量进行信度检验（见表6-6）。

表 6-6 所有变量 KMO 和 Bartlett 检验

检验方法		结果
取样足够多的 KMO 度量		0.973
Bartlett 的球形检验	近似卡方	15226.160
	自由度	861
	p 值	0.000

①运用克隆巴赫系数（Cronbach's Alpha）对调查问卷进行信度测试。一般来说，α系数越高，则相应的信度越高。在基础研究中，信度至少应达到 0.80 才可接受；但是，在探索性研究中，信度只要达到 0.70 就可接受，位于 0.70~0.98 均属于高信度；如果低于 0.35 则为低信度，必须予以拒绝。

运用 SPSS 统计软件进行计算，影响数据要素市场的 42 个核心变量的 Cronbach's α 系数为 0.9830，对于探索性研究而言，属于高信度量表，说明调查问卷所得数据的信度很好。

②对调查问卷变量矩阵进行 KMO 检验。KMO 检验用于检查变量间的相关性和偏相关性，取值在 0~1，KMO 统计量越接近 1，变量间的相关性越强，偏相关性越弱，因子分析的效果越好。在实际分析中，KMO 统计量在 0.7 以上时效果比较好；当 KMO 统计量在 0.5 以下时，一般就不考虑应用因子分析法，而应考虑重新设计变量结构或者采用其他统计分析方法。

运用统计软件计算，影响数据要素市场的 42 个核心变量的 KMO 统计量为 0.973，完全适合主成分分析条件。

③进行巴特利特球形（Bartlett）检验。巴特利特球形检验用于检验相关矩阵中各变量间的相关性，检验各个变量是否各自独立。在因子分析中，若拒绝原假设 H0，则说明可以做因子分析；否则，则说明这些变量可能独立提供一些信息，不适合做因子分析。由 STATA 检验结果显示 p 值=0.000，说明符合标准，数据呈球形分布，各个变量在一定程度上相互独立。

运用统计软件计算，影响数据要素市场的所有变量数据的 Sig. 值接近 0，适合做因子分析。

运用 SPSS 统计软件，分别针对物理维、事理维、人理维内部数据变量进行KMO和Bartlett检验，结果表明，三个维度内部也都适合进行主成分分析。

①物理维15个变量KMO抽样适度测定值为0.958，大于0.9；巴特利特球形检验得到p值接近0，说明这一样本适合主成分分析（见表6-7）。

表6-7 物理维15个变量KMO和Bartlett检验

检验方法	结果	
取样足够多的KMO度量	0.958	
Bartlett的球形检验	近似卡方	3925.829
	自由度	105
	p值	0.000

②事理维18个变量KMO抽样适度测定值为0.957，大于0.9；巴特利特球形检验得到p值接近0，说明这一样本适合主成分分析（见表6-8）。

表6-8 事理维18个变量KMO和Bartlett检验

检验方法	结果	
取样足够多的KMO度量	0.957	
Bartlett的球形检验	近似卡方	5268.154
	自由度	153
	p值	0.000

③人理维9个变量KMO抽样适度测定值为0.926，大于0.9；巴特利特球形检验得到p值接近0，说明这一样本适合主成分分析（见表6-9）。

表6-9 人理维9个变量KMO和Bartlett检验

检验方法	结果	
取样足够多的KMO度量	0.926	
Bartlett的球形检验	近似卡方	2482.845
	自由度	36
	p值	0.000

6.3 主成分分析

6.3.1 物理维因素的主成分分析

通过对物理维15个核心变量作主成分分析，按照特异性方差占比大于0.6的原则，15个核心变量均可以进行主成分分析，测试结果见表6-10（展示方差累计贡献率高于80%的因子）。

根据测试结果，选取了方差累计贡献率大于80%的6个因素，这也是对数据要素市场物理维影响最大的6个因子，方差累计贡献率为82.12%，意味着这6个因子表征和解释了物理维所有数据变量的大部分影响因素。

表6-10 对物理维数据进行主成分分析的结果

因子	特征值	差值	方差贡献比例	方差累计贡献比例
Wu_Factor1	9.025	7.976	0.602	0.602
Wu_Factor2	1.049	0.398	0.070	0.672
Wu_Factor3	0.651	0.058	0.043	0.715
Wu_Factor4	0.593	0.074	0.040	0.755
Wu_Factor5	0.520	0.040	0.035	0.789
Wu_Factor6	0.480	0.070	0.032	0.821

基于特征根值，可以画出数据要素市场物理维影响因素的碎石图（见图6-1）。图中横轴表示特征根由大到小排列后各个特征根的序数，纵轴表示特征根的值。图6-1中，6个因子的特征根值依次为9.025、1.049、0.651、0.593、0.520、0.480，其中，第一个因子特征根超过9。

图6-1 对物理维数据进行主成分分析的碎石图

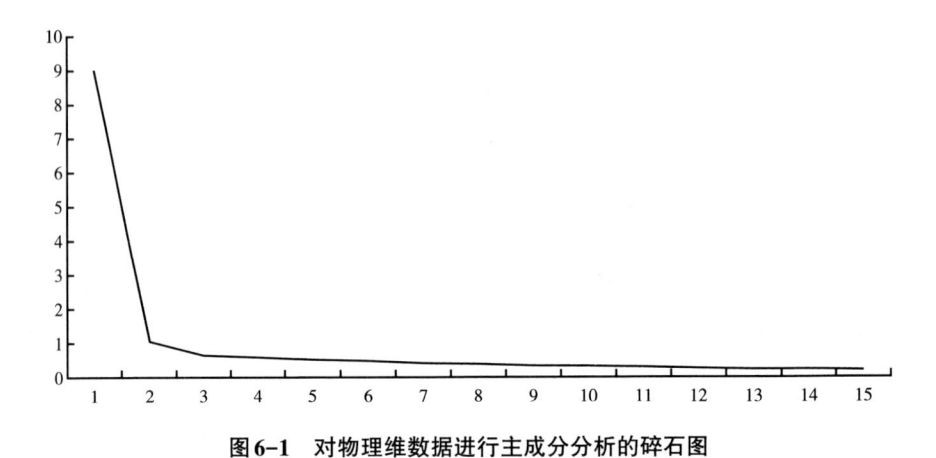

对以上主成分分析得出的6个因子进行旋转因子载荷分析，得出萃取因素与测量变量之间关系的因素负荷量矩阵（factor loading matrix，以A表示）（见表6-11）。

表6-11 旋转后因子载荷系数

变量	Wu_Factor1	Wu_Factor2	Wu_Factor3	Wu_Factor4	Wu_Factor5	Wu_Factor6
b1	0.802	0.081	0.260	0.110	0.335	0.118
b2	0.729	0.366	0.081	0.300	0.103	0.180
b3	0.487	0.247	0.178	0.360	0.456	0.382
b4	0.212	0.227	0.215	0.190	0.198	0.858
b5	0.576	0.281	0.166	0.583	0.007	0.083
b6	0.227	0.170	0.219	0.795	0.269	0.183
b7	0.331	0.511	0.123	0.501	0.244	0.282
b8	0.510	0.336	0.275	0.286	0.326	0.341
b9	0.268	0.258	0.208	0.218	0.751	0.196
b10	0.179	0.217	0.764	0.212	0.353	0.067
b11	0.175	0.217	0.865	0.113	0.049	0.205
b12	0.238	0.711	0.421	0.200	0.159	0.141
b13	0.101	0.563	0.346	0.370	0.424	0.201
b14	0.461	0.582	0.180	0.204	0.248	0.296
b15	0.345	0.536	0.254	0.117	0.491	0.174

因子载荷类似于回归系统，载荷系数绝对值反映的是各潜在变量对于测量变量的影响程度。一般认为，负荷量大于0.71是非常理想的状态，大于0.63属于非常好的状态，大于0.55则属于好的状态，大于0.45属于普通状态，而小于0.32时，该因素解释不到10%的观察变量的变异量，则这些因素就可以删除。根据载荷系数绝对值大于0.55的标准，可以删除b3、b7、b8等3个因子。

根据上述断标准，6个潜在变量对于余下12个测量变量的解释如下。

Wu_Factor1对b1、b2和b5的负荷量分别为0.802、0.729和0.576，表明Wu_Factor1对这3个因子具有较强的解释力。

Wu_Factor2对b12、b13、b14、b15的负荷量分别为0.711、0.563、0.582和0.536，表明Wu_Factor2对这4个因子具有较强的解释力。

Wu_Factor3对b10、b11的负荷量分别为0.764和0.865，表明Wu_Factor3对这2个变量具有较强的解释力。

Wu_Factor4对b5、b6的负荷量分别为0.583和0.795，表明Wu_Factor4对这2个因子具有较强的解释力。

Wu_Factor5对b9的负荷量为0.751，表明Wu_Factor5对b9具有较强的解释力。

Wu_Factor6对b4的负荷量为0.858，表明Wu_Factor6对b4具有较强的解释力。

以上所有变量负荷量都大于或接近0.55，反映了潜在变量对测量变量具有很好的解释能力。

根据上述分析结果，可以列出6个因子主要解释的数据变量关系（见表6-12）。

表6-12 6个因子主要解释的数据变量

Wu_Factor1	Wu_Factor2	Wu_Factor3	Wu_Factor4	Wu_Factor5	Wu_Factor6
b1、b2、b5	b12、b13、b14、b15	b10、b11	b5、b6	b9	b4

根据以上分析结果，可以发现，所提取的6个潜在变量，与物理维核心变量的理论编码生成的核心范畴（见表5-15）基本或大致对应。6个潜在变量构成数据要素市场物理维的主要影响因素。

①Wu_Factor1可以基本对应理论编码的"发展数字技术"核心范畴，包括b1、b2、b5 3个变量，其中，b2为数据技术范畴（理论编码为"开发场景应用技术、突破隐私保护技术、推进数字技术进步、加强人工智能研发"）。

②Wu_Factor2可以基本对应理论编码的"增强市场供给"核心范畴，包括b12、b13、b14、b15 4个变量，其中，2个变量属于市场供给（理论编码为"推动个人数据入市、开放更多公共数据、加快企业数据入市、培育数商市场主体"）。

③Wu_Factor3可以基本对应理论编码的"建设市场设施"，包括b10、b11 2个变量，都可以算作市场设施（理论编码为"完善市场基础设施、加快市场体系建设、支持交易场所建设"）。

④Wu_Factor4可以基本对应理论编码的"保障数据安全"，包括b5、b6 2个变量（理论编码为"保障网络设施安全"）。这里，"培育数商市场主体"同时出现在Wu_Factor1和Wu_Factor4中，说明受访者对于数商在市场中作用的高度关切。

⑤Wu_Factor5对应理论编码的"完善信息机制"，包括b9 1个变量。

⑥Wu_Factor6可以基本对应理论编码的"发挥市场作用"，包括b4 1个变量。

6.3.2　事理维因素的主成分分析

通过对事理维18个数据变量作主成分分析，结果如表6-13所示（展示方差累计贡献率高于80%的因子）。

表6-13 对事理维数据进行主成分分析的结果

因子	特征值	差值	方差贡献比例	方差累计贡献比例
Shi_Factor1	11.028	10.175	0.613	0.613
Shi_Factor2	0.853	0.056	0.047	0.660
Shi_Factor3	0.797	0.100	0.044	0.704
Shi_Factor4	0.697	0.138	0.039	0.743
Shi_Factor5	0.559	0.045	0.031	0.774
Shi_Factor6	0.514	0.041	0.029	0.803

表6-13展示了对事理维数据变量作主成分分析的结果。这些数据变量影响最大的6个因子对方差的累计贡献率为80.27%，意味着这6个因子表征了事理维所有数据变量影响因素的大部分。

同样，可以画出数据要素市场事理维影响因素的碎石图（见图6-2）。图中，6个因子特征根值依次为11.028、0.853、0.797、0.697、0.559、0.514，其中，第一个因子特征根值超过11。

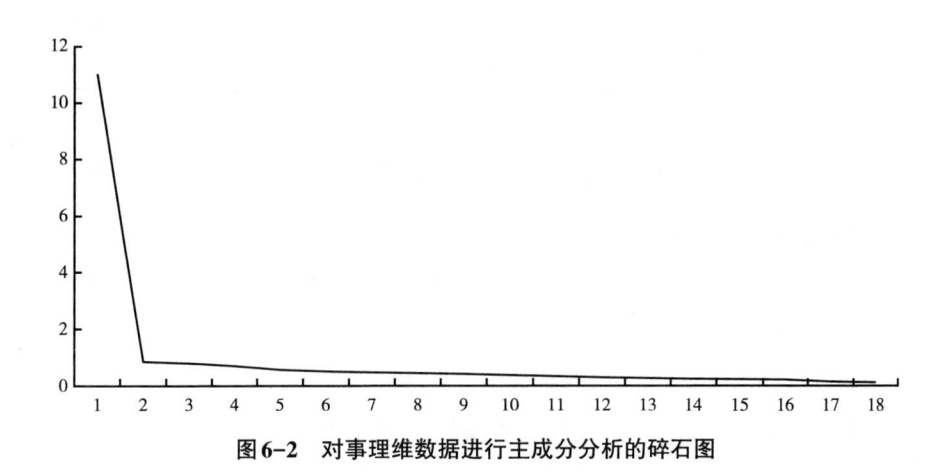

图6-2 对事理维数据进行主成分分析的碎石图

对以上主成分分析得出的6个因子进行旋转因子载荷分析，得出萃取因素与测量变量之间关系的因素负荷量矩阵（见表6-14）。

表6-14 旋转后因子载荷系数

变量	Shi_Factor1	Shi_Factor2	Shi_Factor3	Shi_Factor4	Shi_Factor5	Shi_Factor6
b16	0.229	0.224	0.165	0.267	0.803	0.109
b17	0.243	0.484	0.108	0.262	0.517	0.319
b18	0.199	0.122	0.191	0.222	0.082	0.871
b19	0.193	0.251	0.295	0.732	0.302	0.183
b20	0.206	0.135	0.786	0.310	0.080	0.198
b21	0.493	0.320	0.483	0.436	0.083	0.134
b22	0.267	0.465	0.503	0.356	0.187	0.173
b23	0.377	0.387	0.588	0.054	0.206	0.227
b24	0.680	0.421	0.271	0.250	0.128	0.169
b25	0.406	0.260	0.128	0.721	0.195	0.299
b26	0.683	0.272	0.212	0.370	0.201	0.250
b27	0.640	0.341	0.255	0.218	0.223	0.281
b28	0.155	0.455	0.333	0.087	0.361	0.499
b29	0.261	0.493	0.270	0.452	0.408	0.010
b30	0.446	0.247	0.565	0.032	0.396	0.149
b31	0.350	0.727	0.268	0.304	0.202	0.100
b32	0.332	0.737	0.216	0.237	0.244	0.223
b33	0.616	0.130	0.400	0.201	0.356	0.036

表6-14呈现了旋转后因子载荷和特异性方差占比的结果。根据载荷值判断标准，得出如下结果。

Shi_Factor1对b24、b26、b27和b33的载荷值分别为0.680、0.683、0.640、0.616。

Shi_Factor2对b31和b32的载荷值分别为0.727和0.737。

Shi_Factor3对b20、b23和b30的载荷值分别为0.786、0.588、0.565。

Shi_Factor4对b19和b25的载荷值分别是0.732、0.721。

Shi_Factor5对b16的载荷值为0.803。

Shi_Factor6对b18的载荷值为0.871。

上述载荷值表明，潜在变量对测量变量都有较强的解释力。

第6章　数据要素市场影响因素实证研究

根据以上载荷分析，删去特异性方差占比大于或非常接近0.6的5个数据变量（b17、b21、b22、b28、b29），列出6个因子主要解释的数据变量表（表6-15）。

表6-15　六个因子主要解释的数据变量

Shi_Factor1	Shi_Factor2	Shi_Factor3	Shi_Factor4	Shi_Factor5	Shi_Factor6
b24、b26、b27、b33	b31、b32	b20、b23、b30	b19、b25	b16	b18

根据以上分析结果，可以发现，所提取的6个潜在变量与事理维影响因素理论编码生成的核心范畴（见表5-16）大体对应，因此，这6个潜在变量构成数据要素市场事理维的主要影响因素。

①Shi_Factor1基本对应理论编码的"完善法律制度"，包括b24、b26、b27、b33等4个变量（比理论编码少"支持数据参与分配"）。

②Shi_Factor2基本对应理论编码的"强化政策支持"，包括b31、b32 2个变量，这与理论编码的"出台专项产业政策、加大政府资金支持"具有同类性质。

③Shi_Factor3对应理论编码的"加强市场监管"，包括b20、b23、b30等3个变量，与理论编码核心范畴相一致。

④Shi_Factor4基本对应理论编码的"形成要素资产"，包括b19、b25 2个变量（理论编码为"加快数据授权使用、鼓励列支数据消费、支持数据入市融资"）。

⑤Shi_Factor5基本对应理论编码的"发展数据产业"，包括b16 1个变量（比理论编码少"鼓励民营资本入市"）。

⑥Shi_Factor6基本对应理论编码的"培育数据生态"，包括b18 1个变量（理论编码为"发挥平台公司作用、培育数据市场生态、支持多种交易形式"）。

6.3.3 人理维因素的主成分分析

通过对人理维的9个数据变量作主成分分析，结果如表6-16所示（展示方差累计贡献率高于80%的因子）。

表6-16 对人理维数据进行主成分分析的结果

因子	特征值	差值	方差贡献比例	方差累计贡献比例
Ren_Factor1	6.121	5.503	0.680	0.680
Ren_Factor2	0.617	0.102	0.069	0.749
Ren_Factor3	0.516	0.049	0.057	0.806

表6-16展示了对人理维数据变量作主成分分析的结果。对这些数据变量影响最大的3个因子对方差的累计贡献率为80.6%，意味着这3个因子表征了人理维所有数据变量的影响因素的大部分。

同样，可以画出数据要素市场人理维影响因素的碎石图（见图6-3）。

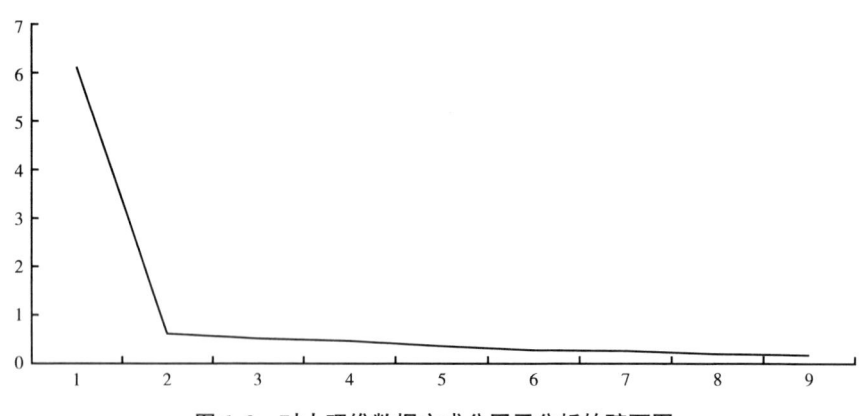

图6-3 对人理维数据主成分因子分析的碎石图

对以上3个因子进行旋转因子载荷分析，得出萃取因素与测量变量之间关系的因素负荷量矩阵（见表6-17）。

表6-17 旋转后因子载荷系数

变量	Ren_Factor1	Ren_Factor2	Ren_Factor3
b34	0.217	0.339	0.820
b35	0.420	0.359	0.669
b36	0.761	0.078	0.500
b37	0.469	0.497	0.525
b38	0.266	0.800	0.379
b39	0.386	0.784	0.319
b40	0.774	0.44	0.158
b41	0.685	0.505	0.262
b42	0.731	0.364	0.303

表6-17呈现了旋转后因子载荷的结果。根据因子载荷判断标准，得到如下结论。

Ren_Factor1对b36、b40、b41和b42的负荷量分别为0.761、0.774、0.685和0.731，表明Ren_Factor1对这4个因子具有较强的解释力。

Ren_Factor2对于b38、b39都具有较强的解释力。

Ren_Factor3对于b34、b35也具有较强的解释力。

根据上述分析结果，可以列出3个因子主要解释的数据变量关系（见表6-18）。

表6-18 三个因子主要解释的数据变量

Ren_Factor1	Ren_Factor2	Ren_Factor3
b36、b40、b41、b42	b38、b39	b34、b35

根据以上分析结果，可以发现，所提取的3个潜在变量，与人理维影响因素理论编码的核心范畴（见表5-17）大致对应，说明数据分析具有可靠性。这3个因子构成了数据要素市场人理维影响因素。

①Ren_Factor1基本对应理论编码的"培养数据人才"核心范畴，包括b36、b40、b41、b42 4个变量（理论编码为"增设数据学科专业、培养数据专业人才、提升全民数字素养"）。

②Ren_Factor2基本对应理论编码的"营造市场环境"核心范畴，包括b38、b39 2个变量（理论编码为"加强信用体系建设、打造良好法治环境、形成良好舆论氛围、培育诚信社会风尚"）。

③Ren_Factor3对应理论编码的"加强理论研究"核心范畴，包括b34、b35 2个变量，与理论编码核心范畴一致。

根据主成分分析的结果，物理维的第一个和第二个因子的特征值大于1，事理维和人理维仅有1个因子特征值大于1。选择特征值大于1的因子中载荷系数高于0.5的因子作为数据要素市场的主要影响因素，共有15个因子（见表6-19）。

表6-19 主成分分析后筛选的15个因子

维度	因子
物理维（7个变量）	b1、b2、b5、b12、b13、b14、b15
事理维（4个变量）	b24、b26、b27、b33
人理维（4个变量）	b36、b40、b41、b42

注：选择条件：特征值>1，载荷系数>0.5。

6.4 验证性因子分析

为了更好地验证扎根理论生成的理论模型和主成分分析结果，采用四组样本进行对比研究分析,最后找到数据要素市场影响因素的相关系数。

6.4.1 四组样本的比较研究

基于356份样本得出的数据要素市场影响因素数据,采用验证性因子分析方法进行拟合运算和分析。为了验证所构建的数据要素市场影响因素理论模型和验证性因子分析的合理性,选择以下四个样本组。

①将运用扎根理论生成的42个影响因素数据(样本A)共同进行验证性因子分析拟合。

表6-20列出对42个变量进行验证性因子分析的拟合指标值,除了SRMR值符合判断标准之外,其他所有指标都不满足,说明用全部42个变量进行验证性因子分析并不合适。

表6-20 样本A模型拟合指标

常用指标	判断标准	值	其他指标	判断标准	值
χ^2	—	3702.062	TLI	>0.9	0.798
df	—	816	AGFI	>0.9	0.585
p	>0.05	0.000	IFI	>0.9	0.809
卡方自由度比 χ^2/df	<3	4.537	PGFI	>0.9	0.565
GFI	>0.9	0.625	PNFI	>0.9	0.728
RMSEA	<0.10	0.1	SRMR	<0.1	0.049
RMR	<0.05	0.039	RMSEA 90% CI	—	0.089~0.105
CFI	>0.9	0.809			
NFI	>0.9	0.768			
NNFI	>0.9	0.798			

注:Default Model:χ^2(861)=15934.874,p=1.000。

继续对样本A进行标准载荷系数分析(见表6-21)。分析指标表明,42个变量中,13个变量的因子载荷系数低于0.76。

表6-21 样本A因子载荷系数

潜变量	测量项（显变量）	非标准载荷数（Coef.）	标准误（Std. Error）	z（CR值）	p	标准载荷系数（Std. Estimate）
物理维（15个变量）	b1	1.000	—	—	—	0.687
	b10	1.214	0.097	12.531	0	0.691
	b11	1.200	0.109	11.049	0	0.605
	b12	1.294	0.092	14.127	0	0.785
	b13	1.241	0.085	14.524	0	0.809
	b14	1.242	0.082	15.210	0	0.851
	b15	1.225	0.084	14.623	0	0.815
	b2	1.068	0.079	13.528	0	0.750
	b3	1.226	0.083	14.830	0	0.828
	b4	1.132	0.093	12.180	0	0.671
	b5	0.981	0.077	12.761	0	0.705
	b6	1.063	0.083	12.827	0	0.708
	b7	1.198	0.082	14.557	0	0.811
	b8	1.253	0.084	14.997	0	0.838
	b9	1.178	0.088	13.331	0	0.738
事理维（18个变量）	b16	1.000	—	—	—	0.689
	b25	1.080	0.076	14.272	0	0.788
	b26	1.226	0.083	14.858	0	0.822
	b27	1.236	0.084	14.767	0	0.817
	b28	1.184	0.091	12.950	0	0.711
	b29	1.121	0.079	14.169	0	0.782
	b30	1.230	0.089	13.844	0	0.763
	b31	1.181	0.078	15.186	0	0.842
	b32	1.174	0.077	15.175	0	0.841
	b33	1.146	0.086	13.400	0	0.737
	b17	1.062	0.077	13.872	0	0.764
	b18	0.938	0.088	10.601	0	0.577
	b19	1.075	0.078	13.850	0	0.763
	b20	1.294	0.102	12.692	0	0.696
	b21	1.264	0.085	14.849	0	0.822
	b22	1.165	0.079	14.657	0	0.810
	b23	1.249	0.090	13.950	0	0.769
	b24	1.257	0.085	14.773	0	0.817

第6章 数据要素市场影响因素实证研究

续表

潜变量	测量项（显变量）	非标准载荷数（Coef.）	标准误（Std. Error）	z（CR值）	p	标准载荷系数（Std. Estimate）
人理维（9个变量）	b34	1.000	—	—	—	0.764
	b35	0.983	0.058	16.936	0	0.818
	b36	0.894	0.056	15.910	0	0.777
	b37	1.015	0.058	17.481	0	0.839
	b38	0.989	0.061	16.317	0	0.793
	b39	0.999	0.059	16.943	0	0.818
	b40	0.883	0.056	15.650	0	0.766
	b41	0.960	0.056	17.094	0	0.824
	b42	0.895	0.054	16.555	0	0.803
数据要素市场	物理维	1.000	—	—	—	0.989
	事理维	1.048	0.084	12.436	0	1.000
	人理维	1.288	0.095	13.598	0	0.990

②将样本A中因子载荷系数低于0.76的13个因子（b1、b2、b4、b5、b6、b9、b10、b11、b16、b18、b20、b28、b33）删除，形成样本B（共29个指标），并重新进行验证性因子分析，得出样本B的拟合指标（见表6-22）。

表6-22 样本B模型拟合指标

常用指标	判断标准	值	其他指标	判断标准	值
χ^2	—	1909.796	TLI	>0.9	0.846
df	—	374	$AGFI$	>0.9	0.657
p	>0.05	0	IFI	>0.9	0.859
卡方自由度比 χ^2/df	<3	5.106	$PGFI$	>0.9	0.606
GFI	>0.9	0.705	$PNFI$	>0.9	0.765
$RMSEA$	<0.10	0.108	$SRMR$	<0.1	0.042
RMR	<0.05	0.032	$RMSEA$ 90% CI	—	0.096~0.113
CFI	>0.9	0.858			
NFI	>0.9	0.830			
$NNFI$	>0.9	0.846			

注：Default Model：χ^2（406）=11247.407，p=1.000。

表6-22列出对样本B共29个变量进行验证性因子分析的拟合指标值，除了SRMR值符合判断标准之外，其他所有指标都不满足，说明用全部42个指标删除13个变量之后的样本B进行验证性因子分析也不理想。

③基于用样本A、样本B进行验证性因子分析都不理想，进一步将主成分分析的结果引入，使用主成分分析筛选得到的15个影响因素数据（样本C）共同进行验证性因子分析拟合，得出样本C的拟合指标（见表6-23）。

表6-23 样本C模型拟合指标

常用指标	判断标准	值	其他指标	判断标准	值
$\chi2$	—	407.675	TLI	>0.9	0.912
df	—	87	AGFI	>0.9	0.800
p	>0.05	0	IFI	>0.9	0.928
卡方自由度比$\chi2/df$	<3	4.686	PGFI	>0.9	0.620
GFI	>0.9	0.855	PNFI	>0.9	0.754
RMSEA	<0.10	0.102	SRMR	<0.1	0.043
RMR	<0.05	0.031	RMSEA 90% CI	—	0.092～0.112
CFI	>0.9	0.927			
NFI	>0.9	0.910			
NNFI	>0.9	0.912			

注：Default Model：$\chi2$（105）=4514.469，p=1.000。

表6-23显示，卡方自由度比$\chi2/df$、GFI、RMSEA、AGFI、PGFI、PNFI与判断标准值还有差距，但有的已经很接近，其他值都达到判断标准值。这说明，运用样本C进行验证性因子分析拟合效果较好，相较于样本A和B，样本C的CFI、NFI、NNFI等指标有了明显的改善。但是，从标准载荷系数看（见表6-24），15个变量中有一些变量因子载荷系数也偏低。

表6-24 样本C因子载荷系数

潜变量	测量项（显变量）	非标准载荷系数（Coef.）	标准误（Std. Error）	z（CR值）	p	标准载荷系数（Std. Estimate）
物理维（7个变量）	b1	1	—	—	—	0.679
	b2	1.094	0.082	13.29	0	0.759
	b5	0.987	0.08	12.361	0	0.701
	b12	1.334	0.096	13.937	0	0.701
	b13	1.240	0.089	13.918	0	0.799
	b14	1.246	0.085	14.597	0	0.843
	b15	1.225	0.087	14.019	0	0.805
事理维（4个变量）	b24	1.000	—	—	—	0.844
	b26	0.980	0.048	20.356	0	0.853
	b27	0.996	0.049	20.400	0	0.854
	b33	0.900	0.054	16.646	0	0.751
人理维（4个变量）	b36	1.000	—	—	—	0.786
	b40	1.054	0.061	17.332	0	0.826
	b41	1.110	0.061	18.293	0	0.861
	b42	1.036	0.058	17.709	0	0.840
数据要素市场	物理维	1.000	—	—	—	1.000
	事理维	1.292	0.093	13.824	0	0.949
	人理维	1.116	0.086	13.037	0	0.949

④从样本C中删除标准载荷系数在0.76以下的因子（b1、b2、b5、b12、b33），得到样本D，并重新进行验证性因子分析，得到样本D的因子载荷系数（见表6-25）。

表6-25 样本D因子载荷系数

常用指标	判断标准	值	其他指标	判断标准	值
χ^2	—	179.362	TLI	>0.9	0.944
df	—	41	$AGFI$	>0.9	0.856
p	>0.05	0	IFI	>0.9	0.958
卡方自由度比 $\chi2/df$	<3	4.375	$PGFI$	>0.9	0.566
GFI	>0.9	0.911	$PNFI$	>0.9	0.706
$RMSEA$	<0.10	0.097	$SRMR$	<0.1	0.035
RMR	<0.05	0.026	$RMSEA\ 90\%\ CI$	—	0.083～0.112
CFI	>0.9	0.958			
NFI	>0.9	0.946			
$NNFI$	>0.9	0.944			

注：Default Model：$\chi2$（55）=3351.940，p=1.000。

根据表6-25，除个别指标外，样本D的拟合度指标 IFI、TLI、CFI 都大于0.90，表明模型拟合度较好，拟合结果优于样本A、样本B和样本C。因此，选择样本D进行验证性因子分析。

6.4.2 数据要素市场影响因素实证模型

根据对样本D的验证性分析，按照特征值大于1、载荷系数大于0.5两个条件，在主成分分析所得的15个因子中，删除标准载荷系数在0.76以下的4因子之后，选择剩余11个影响因子，其中，物理维4个、事理维3个、人事维4个（见表6-26）。

表6-26 验证性因素分析筛选的11个因子

维度	具体因子	备注：删除的变量（4个）
物理维（4个）	b12、b13、b14、b15	b1、b2、b5
事理维（3个）	b24、b26、b27	b33
人理维（4个）	b36、b40、b41、b42	

注：选择条件：特征值>1，载荷系数>0.5。

根据验证性因素分析方法，借助统计软件的计算，可以得出物理维、事理维、人理维因素对数据要素市场的影响系数，以及物理维、事理维、人理维因素内部因子影响系数，并由此构建数据要素市场影响因素实证模型（见图6-4）。

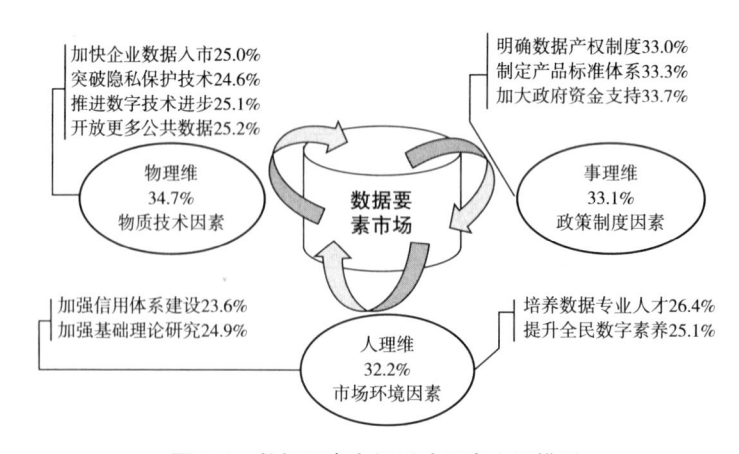

图6-4 数据要素市场影响因素实证模型

①物理维——物质技术因素，选择保留的4个因子，对数据要素市场总的影响系数占到34.7%。其中，4个因子对物理维因素的影响系数分别是：b12为25.0%，b13为24.6%，b14为25.1%，b15为25.2%。

实证分析结果表明，在物理维影响因素中，数字技术、数据供给、隐私保护是三大支柱，作为一种特殊的生产要素，数字技术对数据要素市场的构建具有决定性意义，只有数字技术的发展，才能实现数据交易权属清晰、追溯便捷、监管有效，推动形成涵盖多行业、多领域、多平台、多人群、多机构的数据交易体系；数据要素市场买方占优的市场信息特点，需要重点关注市场供给不足的问题，特别是要继续加大公共数据开放力度，加快企业数据入市进程，着力解决"有数无市，有市无数"的问题；产权性质的模糊性决定了数据产权保护的难度大大高于其他要素，加之数据安全问题，都需要从技术上进行解决，从根本上防止市场"策略性行为"的发生。

②事理维——政策制度因素，选择保留的3个因子，对数据要素市场总的影响系数占到33.1%。其中，3个因子对于事理维因素的影响系数分别是：b24为33.0%，b26为33.3%，b27为33.7%。

实证分析结果表明，在事理维影响因素中，数据的确权问题受到受访者的高度关注，任何一个市场，清晰明确的产权是市场交易的前提，产权不清严重制约了当前数据要素市场的发展；数据要素场外交易活跃程度大于场内交易，重要原因之一，源自数据产品的异质性特征，很难适应交易所商业模式，必须推动数据要素产品的标准体系建设，降低交易成本，这样才能推进数据要素市场的繁荣发展；此外，在数据要素市场的发展探索过程中，政府的资金支持、政策倾斜十分重要，这也体现了数据要素市场多种经济性质的特点。

③人理维——市场环境因素，选择保留的4个因子，对数据要素市场总的影响系数占到32.2%。其中，4个因子对人理维因素的影响系数分别是：b36为23.6%，b40为24.9%，b41为26.4%，b42为25.1%。

实证分析结果表明，数据要素市场是一个复杂系统，市场环境的建设十分重要，信用体系的形成，将对降低市场交易成本，解决互信、监管的难题发挥重要作用；基础理论的突破，将为市场模式、市场机制的探索提供支撑，让数据要素市场沿着正确的方向繁荣发展；数据要素市场作为现有要素市场中最前沿、最复杂、最专业的理论和实践领域，需要专业的市场经营管理人才，形成一批专业的会计师、评估师、经纪人等专业人才队伍；全民数字素养的提升是数据要素市场的重要基础，有利于市场主体正确认识、积极参与这一市场发展，形成良好的社会环境和舆论环境。

6.5 本章小结

本章研究结果表明，基于WSR系统方法论，运用扎根理论生成的数据要素市场影响因素理论模型，得到了主成分分析、验证性因子分析的实证验证，理论模型与实证模型具有合理性、可靠性和一致性，也都反映了数据要素市场5个特征的内涵。通过验证性因子分析，得出了物理维、事理维、人理维3个维度对于数据要素市场影响系数，3个维度共同影响数据要素市场，且"物理维>事理维>人理维"。同时，还识别出3个维度因素内部的主要影响因子，得出了相应的影响程度系数。

第7章
数据要素市场WSR系统动力学模型

本章根据WSR系统方法论的基本原理和实践原则，按照物理、事理、人理3个维度，对数据要素市场发展的影响因素及动力机制进行系统分析，并结合内生增长理论，建立我国数据要素市场发展与经济增长的系统动力学模型，对数据要素市场发展的动力学机制进行仿真模拟，进一步探析市场发展的关键影响因素及其作用机制，提出有效促进数据要素市场发展与经济增长的政策投入方案和建议。

7.1 数据要素市场经济效应研究概述

关于数据要素市场经济效应的研究还不多。已有文献多是基于数字技术视角，研究了数据作为生产要素对经济增长的促进作用。刘文革和贾卫萍（2022）基于新古典经济学与新结构经济学的对比分析，研究了数据要素促进经济增长的理论机制与效应，认为数据要素将通过直接效应和间接效应促进经济增长。根据马莉莎（2022）的研究，数据要素可以正向促进区域经济增长，对经济增长存在边际递增的促进作用，从实证角度印证了数据要素可以打破传统生产要素边际报酬递减的规律。蔡继明等（2022）基于广义价值论的一般均衡分析，研究了数据要素参与价值创造的途径。

从数据要素市场角度的研究，目前只有乔晗等（2023）基于复杂系统管理视角的QCA组态效应分析，系统研究了数据要素市场化建设的影响因素与提升路径。这一研究认为，技术、组织、环境因素均无法单独构成数据要素市场化建设高水平的必要条件，必须注重技术、组织与环境之间多重条件的匹配联动。

7.2 分析框架的设定

7.2.1 系统动力学

1958年，Forrester提出系统动力学（System Dynamics，SD）理论。在实践中，构建系统动力学模型一般有6个步骤。

第一步，明确问题，确定问题和关键变量。

第二步，确定系统边界，包括空间边界和时间边界。

第三步，绘制系统循环图，根据问题的理论解释，提出一个系统动态变化的假设，绘制出系统结构图、因果回路图、存量流量图等。

第四步，写方程，明确决策规则，确定参数、行为关系和初始化条件，并测试目标和边界的一致性。

第五步，测试仿真，检验模型各个参数、初始化条件、模型边界和概括程度的灵敏度。

第六步，方案设计与评估，并进行政策设计（钟永光等，2016；钟永光等，2023）。

与其他类似方法相比，系统动力学具有自己的优势和特点。运用到数据要素市场的分析中，主要优势体现在如下方面。

第一，SD方法具有系统性、动态性、复杂性和时效性等特点，能够对数据要素市场的复杂特征展开深入研究。

第二，SD方法能够实现"定性+定量"，可以将数据要素市场中难以量化的数据通过定性分析纳入模型中，使模型更加完整。

第三，SD方法被称为政策实验室，能够通过仿真模拟，对结构复杂的数据要素市场发展体系进行趋势预测，检验政策的可行性和有效性（段哲哲等，2022）。

SD方法强调揭示要素间错综复杂的关系及系统自身发展与其动态的演变过程（杨红娟和张成浩，2019），它能将研究问题的复杂结构通过定性、定量相结合的方式连接在一起，具备处理高阶、复杂、时变系统的能力（牟新娣等，2020）。因此，选用系统动力学研究数据要素市场具有理论适用性。

7.2.2 基于WSR的动力系统

数据要素市场建设是一项长期、复杂的系统工程，是经济、技术、制度等因素共同作用的结果（丁波涛，2022），需要综合考虑多个系统的相互作用与影响。当前，数据要素市场总体上还处在一个起步探索阶段，无论是国内还是国外，都没有形成成功的模式和市场建设经验，也还没有成熟的理论。已有理论研究和市场实践都没有找到可行的市场发展路径，全球范围内尚无成熟的解决方案，由此需要运用新的思想和方法，特别是可以尝试从系统方法的角度深入探究数据要素市场的本质特征和运行规律，探寻助力数据要素市场建设的政策方案。

WSR系统方法论作为一种思想，其核心是物理、事理和人理是系统实践中需要综合考察的3个方面，在处理复杂问题时既要考虑对象的物的方面（物理，W），又要考虑这些物如何更好地被运用的事的方面（事理，S），还要考虑到认识问题、处理问题和实施管理决策都离不开人的方面（人理，R）。遵循"懂物理、明事理、通人理"的实践准则，把W-S-R作为一个系统，达到懂物理、明事理、通人理，从而系统、完整、分层次地来对数据要素市场这一复杂问题进行研究。

系统科学方法不仅是对经典科学方法的超越，同时也是在包容经典科学方法基础上的发展，运用系统方法来解决系统问题，能够更加高效地分析和解决问题。高军等（2016）认为，在系统方法的选择和应用方面，按照问题的复杂性、目的性2个维度，可以划分为4个理想型研究类别——结构化/解释性、结构化/干预性、非结构化/解释性、非结构化/干预性，并通过系统方法4个象限图进一步提出系统方法实践应用的过程（见图7-1）。

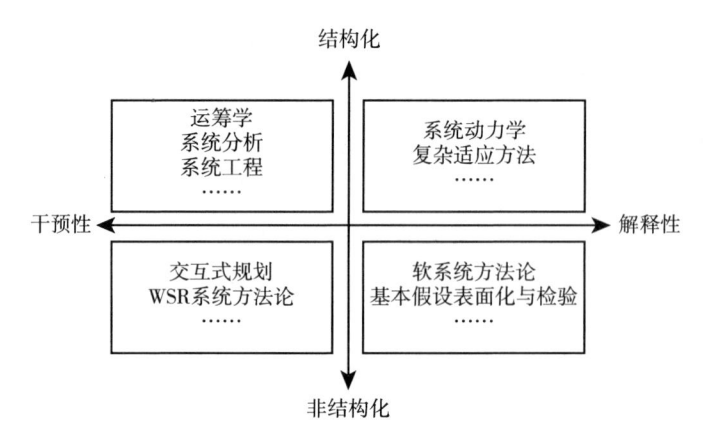

图 7-1　系统方法分类象限图

为系统地体现数据要素市场发展和经济增长的互动情况，结合高军等（2016）、寇晓东和顾基发（2021）的系统方法论分析及应用，在参考高晓宁等（2022）建模思路的基础上，笔者认为，对于数据要素市场的研究既要用发展的眼光看待问题，更要用发展的办法解决发展中的问题。因此，在建模时加入"发展水平"指标，并作为模型的一个维度，用以刻画WSR框架的时变特征变量，增强系统结构的科学性、合理性和可靠性。构建的数据要素市场系统由物理维（Wuli）、事理维（Shili）、人理维（Renli）和发展维（Fazhan）共34个部分构成，简称为WSRF系统（见图7-2）。

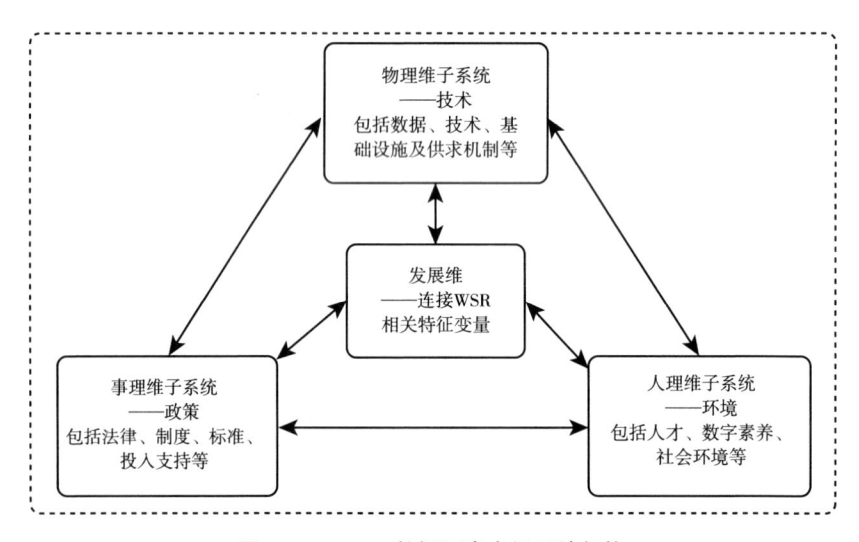

图 7-2　WSRF数据要素市场系统架构

7.2.3 系统动力的核心维度

坚持合理性、科学性、可靠性原则，基于数据要素市场的影响因素模型进行上述核心维度的相关设定，可以得出数据要素市场与经济增长的互动关系（见图7-3）。

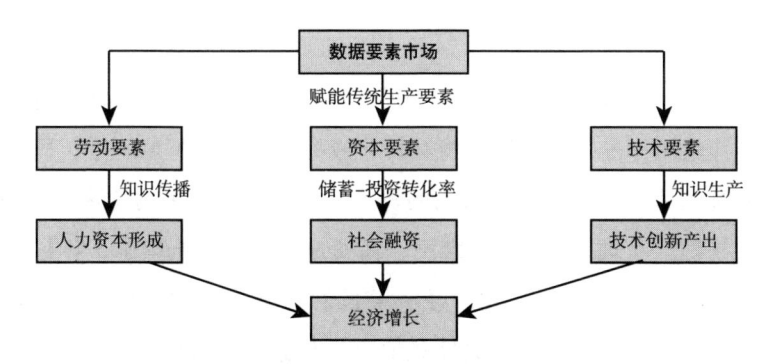

图7-3 数据要素市场与经济增长的互动关系

物理维影响因素主要涉及影响数据要素市场发展的数据、技术、设施及供求机制等物理技术方面的因素，内容涵盖较为广泛，在整个系统中具有十分重要的基础性作用。在该系统中，主要考虑加快企业数据入市、突破隐私保护技术、推进数字技术进步、开放更多公共数据4个方面的内容。综合考虑相关性及数据可获得性等，选用互联网普及率、数据规模、高技术产业专利申请数和数据交易规模4个变量进行综合表征。为了减弱表征变量绝对值的影响，对各变量绝对值基于基期水平进行标准化，转化为当期变量相对基期水平的增长程度，并对4个变量增长情况进行几何平均合成，以更为准确地测度物理维的增长程度。

事理维影响因素主要涉及明确数据产权制度、制定产品标准体系、加大政府资金支持等影响数据要素市场发展的政策制度因素，它与物理维子系统、人理维子系统的因素相互影响、密不可分。综合起来，事理维影响因素可以采用中央出台的以"数据"为关键词的政策文件数进行表征，并同样运用标准化的方法，转化成事理维相对基期的增长程度。中央政策文件是一个单一指标，但其涵盖的内容却是广泛的，可以说是所有政策、制度、措施的一个集中反映，运用该指标进行表征，具有可行性、可靠性和可操作性等特点。

人理维影响因素主要涵盖能够对数据要素市场发展起到核心作用的专业人才等核心资源因素，前述实证分析得到的影响因素包括"加强信用体系建设""加强基础理论研究""培养数据专业人才""提升全民数字素养"等，其中，人才是核心和关键因素，对此，可以采用信息传输、软件和信息技术服务业城镇单位就业人员数量进行表征，在很大程度上将涵盖人理维影响因素，并同样运用标准化的方法，将其转化成事理维相对基期的增长程度。

发展维主要包含数据要素市场的发展与经济增长相关的变量，在模型中直接连接物理、事理、人理3个维度，在变量设定上，选择了5个主要指标：数据要素市场增长程度，GDP，经济增长的三项传统生产要素——人力资本、技术创新及社会融资。在具体赋值上，数据要素市场增长程度采用物理维增长、事理维增长、人理维增长3个变量的几何平均合成，人力资本采用高学历毕业生的累计数量进行表征，技术创新采用专利受理的累计数量进行测度，社会融资则直接用社会融资规模存量进行表征。

根据上述设定，数据要素市场与经济增长的互动关系，融入内生增长模型的思路，引入劳动要素、资本要素和技术要素，并将经济增长与数据要素市场有机结合，从而更为系统、科学地分析数据要素市场的发展。数据要素市场对经济增长的传导和作用机制表现为：

数据要素市场发展→赋能传统生产要素→提升知识生产、知识传播及储蓄—投资转化的效率→加速人力资本形成、资本融通及技术创新产出→促进经济增长。

7.3 模型基础数据

7.3.1 核心变量的设定

构建数据要素市场发展水平的仿真模型思路如下：首先，确定影响数据要素市场发展的核心因素；其次，探究各系统变量间的联系及其影响路径；再次，结合存量流量图对涉及的相关变量进行参数赋值、方程设定；最后，构建数据要素市场发展体系的系统动力学模型。系统动力学模型的基本假设是为了确保研究的科学性和有效性（肖利哲等，2020），其假定系统的主要行为是其内部机制决定的，分析、梳理系统内部要素相互影响的因果关系（唐晓波和李新星，2018）。

参考相关研究及系统动力学要求（区晶莹等，2016；牟新娣等，2020），WSR系统动力学模型的基础假设包括如下两个。

①模型中的各指标能够代表数据要素市场发展的绝大部分信息。

②模型中各变量的取值范围均在该周期合理的变化范围内，且超出周期的部分并不存在连续性。

根据市场设计理论，一个市场的形成和繁荣发展，就是综合运用机制设计理论、实验经济学、计算机技术等多学科知识原理，根据具体市场的特点对市场微观机制进行设计和再设计，最终形成一个具有市场厚度、能有效避免市场拥塞、市场行为具有安全性和简易性的市场。模型的核心变量是数据要素市场发展水平，因此，选择合理、可靠的量化数据对二者进行衡量是建模的首要前提。在衡量数据要素市场发展方面，基于WSR系统方法论的基本原理和实践原则，根据主成分分析和验证性因子分析实证研究得到的数据要素市场影响因子权重及数据要素市场的影响因素模型，作为建模的基本理论依据和政策基础。

在梳理数据要素市场发展各变量间的特征和联系后，结合相关统计资料，选择了4个流位变量、4个流率变量以及14个辅助变量共22个指标变量进行后续仿真模拟分析。

WSR系统动力学模型主要变量如表7-1所示。

表7-1 WSR系统动力学模型主要变量

变量类型	具体变量			
流位变量（4个）	GDP	人力资本存量	技术创新产出	社会融资规模存量

续表

变量类型	具体变量			
流率变量（4个）	GDP增量	人力资本增量	创新产出增量	社会融资规模增量
辅助变量（14个）	GDP增速	物理维投入	物理维投入因子	物理维增长
	人力资本增速	事理维投入	事理维投入因子	事理维增长
	创新产出增速	人理维投入	人理维投入因子	人理维增长
	社会融资规模增速	数据要素市场增长程度		

7.3.2 核心系统回路

数据要素市场发展体系模型中的核心反馈回路众多，核心反馈环分别是物理维反馈环（技术资源）、事理维反馈环（制度资源）和人理维反馈环（人才资源）。如图7-4所示，三者的变化均会对发展水平产生影响，发展维的相关指标又会反作用于物理维、事理维、人理维，如此往复形成一个正向反馈环。

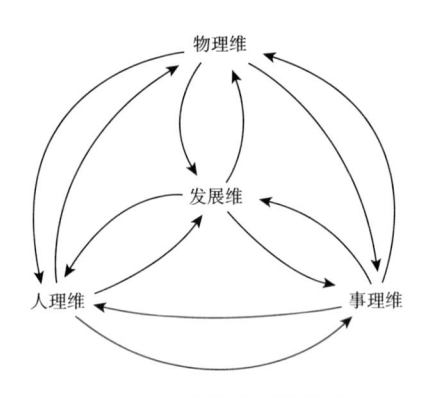

图7-4 WSR各维度间的影响关系

模型的核心反馈回路为：物理维投入/事理维投入/人理维投入→物理维增长/事理维增长/人理维增长→数据要素市场增长程度→创新产出增速/社会融资规模增速/人力资本增速→创新产出增量/社会融资规模增量/人力资本增量→技术创新产出/社会融资规模存量/人力资本存量→GDP增速→GDP增量

→GDP→物理维投入/事理维投入/人理维投入。

上述反馈回路说明提升物理维、事理维、人理维各维度的投入能够有效促进数据要素市场的发展，进而促进技术创新产出、社会融资加速和人力资本形成，从而对经济发展起到推动作用，而GDP的提升则会使国家在影响数据要素市场建设的相关领域加大投入，促进数据要素市场的发展水平不断提升。

数据要素市场发展WSR系统动力学模型的流图如图7-5所示。在构建该模型时，以2012年作为仿真研究的初始年，各变量的初始值也是这一年度的相关数值，模型参数的确定依据是2012~2021年的历史数据，以及基于历史数据估算等方法获得的常量赋值。

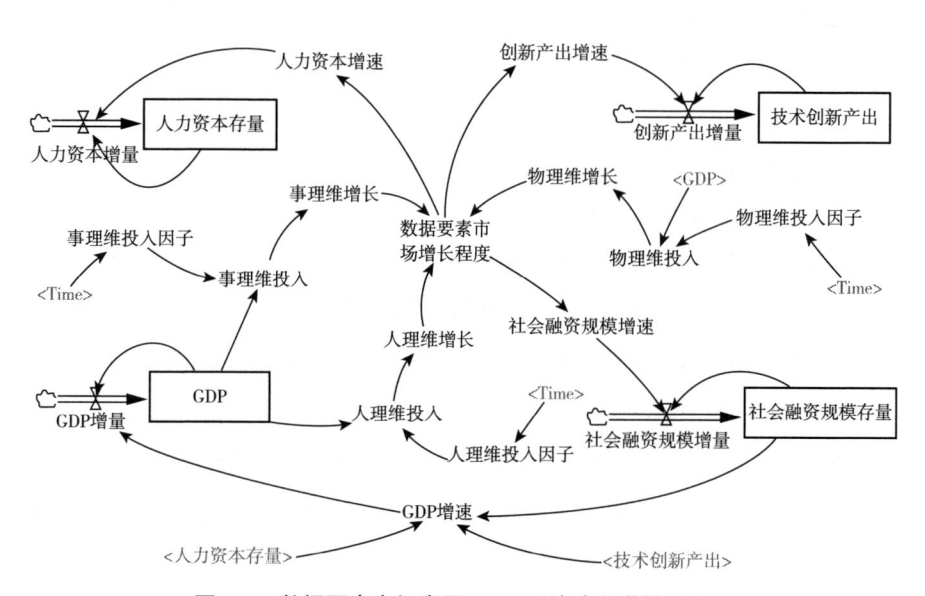

图7-5 数据要素市场发展WSR系统动力学模型流图

7.3.3 方程设定与参数说明

构建WSR系统动力学模型所使用的数据主要来源于国家统计局、同花顺数据库、历年全国科技经费投入统计公报和北大法宝网。模型主要方程和参数设定如下。

(1) 流位变量关系式说明

流位变量又称存量,是系统中起到累积作用的量。所有流位变量的初始值均采用真实值法设定。其中,GDP的初值采用2012年的真实值进行设定;人力资本存量的初值选取高学历人数(普通本科毕业生数、研究生毕业生数之和)的累积量对其进行表征;技术创新产出的初值是通过高技术产业专利受理量的累计值近似表示;而社会融资规模存量使用的是2012年社会融资规模存量的真实值。各变量的公式具体如下:

GDP= INTEG (GDP增量,53.858),万亿元;

人力资本存量= INTEG (人力资本增量,2.63612),千万人;

技术创新产出= INTEG (创新产出增量,1.07211),千万项;

社会融资规模存量= INTEG (社会融资规模增量,9.1),十万亿元。

(2) 流率变量关系式说明

流率变量又称流量,是作用于存量的微分性质的量。流率变量全部采用基本的逻辑公式设定而成,基本公式具体如下:

GDP增量=GDP×GDP增速;

人力资本增量=人力资本存量×人力资本增速;

创新产出增量=技术创新产出×创新产出增速;

社会融资规模增量=社会融资规模存量×社会融资规模增速。

(3) 辅助变量关系式说明

辅助变量形式多样,是系统中的信息量。辅助变量的关系式主要通过计量经济模型、历史数据线性拟合(定基增长、几何平均插值法等)方式进行设定。本章尝试利用多种函数关系进行拟合,选取拟合度最高的结果进行后续的仿真。

GDP增速的表达式参照C-D生产函数形式,使用专利受理量来表示综合技术水平A,使用社会融资规模来代表投入的资本K,劳动力数量L则通过高学历人数近似替代,并通过双对数模型拟合GDP增速与高学历人数、社会融资规模、专利受理量间的函数关系。此外,为了更好地拟合模型效果,对上述GDP增速进行全样本残差估计,根据残差分布来设定随机函数的数值,最终得到随机函数公式中所需的极值、均值和标准差等数据,用以对GDP增速估计值进行校调,提升估计精度。辅助变量中社会融资规模增速方程的拟合优度相对较低,由此也进行类似GDP增速的校调处理。

各维度投入分别以真实值进行表征,其中,物理维投入以国家一般公共支出中的科学技术支出表示,事理维投入用累计的中央政策文件数代替,人理维投入通过信息传输、软件和信息技术服务业城镇单位就业人员数量反映。物理维增长通过互联网普及率、数据规模、高技术产业专利申请数和数据交易规模4个变量真实值的定基增长比例计算得到(参考图6-4的权重);事理维增长、人理维增长分别使用中央政策文件数和信息传输、软件和信息技术服务业城镇单位就业人员数量进行定基增长的计算;各维度增长的表达式则均使用各维度投入与其之间的历史数据拟合所得。数据要素市场增长程度则是根据经济学含义,参考图6-4中数据要素市场建设与各维度间的影响系数设定而成。

辅助变量的基本公式具体如下:

GDP增速=exp[0.742639×ln(人力资本存量)+0.723517×ln(社会融资规模存量)−1.57617×ln(技术创新产出)] + random. normal(−2.74585,3.73761,0.16317,1.58587,3.73761),R=0.9865;

人力资本增速=0.3338×数据要素市场增长程度^2−3.6639×数据要素市场增长程度+18.53, R=0.9917;

创新产出增速=23.218×数据要素市场增长程度$^{-0.279}$,R=0.9052;

社会融资规模增速=17.628×数据要素市场增长程度$^{-0.299}$+random. normal(−2.88,18.11,0.7757,0.536566,18.11),R=0.7724;

物理维增长=0.1311×exp(4.2564×物理维投入),R=0.9177;

物理维投入=GDP×物理维投入因子;

事理维增长=10.059×事理维投入−10.93, R=0.9195;

事理维投入=GDP×事理维投入因子;

人理维增长=0.4751×人理维投入+0.1565, R=0.9432;

人理维投入=GDP×人理维投入因子;

数据要素市场增长程度=物理维增长$^{0.347}$×事理维增长$^{0.331}$×人理维增长$^{0.322}$, R=0.9883。

（4）常数值说明

常数值又称常（参）量，是决定系统结构的重要参数。常数值根据历史真实投入水平进行估算，其中，物理维投入因子通过2012~2021年国家财政的科学技术支出占GDP比例的均值近似替代，为0.87%；事理维投入因子使用2012~2021年一般公共服务支出占GDP比例的均值来近似替代，为2.05%；人理维投入因子则以2012~2021年国家财政性教育支出占公共财政支出比例来描述，为4.15%。

7.4 模型检验与情景分析

7.4.1 模型检验

在完成模型系统的主要变量和参数设置后，参考斯特曼在《商务动态分析方法：对复杂世界的系统思考与建模》中的检验思路，使用Vensim DSS中的"unit check"功能检验模型的量纲一致性。在此基础上，再对我国2012~2021年数据要素市场发展等核心变量的历史数据进行仿真模拟。表7-2列出了所有水平变量的误差对比过程。一般来讲，系统动力学模型允许误差为15%（王雪清和刘勇，2021），在WSR系统动力学模型中，GDP、人力资本存量、技术创新产出和社会融资规模存量的平均相对误差分别为-2.45%、5.02%、8.07%和2.51%，误差在可接受的范围内（4个指标中，除社会融资规模存量外，其余3个仿真值在2020年、2021年出现比较大的相对误差，这可能是经济社会发展受到疫情冲击的影响结果），这说明模型整体具有较好的拟合效果，数据可靠性较强。

表7-2　XXX模型运行检验结果

年份	GDP			年份	人力资本存量		
	真实值	仿真值	相对误差		真实值	仿真值	相对误差
2012	53.858	53.858	0.00%	2012	2.636116	2.63612	0.00%

续表

年份	GDP 真实值	GDP 仿真值	相对误差	年份	人力资本存量 真实值	人力资本存量 仿真值	相对误差
2013	59.29632	59.6994	0.68%	2013	3.00745	3.0705	2.10%
2014	64.35631	65.2093	1.33%	2014	3.402415	3.51063	3.18%
2015	68.88582	70.7657	2.73%	2015	3.816162	3.97245	4.10%
2016	74.63951	75.9383	1.74%	2016	4.246923	4.45501	4.90%
2017	83.2036	82.3576	−1.02%	2017	4.688912	4.95856	5.75%
2018	91.92811	86.126	−6.31%	2018	5.136184	5.47238	6.55%
2019	98.65152	92.8685	−5.86%	2019	5.594867	6.01258	7.47%
2020	101.3567	94.956	−6.32%	2020	6.088239	6.56184	7.78%
2021	114.9237	101.712	−11.50%	2021	6.593612	7.14928	8.43%

年份	技术创新产出 真实值	技术创新产出 仿真值	相对误差	年份	社会融资规模存量 真实值	社会融资规模存量 仿真值	相对误差
2012	1.072107	1.07211	0.00%	2012	9.14186	9.1	−0.46%
2013	1.309813	1.36025	3.85%	2013	10.74575	11.1079	3.37%
2014	1.545938	1.65385	6.98%	2014	12.28591	13.0247	6.01%
2015	1.825788	1.98263	8.59%	2015	13.828	15.1279	9.40%
2016	2.17227	2.3534	8.34%	2016	15.599	17.2982	10.89%
2017	2.542054	2.77294	9.08%	2017	20.59098	19.743	−4.12%
2018	2.974366	3.24202	9.00%	2018	22.70356	22.3217	−1.68%
2019	3.412412	3.77513	10.63%	2019	25.1312	25.205	0.29%
2020	3.931828	4.3671	11.07%	2020	28.475	28.3932	−0.29%
2021	4.456187	5.04235	13.15%	2021	31.412	31.9531	1.72%

7.4.2 情景设定

WSR系统动力学模型，重点是要探索我国数据要素市场发展与经济发展间的相互联系，具体考察物理、事理、人理3个维度下各要素的提升是否可以有效提升我国数据要素市场的发展水平和有效促进经济的快速发展。参考《中共中央 国务院关于构建数据基础制度更好发挥数据要素作用的意见》等政策文件，对物理维、事理维、人理维3个维度进行单一政策情景、组合政策情景以及综合政策情景设定，共设计了3种类型共计7种政策模拟方案，通过对模型进行政策变量调控，展开仿真模拟和对比分析。

假设国家财政在"十四五"规划至"十六五"规划期间，每年在数据要素市场上增加投入1000亿元[①]，采用单一投入、双投入及综合投入三大类7种投入模式，其中单一投入情景是指单独在某一维度进行100%投入，包括"物理维"投入模式、"事理维"投入模式及"人理维"投入模式3种；双投入情景是指在3个维度中的2个维度进行平均投入，包括"物理维+事理维"双增长模式、"物理维+人理维"双增长模式及"事理维+人理维"双增长模式3种组合；综合投入情景是指在3个维度进行平均投入，每个维度投入1/3。情景设定具体如表7-3所示。各种情景的模拟期均为"十四五"规划至"十六五"规划之间，仿真步长为1年。

表7-3 仿真政策情景设定

情景分类	情景模式	情景参数		
		物理维	事理维	人理维
单一投入情景	"物理维"投入模式	投入100%	—	—
	"事理维"投入模式	—	投入100%	—
	"人理维"投入模式	—	—	投入100%
双投入情景	"物理维+事理维"双增长模式	投入50%	投入50%	—
	"物理维+人理维"双增长模式	投入50%	—	投入50%
	"事理维+人理维"双增长模式	—	投入50%	投入50%
综合投入情景	"物理维+事理维+人理维"综合投入模式	投入33.33%	投入33.33%	投入33.33%

---

① 增加投入额度并不会影响各类投入模式的相对结果，此处以1000亿元为例。

7.4.3 仿真结果

上述三种情景共有7种不同的模式，通过WSR系统动力学模型的模拟，模型核心指标的仿真模拟结果如图7-6至图7-9所示。其中，图7-6和图7-7为单一政策情景，图7-8和图7-9为组合政策情景。

（1）单一政策情景下的仿真结果

在单一政策情景下，各种政策投入模式对GDP增长的仿真结果如图7-6所示。根据所得数据，可以作出三点结论。

第一，当单一政策情景发生变化时，GDP将会随着数据要素市场发展水平的提升而不断增加。2021~2035年，所有情景下的GDP指标均表现出相似的发展趋势。

第二，在单一政策情景下，GDP对各投入的敏感度排序均为："物理维"投入模式＞"事理维"投入模式＞"人理维"投入模式＞基准投入模式。数据表明，"物理维"投入模式对GDP发展的影响最为明显，紧随其后的是"事理维"和"人理维"投入模式，最后是基准投入模式。

第三，在2025年前，所有单一政策情景下，"物理维""事理维""人理维"投入模式和基准投入模式都没有体现出政策效应的差别；从2025年开始，四种投入模式的区别政策效应开始显现，特别是"物理维"投入模式对经济增长的政策效应敏感程度上升，较大程度高于其他3种投入模式。

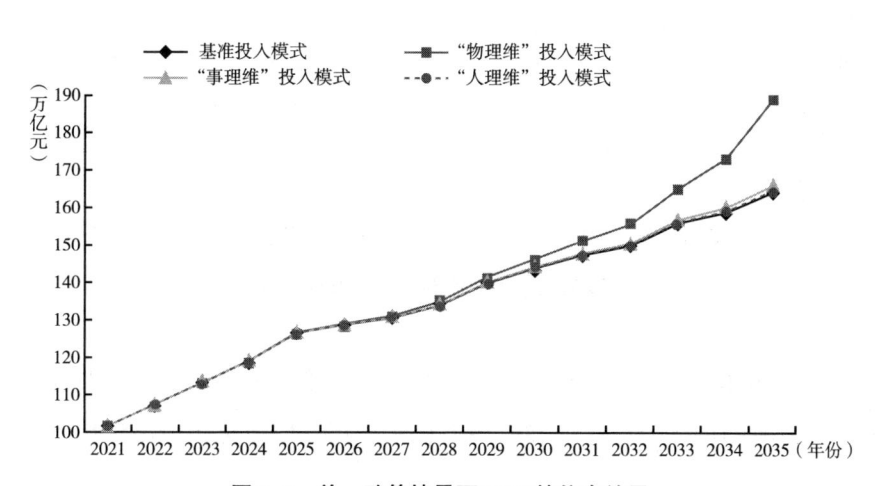

图7-6 单一政策情景下GDP的仿真结果

在单一政策情景下，数据要素市场发展水平的仿真结果如图7-7所示。根据仿真数据，可以作出三点结论。

第一，数据要素市场发展水平随着GDP增长而不断增长，无论在哪种政策模式下，数据要素市场发展水平都保持了相似的趋势。

第二，在单一政策情景下，数据要素市场发展水平对各投入模式下的政策敏感度排序均为："物理维"投入模式>"事理维"投入模式>"人理维"投入模式>基准投入模式。其中，"物理维"投入模式对数据要素市场发展水平的影响最为明显，紧随其后的是"事理维"和"人理维"投入模式，最后是基准投入模式。这一模拟结果与验证性因子分析结论相同，即物理维影响>事理维影响>人理维影响。

第三，"物理维""事理维""人理维"投入模式和基准投入模式对数据要素市场发展水平的差别政策效应，从2021年即体现出来；到2027年前后，各投入模式的差别政策效应开始拉大；2027年后，"物理维"投入模式的政策效应呈快速上升趋势，明显大于其他3种情景模式；到2035年时，"物理维"投入模式的政策效应（33倍）相当于基准投入模式（17倍）的1.94倍。

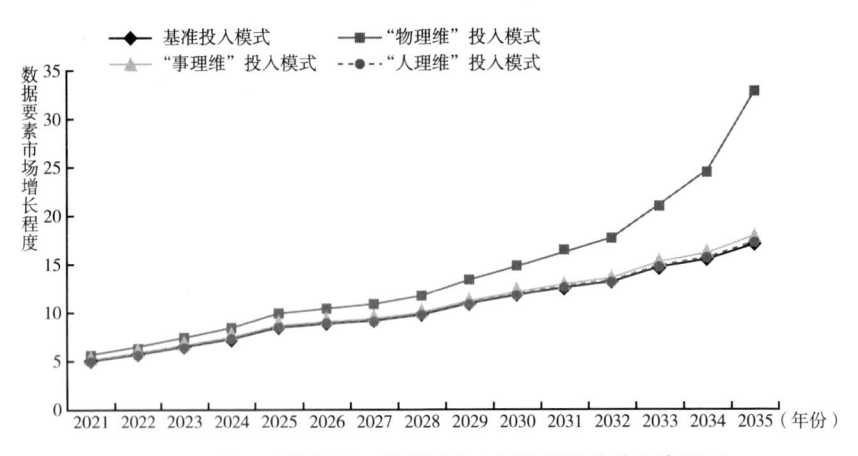

图7-7 单一政策情景下数据要素市场增长程度的仿真结果

到2035年，在"物理维""事理维""人理维"投入模式和基准投入模式下，中国GDP将分别达到189.15万亿元、166.17万亿元、164.83万亿元和164万亿元，最高的"物理维"投入模式与最低的基准投入模式相差25.15万亿元。

与基期相比，到2035年，在"物理维""事理维""人理维"投入模式和基准投入模式下，全国数据要素市场发展水平将分别增长33倍、17.9倍、17.3倍和17倍，增长最大的"物理维"投入模式与最低的基准投入模式相差16倍。

（2）在组合政策情景下的仿真结果

在组合政策情景下，各投入模式对GDP增长影响的仿真结果如图7-8所示。根据仿真数据，可以得到三点结论。

第一，GDP将随数据要素市场发展水平的提升而不断增长，无论哪一种组合投入，都呈现同一趋势。

第二，GDP增长对于组合政策下各投入模式的灵敏度排序是："物理维+事理维"投入模式>"物理维+人理维"投入模式>综合投入模式>"事理维+人理维"投入模式>基准投入模式。

第三，2028年之前，各投入模式下GDP增长的政策效应完全没有差别；2028~2032年，政策效应开始出现差别，但差别仍然比较小；2033年之后，政策效应出现了比较明显的变化，但也不如单一政策情景的政策效应差别大。

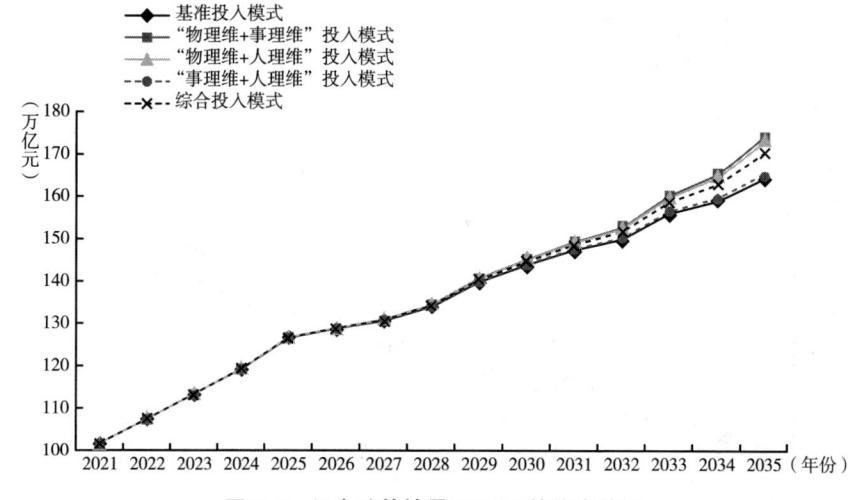

图7-8 组合政策情景下GDP的仿真结果

组合政策情景下数据要素市场发展水平的仿真结果如图7-9所示。根据仿真结果，可以得出三点结论。

第一，数据要素市场发展水平将随着GDP增长不断提升，无论哪种政策情景，都呈现同一趋势。

第二，数据要素市场发展水平对于组合投入模式下各情景的政策灵敏度排序是："物理维+事理维"投入模式>"物理维+人理维"投入模式>基准投入模式>"事理维+人理维"投入模式>综合投入模式。

第三，从2021年开始，各种组合投入模式的政策效应就显现出差别，到2026年后政策效应差别开始拉大。

到2035年，在"物理维+事理维"投入模式、"物理维+人理维"投入模式、综合投入模式、"事理维+人理维"投入模式和基准投入模式下，我国GDP可以分别达到174万亿元、173万亿元、170万亿元、165万亿元、160万亿元，前三种组合模式政策效应差别很小，最大值与最小值相差14万亿元。

与基期相比，到2035年，在"物理维+事理维"投入模式、"物理维+人理维"投入模式、基准投入模式、"事理维+人理维"投入模式、综合投入模式下，我国数据要素市场发展水平分别增长22.8倍、22.2倍、20.5倍、17.6倍、17倍，前三种组合投入模式政策效应差别很小，最大值与最小值相差5.8倍。

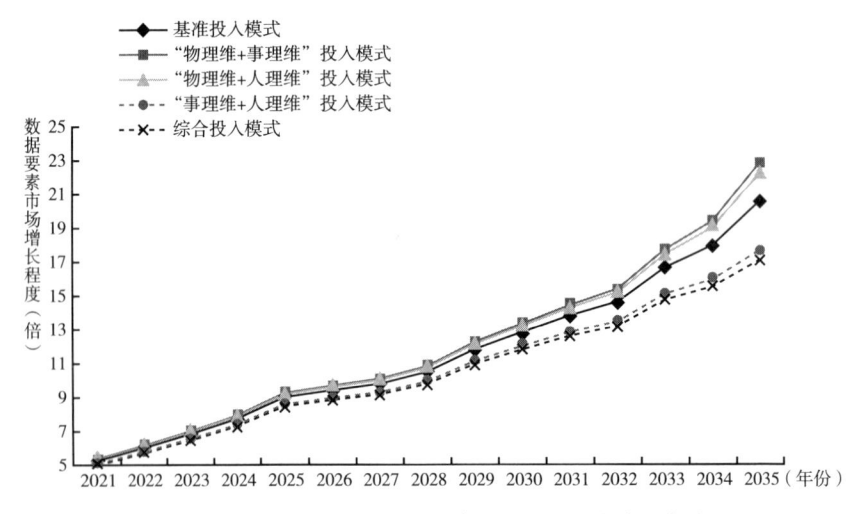

图7-9 组合政策情景下数据要素市场增长程度的仿真结果

7.4.4 进一步分析

基于WSR系统方法论与内生增长理论，运用系统动力学模型分析数据要素市场发展的动力机制及其与经济增长的互动关系，为有效识别与探索我国数据要素市场发展的政策方案与实现路径奠定了理论与方法基础。根据政策仿真模拟，在单一政策情景下，加大对"物理维"要素的投入将会带来最大的政策效应；在组合政策情景下，加大对"物理维+事理维"要素的投入将带来最大的政策效应。

第一，从政策情景看，物理维投入模式对当前数据要素市场发展具有最大政策效应，其他包含物理维变量的投入模式也显示出更大的政策效应，需要高度重视数据要素市场建设的物质技术投入。主要原因在于，一方面，从经济发展规律来看，数据要素市场处于起步期、探索期，物质技术方面的投入具有先导性、带动性和基础性；另一方面，根据扎根理论生成的理论模型和主成分分析、验证性因子分析提出的实证模型，物质技术因素对数据要素市场的发展具有关键影响，在一定程度上决定了政策制度因素的可执行程度，这是由数据要素市场的固有特点决定的。

第二，从政策差别看，体现为"两个大于"。即无论是对于GDP增长还是数据要素市场发展水平，单一政策模式的政策效应总体上要大于组合政策模式。到2035年，单一政策情景下政策效应最大的物理维投入模式下的GDP将达到189.15万亿元，比组合政策情景下政策效应最大的"物理维+事理维"投入模式下的174.3万亿元要多近15万亿元；单一政策情景下政策效应最大的物理维投入模式下的数据要素市场增长程度将达到33倍，比组合政策情景下政策效应最大的"物理维+事理维"投入模式下的22.8倍要多10倍多。无论哪种投入模式，对于数据要素市场发展水平的政策效应差别要大于对GDP增长的政策效应差别。

第三，从政策时滞看，无论哪一种政策情景、哪一种投入模式，在作用于GDP增长和数据要素市场发展水平时，政策效应从开始投入到出现明显差别在时间上相差7~9年。投入政策作用于数据要素市场发展水平比作用于GDP增长反应要灵敏，对于数据要素市场发展水平的政策效应差别从一开始就会显现，而对于GDP增长的政策效应差别要在2027年甚至2029年才会出现。这也说明，作为一项新型基础设施，对于数据要素市场的投入是一个长期的过程，不能急功近利，需要算大账、算长远账，所有政策的支持都将有一个比较长时间的时滞效应。

7.5　本章小结

本章从系统科学的角度，运用WSR方法论，从物理、事理、人理3个维度，厘清了数据要素市场发展的动力机制，较为全面而深入地剖析了数据要素市场的运行规律，为数据要素市场的机制设计与制度建设提供了理论基础。结合WSR系统方法论与内生增长理论，在一个简洁的理论框架下，梳理了数据要素与传统生产要素的关系，厘清了数据要素市场发展对经济增长的作用路径，据此构建了数据要素市场发展与经济增长的系统动力学模型，并通过政策模拟有效识别出相对有效的政策投入方案，为现阶段我国数据要素市场建设提供了具有参考性的政策建议。

第8章
数据要素市场机制设计

本章研究数据要素市场运行机制。根据 Roth 等人提出的市场设计理论，基于前述对于数据要素市场的性质、供求关系、影响因素、动机机制的理论和实证研究结论，针对制约数据要素市场发展的核心问题、主要因素和关键环节，对于政府和市场在数据要素市场中的作用进行了分析。在此基础上，提出数据要素市场机制设计思路和政府职能作用的重点，以及促进数据要素市场繁荣发展的建设性建议。

8.1 市场设计理论

8.1.1 市场设计理论概述

市场是一个非常精巧的社会创造物，是资源配置的基本方式和主要手段。经济学运用价格机制，致力于解决资源优化配置问题。然而，市场千差万别，并不是有完整的市场构成要素，就一定会出现一个繁荣的市场。市场失灵问题普遍存在，也就是说，市场并不是万能的，在市场经济的实践中，价格机制在解决很多现实问题时发挥不出应有的作用，特别是在价格机制无法对资源配置发挥相应作用的前提下，如何有效稳定地对社会资源进行配置，必须同时依靠市场"看不见的手"和政府"看得见的手"，使市场机制的作用得到有效发挥,这便是"市场设计"(Market Design)理论提出和所要研究解决的问题。

对于如何发挥政府对于市场失灵的有为作用,学者们在20世纪60年代开始便发现了这一问题并进行了开创性的研究(Vickrey,1961;Grether et al.,1981;Kagel & Levin,1990),提出了相应的理论和主张。之后,学界从博弈论、委托代理、交易匹配、拍卖机制等视角,对市场和市场机制进行设计,目的还是通过有为政府"看得见的手"让市场"看不见的手"有效发挥作用(Mc Millan,2003;Shleifer,2009)。

在市场设计理论的拓展上,Roth和Shapley作出了卓越贡献,开创了经济学一个新的分支:市场设计理论。2012年10月,Roth和Shapley因为稳定分配理论,获得了当年的诺贝尔经济学奖。经济学奖评审委员会认定:获奖者的研究成果涉及经济领域一个中心问题,即如何实现供需匹配,继而把抽象理论延伸至市场机构的实际设计中。市场失灵是指无法依靠价格机制解决资源配置问题。Roth认为,市场设计是为了弥补市场失灵,寻求市场失灵情况下的解决方案。Roth(2002;2007;2008)运用Shapley的理论和计算方法,加入对道德约束和其他特定条件,通过系统性实验成功支持了他的结论:现实经济中"看不见的手",很可能难以实现资源的最佳配置,因此,经济学家有责任介入市场,真正认识市场的不足,然后运用科学的方法和理论,改进市场的运行机制,从而提高市场运行的效率。

Roth认为,市场设计理论的价值在于,由于受到主流经济思想的影响,经济学家们习惯于关注商品市场,而对配对市场研究不够。在商品市场中,价格是资源配置的唯一因素,市场会根据价格高低、供求关系来选择和配置商品,供求平衡所形成的均衡价格,引导买卖双方完成交易。但配对市场不同于商品市场,这一市场有交换需求和基础,但并不是商品市场那样公开买卖的市场,比如学校招生、公费教育、招聘工作等,这时,价格将不是唯一的决定因素,甚至买卖交易是被禁止的。这时,稀缺资源必须要通过一些配对的机制进行配置,这便是市场设计理论的现实需求。Roth自己组织和参与的市场设计实例,如美国NRMP(全国住院医师配对项目)配对算法的重新设计、非同步肾脏交换链设计在新英格兰肾脏交换计划（NEPKE）中的应用、纽约公立学校录取配对系统与波士顿公立学校录取配对系统的设计等，展示了市场设计在这些特殊配对市场中的作用和运行机理。

8.1.2 市场设计的三个目标

实际上，市场设计作为一个理论或思想，并不仅限于配对市场，从本质上讲，就是弥补"看不见的手"市场失灵的干预行为，需要发挥"看得见的手"的作用，而这一责任，主要是由政府作为。在现实中，农贸市场、人才市场、WIFI共享网络等，都存在市场配对问题，也需要并可以通过市场设计来实现高效运转。

市场设计是指在不受价格信号主导的市场中，通过设计特定的规则（算法），重构市场的激励结构，提高市场运行效率，从而得到稳定匹配结果的一种方法（Arrow et al.，2008；Kittsteiner & Ockenfels，2006）。根据市场设计理论，市场能否有效运转取决于市场运行的微观条件能否保证，市场运行的微观条件包括信息揭示模式、产权和竞争的保护程度、信任或者信用以及市场风险的考虑等（Mc Millan，2003）。这里的微观条件是指市场构成要素运行的机制，这些微观机制构成市场制度，市场微观机制不同，市场最终的运行效果也不同，最终都将影响资源配置的效率。市场设计的目的，就是综合运用机制设计理论、实验经济学、计算机技术等多学科知识原理，根据具体市场的特点对市场微观机制进行设计和再设计，最终形成一个具有市场厚度（Market Thickness）、能有效避免市场拥塞（Congestion）、市场行为具有安全性和简易性（Safety & Simplicity）（Roth，2008）的市场（见图8-1）。

（1）市场厚度

所谓市场厚度，是指市场能够吸引来参与市场交易的潜在市场交易者的数量（Roth，2008），要求有足够多的卖家和足够多的买家，形成足够多的潜在交易机会，这是市场有效运行的前提。

(2) 市场拥塞

市场拥塞是指如果市场厚度过大，卖家或买家过多，导致市场交易无法在短时间完成，市场一方可能会因此存在非最优化决策的风险（Roth，2007），这也就偏离了经济人假设，导致市场失灵问题。

(3) 市场行为的安全性与简易性

有效运行的市场依赖于市场参与者个人信息的真实表露，并按照他们真实偏好选择市场行为，即市场机制不存在"策略性行为"。如果市场参与者预期市场机制不稳定，"说真话"并非其占优策略，那么参与者就可能会为了规避个人风险，选择有损社会福利的高成本且具风险性的策略性行为，比如采取措施阻止他们的交易使对方不能接到其他竞争者的要约等，或者选择在市场之外进行交易，从而导致市场配置机制往往不能正常运行（Roth，2007）。市场行为的安全性与简易性，除了与市场机制相关，还与市场厚度、市场拥堵相关，也与要素产品自身的经济性质、物品形态密不可分。另外，非市场因素都会影响市场行为的安全性和简易性。

图8-1 市场有效运行的三个问题

Roth（2008）还指出，一般而言，假若一个市场能够提供市场厚度、解决市场拥塞问题，并且保证无策略行为的参与人也能够安全揭示个人信息，那么市场结果即使不足够有效率，也能实现一个均衡。

8.1.3 要素市场运行机制比较

根据市场设计理论，对照市场厚度、市场拥塞、市场行为的安全性与简易性要求，可以对劳动、土地、资本、技术、数据等典型的生产要素市场进行简要对比分析（见表8-1）。

（1）关于市场厚度

劳动力市场、土地市场基本满足市场厚度要求，都有较为充足的供给和有效需求。资本市场的市场厚度最为充分，几乎满足了完全竞争市场对于市场主体数量的要求。技术市场存在一定的市场厚度不够问题，因为很多技术并不会因为卖而生产，总体是供给不足，供求之间存在结构性失衡。

（2）关于市场拥塞

已有对于市场拥塞的研究中，属于要素市场的案例居多，这说明要素市场比商品市场在总体上更容易发生市场拥塞。劳动力市场的拥塞，往往导致结构性失业问题，为此，各国政府都把"充分就业"作为宏观调控主要目标之一。在中国，土地市场的拥塞表现为城市化过程中，市场对于城市土地的旺盛需求，"城郊拆迁致富"现象便是例证；也表现为农村土地供给过多，农用地抛荒问题就是这一现象的反映。资本市场是市场交易主体最多的市场，但是经过对于产品形态和交易制度的科学设计，有效避免了市场拥塞问题。技术作为智力和知识成果，相对而言，市场拥塞问题并不突出。当然，现实中专利并不都转化为生产力，也是一种市场拥塞的表现。

（3）关于市场行为的安全性与简易性

市场行为的安全性与简易性问题广泛存在于要素市场。市场失灵会导致每一个要素市场的策略性行为，市场固有缺陷会引起市场机制不能有效发挥作用。此外，在劳动力市场，政府干预明显，非市场性因素广泛存在，比如，劳动者可能会因为肤色、长相、性别、宗教、信仰、年龄而受到就业歧视。在资本主义社会，工会的强大力量、利益集团、宗教习俗都会对劳动力的市场配置产生影响；在社会主义国家，社会主义核心价值观，国家法律、制度对于劳动者权益的保护，也会影响市场机制的作用，从而引起策略性行为。在土地市场，社会制度和所有制性质是重要的影响因素，可能导致市场在城乡土地市场中发挥的作用不同，以及造成城乡土地市场的分割。资本市场也有策略性行为，这主要是市场信息、市场机制固有矛盾的体现。在技术市场，主要是技术产品形态特点、经济性质影响了市场机制作用的发挥，特别是技术要素价值测度不同程度存在困难，要素市场信息的完整性、可得性无法保证，给技术市场利用市场机制带来影响。

表8-1 要素市场运行比较

市场类型	市场厚度满足程度	市场拥塞存在程度	市场行为的安全性与简易性引发因素	市场机制完善程度
劳动力市场	高	高	信息不对称、国家制度性质、工会力量制衡、就业制度、就业歧视等	中
土地市场	中	低	国家所有权制度、土地使用制度等	中
资本市场	高	低	策略性行为、道德风险、逆向选择等	高
技术市场	中	低	信息不对称、价值评估难、专利保护制度等	中
数据要素市场	低	高	信息不对称、物质形态和经济技术特征的多重性、数据安全、个人隐私保护等	低

数据要素是一种新型生产要素，由于其特殊的物质形态和经济技术特点，数据要素市场必然更难完全满足具有市场厚度、避免市场拥塞、市场行为具有安全性与简易性的目标。一方面，数据要素市场几乎包括了市场设计理论所揭示的影响市场机制的所有因素，比其他要素市场更为复杂，市场机制受到限制的因素更多；另一方面，因数据具有无形性、不消耗、可复制、低成本、难测度等特点，数据要素市场存在比其他要素市场更难以解决的理论和实践难题（Zhang, 2019; Kamleitner, 2018; Attard, 2017）。这样，对于数据要素市场而言：第一，在市场厚度问题上，主要表现为市场有效供给不足，场内不能形成足够多的数据要素出售者，需求大于供给的状况将长期存在；第二，在市场拥塞上，主要体现为对数据质量

和价值识别的困难,海量的数据集聚,加之难以标准化的特点,在短时间内很难甚至无法识别数据要素的真假、质量高低,也就很难形成一个科学合理的市场价格;第三,在市场行为的安全性与简易性方面,数据要素市场属于策略性市场行为的易发市场,特别是在买方信息占优的情况下,卖方将面临数据安全和经济收益上的诸多风险。

8.2 基于政府作用的市场类型

8.2.1 市场形成的必要条件

市场是促进要素资源优化配置的有效手段。一个市场的形成,至少要有这样几个支撑条件(见图8-2)。

(1)愿意提供商品的市场主体(supply subject)

任何一项市场交易的进行,都需要有有效的市场供给,持有人愿意出售商品以换取经济收益,增加自己的经济福利。

(2)可供交易的商品(wares)

除了马克思定义的商品属性外,这里的可供交易的商品,还要能在现代意义的市场上进行便捷交易,特别是要实现批量化、规模化、标准化生产等。

(3)有效的需求主体(demand subject)

这一条件一方面,是指商品存在现实的市场需求;另一方面,需要满足有需求意愿的买家能够支付相应的商品价格。

(4)交易的有效性(validity)

交易的有效性就是这一交易要给买卖双方带来尽可能多的正向收益,社会也要因此而有正的外部性。任何一项市场交易一定要给买卖双方和社会带来利益,买方和卖方都要获益,而且社会也不能因此受损,符合帕累托改进,也即对买卖双方、社会都有正向价值。比如,毒品交易可能满足了其他条件,但损害了社会利益,所以这个市场是不允许存在的。

（5）完全而对称的信息（information symmetry）

市场机制有效发挥作用的基础，就是信息的完全性和对称性，包括交易平台和中介机构的作用和价值，都是为了降低交易成本、解决市场的效率问题。

（6）买卖双方都认同的价格形成机制（pricing mechanism）

任何一种交易形式，如果交易成本高昂，超出交易带来的正向利益，这个交易不划算因而也就没有必要进行。平等是市场存在的基础。有效的价格形成机制，就是市场机制能发挥决定性作用，这决定了买卖双方在市场中的平等地位，这样才能保护买卖双方的利益。

以上6个条件，前三个条件，即愿意提供商品的市场主体、可供交易的商品、有效的需求主体，若满足，这个市场就有存在的前提和需要；在此基础上，如果能满足交易的有效性、完全而对称的信息、买卖双方都认同的价格形成机制，那么，这一市场就能现实地形成和繁荣发展。

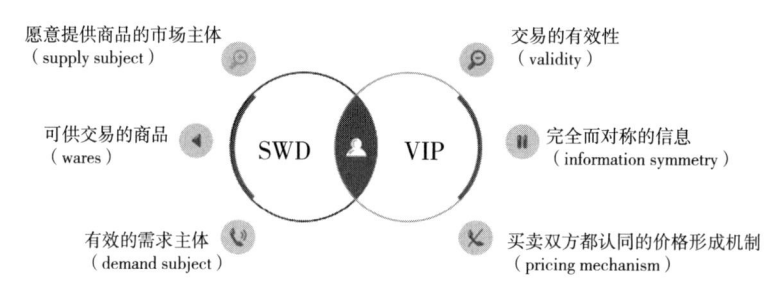

图 8-2 市场形成的6个条件

8.2.2 三种类型的市场

根据前述6个条件来分析要素市场，围绕市场机制是否发挥作用或者发挥什么样的作用，可以将现实中的市场分为三种类型（见表8-2）。

表8-2 三类市场

三类市场	供给主体	交易商品	需求主体	交易的有效性	信息对称	价格机制
"看得见的手"守护的市场	明确	容易识别价值	明确	有价值	对称	有效
"看得见的手"弥补的市场	明确	不易识别价值	明确	有价值	不对称	部分有效
"看得见的手"培育的市场	不明确	不易识别价值	明确	不确定	完全不对称	部分失效

(1) "看得见的手"守护的市场

此类市场就是6个条件都满足，通过市场机制就能完成市场的交易活动。比如，简单的劳动力市场，一些土地市场、民间借贷市场等，都满足市场形成和发展的6个条件。这类市场，买卖双方具有对称的信息、平等的地位，因此，通过市场机制，商品和要素的流通交易就能完成。这类市场广泛存在于商品市场，也还存在于简单的要素市场。

(2) "看得见的手"弥补的市场

此类市场就是具备市场有明确的需求、明确的供给、有效的交易三个条件，而其余三个条件中部分条件不能通过市场机制实现。这类市场普遍存在于现实中。特别是由于信息不对称，"逆向选择""道德风险"普遍存在，就需要政府这只"看得见的手"通过法律和制度来弥补。管理、技术、知识等生产要素市场，或多或少都存在这些问题。"柠檬市场"解释的就是这一类市场现象。

(3) "看得见的手"培育的市场

此类市场就是形成和发展市场的所有6个条件中，除了市场需求主体之外，其余5个条件都不满足或者不完全满足的市场。根据"需求创造供给"的理论，这个市场有着现实的存在基础，但是，形成和发展市场的多数条件都不能满足现有市场机制要求，导致这一市场无法形成，这就需要有为政府，通过市场设计理论进行市场的培育，数据要素市场就是典型的需要培育的市场。

8.2.3 数据要素市场的类型

根据形成有效市场的6个必要条件，数据要素市场之所以是一个需要政府培育的市场，具体原因在于如下几点。

（1）供给主体具有不明确性

由于数据生产的伴生性、附属性，数据要素并没有明确的生产主体，或者生产主体不是有意识、按计划进行数据生产。有关数据要素的生成，区分参与方及其各自贡献也十分困难，这一特点带来的直接问题就是确权困难；同时，还会带来的另一个结果是，用于交易的数据有效供给不足。

（2）数据要素价值不易识别

价值识别是形成价格的基础。一方面，数据是社会生产活动的附属品、伴生品，一般并不需要投入额外的生产成本，生成数据的成本与其所具有的价值并没有直接联系；另一方面，数据通过参与和渗透生产过程发挥作用，究竟能为企业带来什么样的利益，能带来多大的收益，这也是很难进行定量测算的。

（3）市场需求内容的模糊性

市场主体知道数据要素的重要性，但究竟需要什么数据、需要哪些数据？就目前而言，市场主体很难提出准确的需求，这些需求也很难进入企业的年度预算和计划。在客户需求内容本身就很模糊的前提下，市场很难为客户量身定制数据产品。

（4）交易的有效性不确定

数据特殊的物质形态和经济技术特征决定了，数据很难像其他生产要素那样具有明确的性质、物质内容、产权边界等。数据要素的交易，可能面临信息安全特别是危害国家安全、泄露商业秘密、损害个人信息安全等风险，从而影响个人利益甚至是社会整体利益，进而给数据要素交易带来法律风险和社会风险。

（5）信息高度不对称性

到目前为止，所有的商品市场和要素市场中，数据要素市场的信息不对称问题最为严重。"阿罗信息悖论"的存在带来了几乎不可逾越的数据要素交易难题。

（6）缺乏有效的价格形成机制

由于价格机制、供求机制并不完全适应数据交易，因此，完全依靠市场机制，或者复制其他生产要素的交易模式不能有效解决数据要素的定价问题。数据要素交易的现状告诉我们，现有数据要素市场仍然没有形成一套科学的、可靠的、买卖双方都接受的定价机制。

根据上述对于市场形成和发展的6个必要条件的对比分析，数据要素市场不能依靠市场这只"看不见的手"自发形成。在这一市场上，除了有市场的需求之外，其他5个条件都不满足或不完全满足，已有交易模式解决不了数据要素交易难题。

8.3 数据要素价值链

8.3.1 生产要素价值链

价值链概念由迈克尔·波特提出。他认为，企业的价值创造是通过一系列活动构成的，包括基本活动和辅助活动，这些生产经营活动，构成了一个创造价值的动态过程，即价值链。运用波特的理论，理论界研究了不同的价值链，其中，也包括生产要素价值链，指生产要素沿着生产过程流动并不断创造价值的各环节所构成的链条。无论什么生产要素，在价值创造过程中，都要经历两个阶段。

第一阶段是要素产品生产、形成自身价值的过程，因为这个过程，得以形成要素的交易价值。

第二阶段是要素参与生产、创造商品价值的过程，因为这个过程，得以实现要素的生产价值。

所有要素最终都要通过参与生产经营过程，生产出市场最终需要的产品，实现价值的增值。要素价值链的第一阶段与第二阶段是辩证统一的，第一阶段创造交易价值，第二阶段创造生产价值；第一阶段的价值决定第二阶段的贡献大小，第二阶段的贡献影响第一阶段对要素形成的投入。

8.3.2 数据要素价值链

数据作为生产要素，当然也存在价值链。研究数据要素价值链，更加直观地体现数据要素价值的形成过程，有利于更好地理解数据要素交易存在的问题所在。目前，关于数据要素价值链的研究，因为视角不同，也就有不同的理解。在生产要素两阶段价值链中，第一阶段是成本投入形成数据的过程，第二阶段是数据参与生产创造价值的过程。已有文献对于数据价值链的研究，归纳起来，无外乎就是选取"链条的哪一段"的问题，选取"第一阶段"，就是认为数据要素价值链是数据从产生到成为数据产品的过程；选取"第二阶段"，就是认为数据要素价值链是数据作用于生产并在这一过程中创造价值的过程；选取"第一阶段+第二阶段"就是认为数据要素价值链是包括数据产品的成本投入和参与生产价值创造的整个过程。

数据价值链应该是包括第一阶段和第二阶段同时考虑成本投入和生产价值的完整过程。

在数据价值链的第一阶段，数据要素成本投入的形成有5个步骤，之后，数据要素通过交易进入生产环节（见图8-3）。

第一步：通过一定的交易方式采集数据要素，也就初步核定了数据的价值。

第二步：采集的数据要素实现聚合，形成大数据，这个过程也伴随了数据的增值。数据规模与质量、价值正相关，数据规模越大，聚合起来的价值就越大。

第三步：对数据进行加工处理，创造新的数据价值。

第四步：基于数据价值进行定价，形成数据要素的交易价值。

第五步：通过数据交易平台，实现数据的交易价值。

之后，数据要素参与社会生产，配置到生产中去独立或协同发挥作用，创造生产价值。

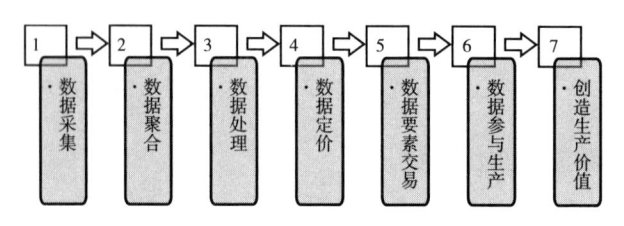

1	2	3	4	5	6	7
·数据采集	·数据聚合	·数据处理	·数据定价	·数据要素交易	·数据参与生产	·创造生产价值

图8-3 数据要素价格形成示意

根据上述数据价值链，可以分析现有数据要素交易模式的问题所在。

第一，由于数据权属和数据安全问题没有解决，数据拥有者要么不愿意交出数据，要么没有权利交出数据，数据交易在价值链的第一个环节就遇到了"无数可采"的问题。

第二，对于拥有数据的市场主体，如果数据权属不清，数据的聚合、数据的加工处理也就没有合法性，数据交易在价值链的第二、三个环节出现问题。

第三，数据具有"七性"的特殊经济形态，数据要素呈现"五性"经济技术特点，其价值测度非常困难。有关缺乏价值基础的数据，市场定价将难以形成。

第四，由于数据涉及确权、测度、定价等一系列问题，除了技术问题，数据的交易必然面临诸多法律风险、市场风险和社会风险。

因为上述问题，数据价值链将面临随时"断裂"的风险，因而数据要素的交易就不能顺利进行，这就是"有数无市""有市无数"的市场现实。

8.3.3 数据的价值创造

对于数据第一阶段的成本投入，学界和业界都达成大致的共识。现在还没有完全界定清楚的是数据第二阶段的价值创造。

不少文献都明确提出了数据的价值贡献。Miller 和 Tucker（2018）和 Curry（2016）关于"数据价值链"的论述，都强调数据要素的价值创造。Corrado（2019）认为，原始数据开始只具有最低的价值，通过聚合、分析、应用，数据的价值持续增加。王胜利和薛从康（2022）提出，数据要素参与分配是因为其在生产中作出了贡献，该贡献在使用价值的质上表现为提高劳动生产率，量上表现为单位时间内数据生产要素边际劳动生产率的提高；在价值方面表现为实现更多价值，即单位时间内按照社会价值衡量的价值增加量。欧阳日辉和龚伟（2022）研究了基于价值和市场评价贡献的数据要素定价，包括数据要素价值的形成机制、发现机制和竞价机制。高富平和冉高苒（2022）指出，"数据产品交易区别于传统物品交易，是可以不断转手的资产交易，数据流通交易的本质是让他人使用数据"。

中国信息通信研究院（2023）在年度白皮书中提出，数据投入生产具有三次价值释放过程：第一次是支撑业务系统运转，推动业务数字化转型与贯通；第二次是推动数智决策，运用数据分析使战略决策更智慧，支撑业务智能化决策；第三次是流通对外赋能，通过数据的流通，打破数据壁垒，推动数据更加普惠地释放价值。已有研究实际上都包含数据参与生产、创造价值的基本原理，如果只体现数据自身的成本投入，这既不符合要素定价原理，也得不到市场的广泛接受。更为重要的是，如果只承认数据的交易价值，数据价格必然被严重低估，数据的供给将进一步减少，从而加剧业已存在的供给不足问题。

8.4 做市商市场模式

8.4.1 数据做市商

到目前为止，关于交易模式的理论概括，已经有了单边市场（one-sided market）和双边市场（two-sided market）的概念。从本质上讲，不管是单边市场还是双边市场，都是为交易提供的一个场所，都要有形成和发展市场的6个必要条件，只是随着交易要素的复杂化、专业化，为了更好地进行交易，市场上出现了新的制度、运用了新的手段和技术。农贸市场也有交易双方，摊位也是一个简易的平台，供给方、需求方也都各是一个群体，一方群体的增加也必然影响另一方群体的数量。然而，由于数据特殊的物质形态和经济技术特点，无论从理论上还是实践上，单边市场、双边市场模式都不完全适合数据要素交易。

通过对数据要素的经济分析和数据要素价值链的研究，可以发现数据要素交易流通的症结所在，从而解释已有交易模式解决不了数据要素交易难题。解决数据要素的流通交易问题，必须立足于数据要素的性质，围绕形成完整的数据要素价值链，总结已有交易模式的特点，在此基础上，跳出单边市场、双边市场模式，进行新的制度机制设计，可以借鉴证券市场做市商的做法，引入数据做市商制度。

做市商是一种特许交易商。在数据交易过程中，可以将交易平台打造成做市商，买方与卖方不直接进行交易，而是通过平台这一做市商完成交易。做市商的作用包括如下几个。

一是保持交易的连续性。在竞价交易机制下，买卖双方很可能在某一时段找不到交易对手，从而形不成匹配的供求关系。做市商此时既可以充当买方，也可以充当卖方，为市场交易各方迅速找到交易对手，从而保证市场交易的连续性。

二是维护价格的稳定性。在买卖不均衡的情况下，做市商通过处理大额交易指令，平抑市场价格波动。在股票市场上，做市商的存在使投机者不敢轻举妄动，避免操纵市场价格。

三是提升市场的流动性。当市场交易不足时，做市商可以通过不断地降低报价或其他方式吸引市场主体参与交易，这样，就可以让急于交易的买方或卖方实现数据资产的货币兑现。

目前，数据交易机构多采用撮合交易的模式，这实际上是模仿和借鉴其他生产要素的交易模式，实践证明，并没有解决数据交易问题。不管是单边市场、双边市场还是多边市场，都是为交易提供的一个场所、中介平台或者反映一种交易关系，都要有市场形成和发展的6个必要条件。在做市商市场交易模式下，通过一系列制度设计，以交易平台为主体，打通要素价值链，解决在产权不清晰、信息不对称、价格机制很难发挥作用的市场中的生产要素交易问题（见图8-4）。

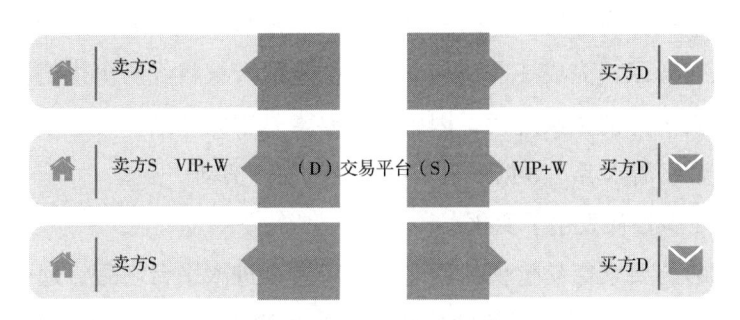

图8-4 做市商市场交易模式

8.4.2　三种市场交易模式的比较

单边市场、双边市场、做市商市场交易模式的主要特点如表8-3所示。

表8-3　生产要素三种市场交易模式及主要特点

交易模式	交易平台及功能	要素产权转移模式	要素价值	资源配置机制	已有市场
单边市场	无（或简明场所）	从所有者转移到需求者	没有变化	市场机制	劳动力市场，民间借贷市场等
双边市场	有，提供中介服务，创造服务价值	从所有者转移到需求者	没有变化	市场机制+中介服务	土地交易所，证券交易所，猎头公司，产权交易所等
做市商市场	有，参与要素价值创造	从所有者转移到平台，再转移到最终需求者	价值增加	市场机制+中介服务+有为政府	银行，证券市场

（1）平台功能发生了变化

在做市商机制下，数据交易平台不再是一个单纯的中介机构，而可以承担数据加工、处理的职能，以适应生产要素不断专业化、复杂化对市场交易模式提出的新要求。因为单边市场、双边市场已经不能适应数据要素的交易需要，从而需要交易平台积极作为，以解决传统市场机制无法配置数据要素资源的问题。

（2）平台角色发生了变化

交易平台作为市场主体的一方，实质性参与交易，成为生产要素的过渡产权人。所以，完成一次交易，生产要素的产权将经历由供给方到交易平台再到需求方的依次过渡。因为生产要素是中间产品，交易平台不是数据要素的最终需求者，数据要素最终要进入生产活动。

（3）平台性质发生了变化

平台参与要素交易价值的创造。生产要素进入平台之后，通过数据加工处理，也就创造形成了新的价值。这与单边市场、双边市场都不一样。无论是单边市场还是双边市场，都不创造任何新的价值。交易平台是否创造和形成新的价值，是区别单边市场、双边市场与做市商市场的重要标志。比如，商品的批发商、零售商，他们也是先买进商品，之后以一定价差卖出商品，但这不是做市商市场，因为在这一过程中，中间商不创造任何新的价值。

（4）平台机制发生了变化

在单边市场中，信息完全、对称，只要有市场机制就能实现要素资源的优化配置。双边市场则由于生产要素的专业性增强，需要专业的服务以降低交易成本，这一任务由中介机构承担，于是，要素资源配置发展到需要市场机制和中介服务共同完成。在做市商市场中，双边市场机制已经无法完成交易任务，需要政府作为公共利益的代表积极介入，要素资源配置机制深化为由市场机制、中介机构和政府作用共同完成。

实际上，银行在一定程度上也具有做市商市场的性质。银行自身并不是资金的最终需求方，它以吸收存款的方式把资金"买"进来，之后，再按照高于存款利率的价格"卖"出去，真正的供方是存款人，需方则是贷款人，但在这一过程中，银行实际上拥有了资本要素的使用权和处置权，也就是拥有了部分产权。对于银行来讲，这一交易模式解决的是资金的时间配置、规模配置、结构配置问题，也就提高了交易的有效性，实现了一定的价值创造。

8.5 本章小结

本章集中讨论市场机制问题。基于市场设计理论，与其他生产要素市场相比，数据要素市场在稠密度、顺畅度、安全性和简易性上都有缺陷。基于政府作用程度不同的三类市场，数据要素市场属于政府培育的市场，缺少有为政府的作用，数据要素市场很难自发形成。根据数据价值链原理，数据要素市场"有市无数""有数无市"的现状主要在于数据价值链不畅不顺。针对数据要素市场的实际，可以引进做市商制度，将交易平台打造成数据做市商，解决数据要素市场存在的复杂问题。

第9章
更好发挥政府在市场建设中的作用

本章根据前述数据要素市场的特点，基于市场设计理论的基本结论，围绕实现有效市场和有为政府的有机结合，从政策制度、市场供给、价格机制、入场交易、市场模式、市场建设等方面进行政策分析，并据此提出相应的政策建议，目的是既要避免"市场失灵"又要防止"政府失灵"，通过科学的制度设计，培育形成一个有效率的数据要素市场。

9.1 政策制度

9.1.1 已有政策体系

在数据要素市场构建中更好发挥政府作用，首先是加强顶层制度设计。到目前为止，中国数据要素市场已经基本形成了"5+6+N"的顶层制度框架体系，分3个层次由5个文件、6部法律以及多个规划、若干标准规范构成（见图9-1）。

第9章　更好发挥政府在市场建设中的作用

政策
- 2019年11月，《中共中央关于坚持和完善中国特色社会主义制度　推进国家治理体系和治理能力现代化若干重大问题的决定》
- 2020年3月，《中共中央　国务院关于构建更加完善的要素市场化配置体制机制的意见》
- 2020年5月，《中共中央　国务院关于新时代加快完善社会主义市场经济体制的意见》
- 2022年3月，《中共中央　国务院关于加快建设全国统一大市场的意见》
- 2022年12月，《中共中央　国务院关于构建数据基础制度更好发挥数据要素作用的意见》

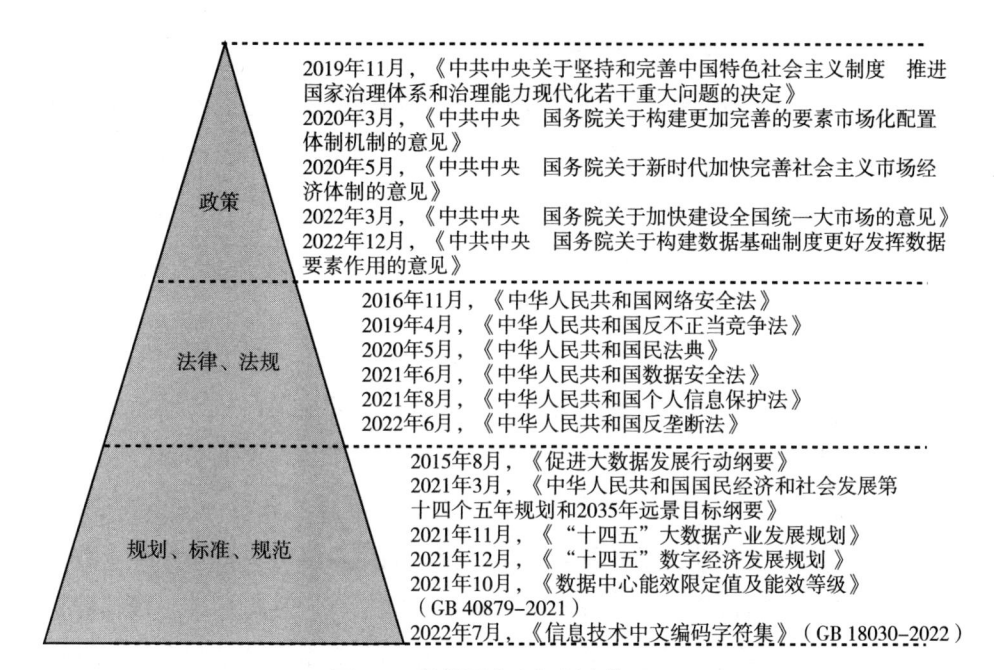

法律、法规
- 2016年11月，《中华人民共和国网络安全法》
- 2019年4月，《中华人民共和国反不正当竞争法》
- 2020年5月，《中华人民共和国民法典》
- 2021年6月，《中华人民共和国数据安全法》
- 2021年8月，《中华人民共和国个人信息保护法》
- 2022年6月，《中华人民共和国反垄断法》

规划、标准、规范
- 2015年8月，《促进大数据发展行动纲要》
- 2021年3月，《中华人民共和国国民经济和社会发展第十四个五年规划和2035年远景目标纲要》
- 2021年11月，《"十四五"大数据产业发展规划》
- 2021年12月，《"十四五"数字经济发展规划》
- 2021年10月，《数据中心能效限定值及能效等级》（GB 40879-2021）
- 2022年7月，《信息技术中文编码字符集》（GB 18030-2022）

图9-1　数据要素市场制度体系

根据已有数据要素市场制度体系，可以作出三点判断。

（1）政策层制度基本确立

中央政策层面的制度已经比较清楚，特别是《中共中央　国务院关于构建更加完善的要素市场化配置体制机制的意见》《中共中央　国务院关于加快建设全国统一大市场的意见》指明了数据要素市场构建的方向和任务，《中共中央　国务院关于构建数据基础制度更好发挥数据要素作用的意见》对数据要素市场构建涉及的主要问题作出了比较全面的规定，提出了坚持促进数据合规高效流通使用、赋能实体经济这一主线，要建立数据产权制度、流通交易制度、收益分配制度、治理制度"四项制度"，以充分实现数据要素价值、促进全体人民共享数字经济发展红利（见图9-2）。

"数据二十条"四项基本制度
——关于构建数据基础制度更好发挥数据要素作用的意见
- 数据产权制度
- 流通交易制度
- 收益分配制度
- 治理制度

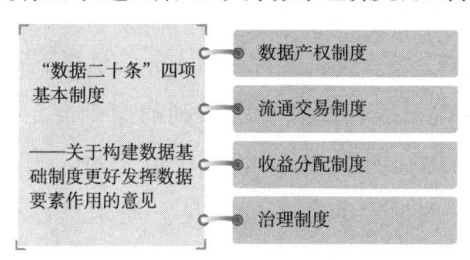

图9-2　"数据二十条"的四项基本制度

(2) 法律、法规层还比较薄弱

目前还没有专门针对数据要素及其市场构建的国家层面的综合法律制度，涉及数据要素及其市场构建的规定分散在相关法律中，而且多为原则性、提示性规定，不具体、难落地，需要尽快把中央政策文件精神转化为法律制度。

(3) 规划、标准、规范层还不健全

有的规划内容较难落地。推进标准化建设是解决数据要素入场交易的重要前提。目前，国家标准化委员会和国家有关职能部门从不同角度制定了一系列标准、规范，但远远不能满足数据要素市场发展的需要。要围绕数据采集、汇聚、交换、共享、开放、存储、计算、分析、安全、质量、平台对接等关键共性技术和管理问题，统一制定数据分类分级标准、数据目录标准、数据格式标准、数据平台标准、数据访问接口标准、数据分析模型标准等，建立数据质量管理体系，推动相关政策文件精神和法律、规定的落实。

9.1.2 数据产权制度

在数据要素市场制度体系中，产权制度是核心。已有法律制度关于数据要素产权的规定，归纳起来是三类。

①提及数据权益问题，但没有对数据要素的一般权利和特殊权利作出明确规定。比如，《网络安全法》第十二条中"国家保护公民、法人和其他组织依法使用网络的权利"，《"十四五"大数据产业发展规划》提出"按照数据性质完善产权性质"。

②涉及数据产权问题，但主要是对特殊权利的保护，而没有对一般权利的界定。比如，《个人信息保护法》第二条规定，"自然人的个人信息受法律保护，任何组织、个人不得侵害自然人的信息权益"。

③涉及数据要素一般权利和特殊权利的原则规定，但还需要在法律上、制度上进行细化和明确。比如，《中共中央 国务院关于构建数据基础制度更好发挥数据要素作用的意见》明确提出要建立数据产权制度，推进公共数据、企业数据、个人数据分类分级确权授权使用，建立

数据资源持有权、数据加工使用权、数据产品经营权等分置的产权运行机制。

9.1.3 数据产权的二重性

数据确权是数据要素市场面临的理论难点和实践难题。根据有关产权的定义，数据要素的产权最终体现为对数据要素的有效控制，也就是谁控制（who）能在何种条件下（what）以何种方式（how）使用数据要素，这也是数据要素有效配置的前提（邹传伟，2021）。关于数据的产权归属问题还未达成共识，特别是在去除个人身份属性的数据交易中，到底是数据主体（产生数据的个人）还是记录数据的企业拥有数据的所有权，数据在由政府部门收集的情况下到底属于政府还是提供者个人（孙毅，2022），围绕这些问题，学界从法学、经济学、公共管理学视角，围绕数据产权的性质、原因及特点开展了广泛的研究，但是，对于数据产权的研究，理论上没有达成基本的共识，实践中也没有形成有效的做法。

根据国际标准化组织ISO关于"数据是指搜集到的、原始的、未经处理的关于客体的事实"的定义，可以得出数据权属存在"两个主体"的理论：一是数据事实主体，也就是数据背后的"主人"，是数据赖以存在的客观物质载体；二是数据记录主体，就是市场主体通过一定的技术、设备和劳动投入进行的采集（搜集）、储存工作，并由此获取原始数据。由此也引申出数据要素的"两种权利"，一方面，数据要素与其他生产要素一样，具有所有权、占有权、使用权、支配权、经营权、索取权、继承权和不可侵犯权（吴易风，2007）等"一般权利"；另一方面，数据还具有其他生产要素不具有的隐私权、许可权、删除权、查阅权、复制权、更正权等（欧盟议会，2021）"特殊权利"。同时具有两个主体和两种权利，这就是数据产权的"二重性"。

其他的生产要素只有一个权利主体，只有"一般权利"这一种权利，因此，其权利界定就是对一般权利的划分。而数据要素则不同，要在两个主体之间分配两种权利，这也是数据要素确权的基本思路。然而，在现实中，由于"数据使用的效果无法和数据主体完全分离"（孙毅，2022），尽管一般权利和特殊权利的划分往往是困难的,从理论上讲,这有很多种可能,但是,这是数据产权界定的理论基础,所有的制度设计和实践探索,都应该在正确的理论前提下进行(见图9-3)。

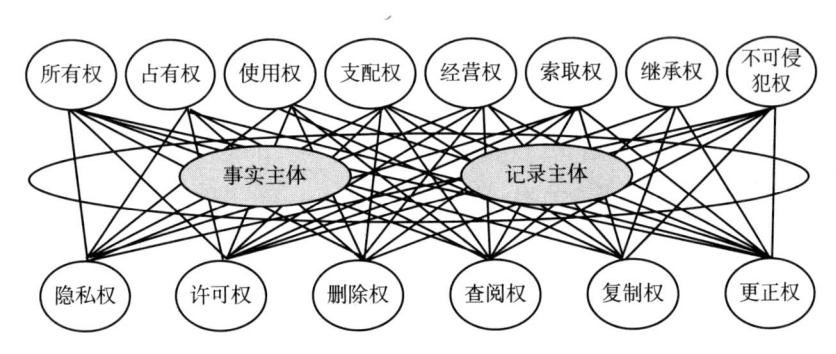

图 9-3 数据产权的"二重性"

数据产权的"二重性",在现有确权思路下,必然引出数据确权的三个死结。

一是归属界定的死结。无论把产权赋予谁,都面临着两难选择。如果把数据产权界定给数据事实主体,那么,必然打击数据记录主体主动记录、保存数据的积极性,而数据事实主体特别是个人很少具备储存、加工、处理数据的能力和意愿。最终的结果是,数据将不再有经济学意义上的价值。如果把数据产权界定给数据记录主体,这又可能忽视数据事实主体的权利,甚至带来损害数据事实主体利益的风险。

二是权利划分的死结。产权清晰的一个基本前提,就是要能比较容易地划分要素权利。如何对数据的所有权、支配权、使用权、收益权、转让权在数据事实主体和数据记录主体之间进行分配,对于数据要素就变得十分困难。数据事实主体作为原始数据的所有者,这在法理上是成立的。但是,单个数据往往并不具有价值,而数据记录主体的记录、聚合会产生数据价值"1+1>2"的效应,这一新的价值又超越数据事实主体。原始数据在脱密、脱敏和匿名处理之后,难以甚至无法追溯原始数据事实主体,个人信息、单条信息究竟在大数据中贡献了多少也很难衡量。

三是法律实践的死结。世界上主要国家和地区对于数据的立法，都照顾到了数据产权的相关方，并进行了明确的法律界定。美国、欧盟、英国、日本等国家和地区的多部法律从数据隐私权保护的角度，确认了数据产权属于数据事实主体；同时，也通过数据开放的法律规定，确认了公共数据事实上的权属问题。法律只要作出公共数据必须开放、共享的规定，那么，这些数据事实上就不只是属于数据事实主体，起码相应的使用权就面向了全社会。可见，以上两个方面的法律规定具有相互包含的地方，因为公共数据中必然包含数据事实主体的信息；而数据记录主体掌握的数据中同样也包含了大量的公共数据。在强调数据开放、共享的同时，也就事实上忽视了数据事实主体的权利；在保护数据事实主体（个人、法人、社会组织）的权利时，客观上也就忽视了大量应该开放和共享的公共数据的利用。

9.1.4　分类确定数据产权

在理论研究不断深入的同时，近年来，欧盟、美国加快了数据立法步伐，出台了一系列保护数据安全、维护数据权益的法案。但是，法律条文规定并没有解决理论上、现实中的数据要素权属问题。在实践中，美国司法中的一些数据权属案件，法院在判决中事实上有意回避了数据产权问题，没有使用数据有关法律，而是用合同法规定进行权利分配。

我国"数据二十条"将数据划分为公共数据、企业数据、个人数据"三类数据"，实行数据资源持有权、数据加工使用权、数据产品经营权"三权分置"（见图9-4），形成分类分置的确权授权行权运行机制，为激活数据要素价值创造和价值实现提供基础性制度保障。

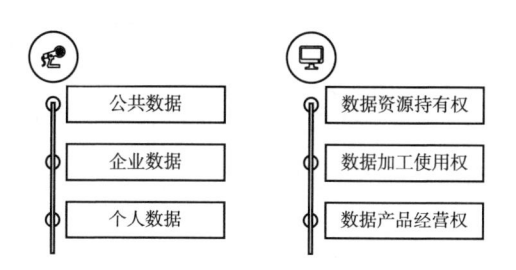

图9-4　数据分类分置产权制度

根据数据分类分置产权原则,基于数据产权"二重性"的特点,只有涉及个人数据的事实主体与记录主体可能分离,需要进行权利的划分;企业数据的事实主体和记录主体是可以统一的,不需要权利划分;公共数据具有公共产品性质,由公共管理部门和公共服务机构掌握数据产权。因此,可以分类对数据要素进行确权。

(1) 个人数据的产权界定

个人数据与个人信息是一个概念的两个方面,都是指与自然人相关或在个人活动中产生的数据和信息。根据《个人信息保护法》第四条有关个人信息(个人数据)的界定,个人数据包括自然人的姓名、出生日期、身份证件号码、生物识别信息、住址、电话号码、电子邮箱、健康信息、行踪信息等与自然人相关的所有信息,也包括个人上网留下的痕迹、个人的网上评论和文字、照片等数据资料。因此,个人数据可以划分为个人基本信息、账户及设备信息、隐私及社会关系信息、网络行为信息四类。参照国家有关部门对个人信息范围的规定,可以进一步将四类信息具体化。综合这些规定,第一类个人基本信息、第二类账户及设备信息,都属于常见类型允许企业收集的数据,企业进行合法收集,就拥有了数据的一般权利,这两类信息都可以界定给企业,但是,个人基本信息的特殊权利属于个人,而账户及设备信息的一般权利和特殊权利都属于企业;第三类隐私及社会关系信息、第四类网络行为信息,这两类信息都属于个人,尽管企业实际上掌握着这些数据,但也不意味着企业就有一般权利(见表9-1)。

表9-1 个人数据的产权界定

权利主体	一般权利	特殊权利
事实主体(个人)	隐私及社会关系信息/网络行为信息	隐私及社会关系信息/网络行为信息/个人基本信息
记录主体(企业)	账户及设备信息	个人基本信息

(2) 企业数据的产权界定

企业数据是指在企业生产经营或交易过程中产生或获取的，在不违反法律、法规的禁止性规定以及与被收集主体约定的情况下，采用电子方式进行记录的数据。从其构成和来源看（周樨平，2022），企业数据可分为用户提交的网页数据、平台生成的个人数据、机器生成的非个人数据三类信息。在企业的三类数据中，第一、二类数据与个人数据有重合的部分，根据个人信息的分类，除了属于个人隐私及社会关系信息、网络行为信息的部分外，其他属于允许收集的个人必要信息，连同第三类机器生成的非个人数据，都是可以进行交易的数据（见表9-2）。与个人数据不同，机器生成的非个人数据事实主体和记录主体是一致的，因此，无论是一般权利或者特殊权利，都属于企业。

表9-2 企业数据的产权界定

权利主体	一般权利	特殊权利
事实主体（个人/企业）	用户提交的网页数据/平台生成的个人数据（非必要信息）	用户提交的网页数据/平台生成的个人数据（非必要信息）
记录主体（企业）	平台生成的个人数据（必要信息）/机器生成的非个人数据	平台生成的个人数据（必要信息）/机器生成的非个人数据

(3) 公共数据的产权界定

公共数据一般被定义为国家机关、法律法规规章授权的具有管理公共事务职能的组织以及供水、供电、供气、公共交通等公共服务运营单位，在依法履行职责或者提供公共服务过程中收集、产生的数据。公共数据有两个来源，一是公共管理部门，这主要是指国家机关和具有管理公共事务职能的组织；二是公共服务机构，这主要是指公用事业部门，提供社会公共服务。公共数据事实主体和记录主体本来是分离的，但是由于公共数据具有公共产品性质，因此，数据事实主体和数据记录主体的一般权利和特殊权利，都归属于公共管理部门和公共服务机构（见表9-3）。

表9-3 公共数据的产权界定

权利主体	一般权利	特殊权利
事实主体	公共管理部门/公共服务机构	
记录主体		

9.2 市场供给

9.2.1 激活数据交易流通

在数据要素市场上，由于买方信息占优，以及数据要素的特殊物质形态和经济技术特征，其直接结果都是市场供给不足。因此，构建数据要素市场的主要矛盾和矛盾的主要方面在供给侧，这是本书关于数据要素及其市场构建理论分析的一个重要结论。为此，数据要素市场构建要从供给侧研究问题、解决问题，这一政策导向也已体现在国家有关规划之中。《"十四五"数字经济发展规划》就明确提出："建立健全国家公共数据资源体系""构建统一的国家公共数据开放平台和开发利用端口""加快构建算力、算法、数据、应用资源协同的全国一体化大数据中心体系"，这些政策取向，都是解决数据要素供给不足的问题。

增加数据要素市场供给，重要的是培育合格的市场供给主体，激活政府、企业、个人作为数据要素权利主体参与市场交易的意愿和动力，推动数据要素在"政—政、政—企、政—人""企—政、企—企、企—人""人—政、人—企、人—人"间实现开放、共享、交易、流通（见图9-5）。

① "政—政"，推进数据共享，打破条块分割、各自为政的公共数据共享壁垒，实现中央部门的行业数据之间、中央管理和地方管理的数据之间、中央部门与地方部门之间的数据共享。

② "政—企"，实现双向数据开放，公共数据向企业开放；企业中属于公共数据的内容通过一定方式汇聚提供给政府。

③ "政—人"，实现双向数据开放，公共数据向个人开放，个人数据中

属于公共数据的部分汇聚提供给政府。

④"企—企",通过市场交易或互换等流通方式,打破企业数据之间的壁垒,实现数据资源在企业之间的优化配置。

⑤"企—人",通过一定的市场方式,实现数据在企业和个人之间的交易流通。

⑥"人—人",通过一定的市场方式,实现个人之间数据要素的交易流通。

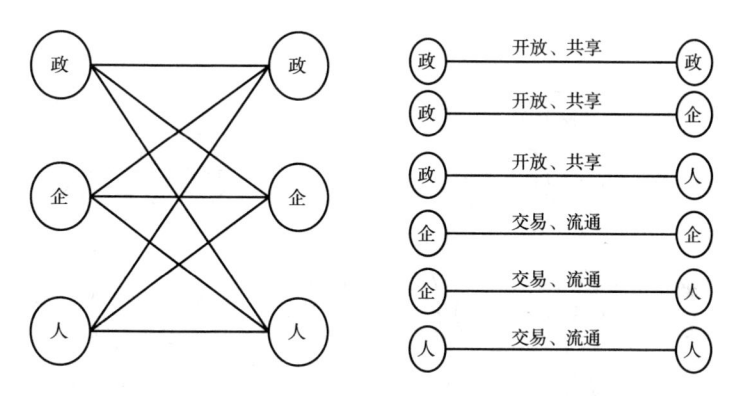

图 9-5　公共数据、企业数据、个人数据的交易和流通关系

增加数据要素资源的供给,关键在三个方面。

①加快建设公共数据资源体系。从现阶段我国数据规模结构看,公共数据的开放共享将对构建数据要素市场产生重要的带动作用。一方面,要通过政府作用,依法合规最大限度地汇聚公共数据资源;另一方面,推动企业数据、个人数据的规范管理,增强数据要素的供给能力。为此,可以考虑建立国家数据中心,最大限度地汇聚公共数据资源,加大统一开放力度。

②培育数据供应商。推动数据密集型企业参与数据要素的交易流通,引导电信运营商、新闻门户网站、电子商务企业、平台公司、通信产品制造企业等单独设立数据公司,专门从事数据要素供应业务、开展数据要素交易。

③培育数据要素交易中间商。形成一批数据交易所、数据做市商、数

据经纪人等，提高数据中间商的专业化水平，发挥其活跃市场、带动市场发展的作用。

9.2.2 建设"三位一体"公共数据治理体系

公共数据具有很强的公共产品属性，需要政府作为公共资源向市场提供。为此，建议在国家数据局下设国家数据中心及其交易平台，形成国家数据局、国家数据中心、国家数据交易平台"三位一体"数据管理和交易制度体系（见图9-6）。

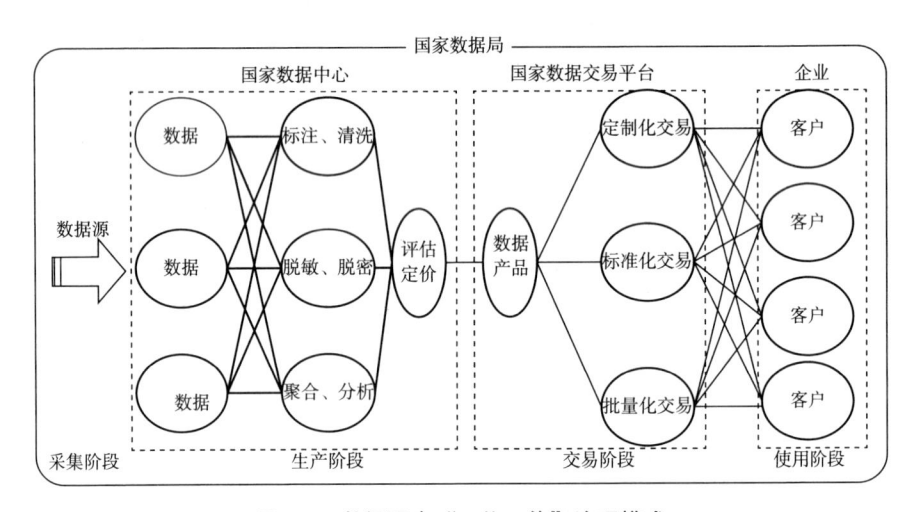

图9-6 数据要素"三位一体"治理模式

国家数据中心及其交易平台按照非营利政策性机构定位，作为独立法人，把全国公共数据的储存管理、流通交易统一纳入国家数据中心和国家数据交易平台。对此，《"十四五"数字经济发展规划》也有明确要求，就是"推动基础公共数据安全有序开放，构建统一的国家公共数据开放平台和开发利用端口，提升公共数据开放水平"。在运营过程中，遵照市场原则，实行企业化运作、公司化经营，进行数据产品的市场化交易。

在"三位一体"的制度设计下，实行国家数据中心与国家数据交易平台分开运作、独立核算，共同承担数据流通交易的职责。国家数据中心负责数据收储、处理和定价，形成可以出售的数据产品，然后进入交易平台进行交易；交易平台负责数据要素的市场化配置，对接市场需求，形成专业的数据要素市场。这样的制度设计，最大的优势就是既实现了有为政府和有效市场的有机结合，又符合政企分开、管办分离的原则。数据中心代表国家管理数据，对接数据源，具有收储数据的合法性；数据中心统一处理数据，按照公共物品社会福利最大化原则定价，担当了数据要素供应商的角色；数据交易平台按照市场规则，连接数据供需双方，专注于数据交易，确保数据要素优化配置到社会生产中。

9.2.3 解决供给端问题

通过国家数据交易管理"三位一体"的职能设计，可以从理论和实践上解决数据流通交易的一系列问题。成立国家数据中心，实际上就是设计一个数据收储系统，由政府代表公众利益，向拥有数据的公司、个人、社会团体以及政府机构吸纳"数据存款"，市场上也就有了"数据工厂"，也就解决了没有真正数据要素供应商的问题。

①政府部门的公共数据，除了特殊的敏感数据、保密数据以外，其他数据原则上都向国家数据中心开放（共享），或由国家数据中心代管。

②数据中心、平台公司、市场组织掌握的数据，属于生产经营活动自然形成的数据，应该存入（共享）国家数据中心；经过一定处理，形成了有价值的数据要素，以一定方式卖给国家数据中心。

③个人数据，属于用户的符号、文字、数字、语音、图像、视频等，以及个人浏览网页留下的痕迹，以注册用户方式，"存入"国家数据中心。

国家数据中心根据市场规定、法律或其他规定，统一收集、汇聚数据，像银行吸收存款一样汇聚起来形成一个真正的超大数据池。国家数据中心与商业银行有相似之处，商业银行广泛吸纳存款，国家数据中心广泛吸纳数据要素；但与交易所则不相同，交易所只是一个中介，自己并不买卖任何形式的生产要素。

"三位一体"管理交易制度，主要解决供给端问题，同时也就为需求端扫清了市场障碍。在需求端，用户参与数据交易，实际上就变成一个数据买卖关系，只需要解决好技术问题，这包括如下几点。一是定制化交易。由企业、用户通过交易平台提出需求计划，数据中心根据相应需求"研制""生产"数据产品，由交易平台提供给客户。二是标准化交易。数据中心对拥有的数据原料、数据半成品、最终数据产品标注价格，客户根据定价直接购买。三是批量化交易。客户以协议方式支付一定价格，取得一个时间段、某一个领域或全部数据的使用权；或者以支付会员费的形式成为会员，取得一定时间内的数据使用权。

在国家数据中心及其交易平台下，可以设立各省级的分支机构。同时，可以按照应用领域分类设立专业数据中心及其交易平台，比如，金融领域、通信领域、工业领域、农业领域、旅游行业等，都可以根据实际设立数据中心及其交易平台。不管是地方分支机构，还是专业数据中心及其交易平台，都是国家数据中心及其交易平台的有机组成部分。

9.3 价格机制

9.3.1 生产要素价格

生产要素的价格，表现为按贡献大小参与分配。新制度经济学认为，企业并不是为取代市场而设立的，而仅仅是用要素市场的契约取代产品市场的契约，使用企业内部的剩余权力的间接定价方式替代市场上的直接定价方式。企业与市场的区别和替代变成产品市场与要素市场的区别和替代。

从已有生产要素的价格形成来看，要素市场价格普遍反映了自身形成的"投入成本"和参与生产的"价值创造"（见表9-4），而且价值创造往往占据主要部分，这也是生产要素按贡献参与分配原则的理论基础，这一定价原则，也可以被称为间接定价原则。如果只按成本计算生产要素的价格，将很难解释现实中劳动、土地、资本、管理、技术、知识的市场价格。例如，如果土地只是按从生地变为熟地的成本定价，那么，土地的价格将非常低廉。因此，生产要素的价格可以表示为：要素价格（P）=投入成本（C）+价值创造（R），并且，一般来讲，价值创造（R）>投入成本（C）。

最能体现要素市场与产品市场区别的，正是两者由于性质不同而形成的不同定价方式。

表9-4 生产要素价格形成机制

价格形成	土地	劳动	资本	管理	技术	知识	数据
投入成本	开发整理成本	劳动力再生产成本	货币资本、实物资本成本	企业家教育及培养成本	技术形成及研发成本	知识形成成本	数据收集、储存、处理等成本
价值创造	利用土地产生的价值	劳动创造价值	参与生产转移价值	属于劳动范畴创造价值	提高生产力水平	属于劳动范畴创造价值	提高生产力水平
要素价格	地租等	工资、劳保及全员持股	利息、企业利润等	年薪、经营者持股、期权等	技术入股、股票期权等	知识产权、知识入股等	出售数据收入、使用分成等

对于生产要素的价格而言，"投入成本"与一般商品的计量方法一样，可以比较准确地进行计量；而困难在于要素参与生产"价值创造"的计量。从实际情况来看，每一种生产要素价格形成，也都经历了很长时间的探索，基于"有为政府"和"有效市场"的有效结合，通过市场设计的制度供给，最后形成了较为合理、运行有效、市场认可的定价机制（见表9-5）。

表9-5 生产要素的定价机制

要素形式	价格形式	定价方法及定价依据
土地（自然资源）	地租及所有权价格、使用权价格、租赁价格、抵押价格等	市场比较法、收益还原法、剩余法和成本逼近法
劳动	工资及员工持股，以及非工作日工资、奖金、食住行费、社会保险费、职业培训费、劳动保护费、子女教育费等	劳动时间及劳动能力、劳动行为与态度、劳动结果等
资本	贷款利率、股票利率、债券利率、企业利润等	企业盈利能力、预期收益、市盈率、市销率、市净率、市值/EBIT、市值/EBITDA等
管理（企业家才能）	年薪、经营者持股、期权等	固定收入制、企业未来收益分成、企业剩余索取

续表

要素形式	价格形式	定价方法及定价依据
技术	技术转让、技术合作、技术许可、作价入股等	拍卖定价、协议定价、技术交易市场挂牌定价、成本法、收益法和市场法
知识	知识产权、知识付费（单品定价、充值档位设计、VIP会员定价）等	科学技术、发明创造以及文学艺术作品，企业商誉、商标、专利、版权、计算机软件及商业秘密等

9.3.2 数据要素的定价探索

根据要素价格形成由"投入成本"和"价值创造"两部分构成的原理，数据的价格既包括数据采集、储存、传输、清洗、加工、脱敏等成本，也包括数据参与生产创造的价值。

在实践中，完整、准确量化数据要素的价格十分困难。"投入成本"可以按数据价值链分为数据获取、数据存储、数据加工、数据分析、数据传输、数据安全、数据维护等成本，按照已有商品价值计量方法，就可以形成数据要素的"投入成本"。困难在于数据要素的"价值创造"部分，目前仍然没有成熟的评估和计量办法，甚至有关这一部分价值是不是数据价格的组成部分都还没有达成共识。

实践中，数据要素所有权人以进入费、使用费形式分成，数据要素使用方依要素使用效果，按合约比例分成，这也体现了数据参与价值创造的间接定价原则。间接定价是在使用中定价，对使用定价，对使用（对供方则称"服务"）付费（对供方称"收费"），这就是一种对数据要素作为中间产品的间接定价。在云服务中，称为DaaS，即对数据产品本身不收费，而对数据的使用（即服务）进行收费。同时，根据国家工业信息安全发展研究中心"中国数据要素市场化指数"，在"数据要素供给"、"数据要素流通"及"数据要素价值"3个一级指标中，"数据要素价值"得分最低，只有45.84，其中，东部地区64.24，中部地区36.37，西部地区36.16。这表明，数据要素市场价值被严重低估，市场没有反映数据作为生产要素参与生产的全部贡献。

第9章　更好发挥政府在市场建设中的作用

目前，关于数据要素的定价，学界和业界区别了数据服务、数据产品、数据资产三个类别，采用不同的定价方法（见表9-6）。

一是数据服务的定价，这一领域的市场比较活跃，已经形成了一些得到普遍接受的市场模式，比如，公司订阅、基于数据类型的定价、基于容量的定价等收费模式。

二是数据产品的定价，在实践中形成了市场主导的定价模式，并取得了很好的应用效果，这其中，包含基于效用的定价、为机器学习模型定价、基于生命周期理论的定价等模式，都是体现了间接定价的原理。

三是数据资产的定价，也就是数据要素的定价机制，包括成本法、收益法、市场法等模式，都仍然处在探索中。

表9-6　国内外关于数据要素定价的方法比较

要素类别	具体形式	复杂程度	适用程度	成熟程度	差异性
数据服务	公司订阅、基于数据类型的定价、基于容量的定价、免费、统一费率、免费增值	低	高	高	小
数据产品	基于版本的定价、基于效用的定价、平台预订价、固定定价、协议定价、实时定价、拍卖定价、订阅和租赁、协议定价与博弈模型、隐私定价、基于查询服务的定价、为机器学习模型定价、基于生命周期理论的定价、基于博弈论的协议定价、捆绑定价	中	中	中	中
数据资产	成本法、收益法、市场法、实物期权法	高	低	低	大

经过上述对比研究可以得出的结论如下。

第一，数据服务已有定价模式并不复杂，适用程度高，方法之间的差异性小，基本形成了成熟的定价模式。

第二，数据产品定价的复杂程度、适用程度、成熟程度、差异性问题都有一定的基础，已经实现了良好的起步。

第三，数据资产定价方法的难易程度、成熟程度正好与数据服务的定价相反，还需要进行深入的理论研究和实践探索。

9.3.3 数据要素的四种定价方式

目前，市场上关于数据的定价模式主要还是指数据产品，这与知识、技术定价有类似之处。其实，真正的数据要素定价，主要还是如何确定其"价值创造"的问题，在方法上，有的研究基于机器学习算法来定价训练数据或预测数据模型（Agarwal et al.，2019），有的研究将基于博弈论的智能定价算法应用于区块链数据市场（Liu et al.，2019），这些方法强调把算法模型作为价格计算手段，集中于对数据要素定价方法、模型和策略的探索；从模式上，有基于价值创造的定价，就是依据数据对数据买家执行某项任务所能产生的价值来确定价格（Jia et al.，2019）；有基于产品质量的定价，依据内在价值如隐私包含程度（Zhang et al.，2020）、数据质量优劣（Attard et al.，2017）来确定数据价格；有基于市场机制的定价，依靠如供需关系、竞争机制、风险机制等市场机制确定数据价格（Liang et al.，2018）等，但是，这些思想和方法，都没有从根本上解决数据要素的定价问题。

综合国内外的实践探索，成本法、收益法、市场法、实物期权法对数据要素定价具有理论基础，可以在现有基础上继续探索（见图9-7）。

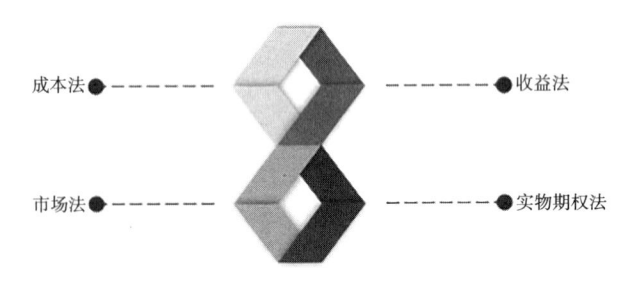

图9-7 数据要素定价方法

（1）成本法

欧阳日辉和杜青青（2022）认为，成本是卖方确定数据价格的关键因素。数据的总成本是重置成本减去贬值损失，即数据价值评估值=重置成本×（1−贬值率）；或数据价值评估值=重置成本−实体性贬值−功能性贬值−经济性贬值。这里，重置成本包括直接成本和间接成本、利润和相关税费，实体性贬值是指"使用磨损和自然力的作用，造成实体损耗而引起的贬值"，经济性贬值是指"外部环境变化而造成的设备贬值"，功能性贬值是指受数据使用期限的影响，数据准确性、完整性、互操作性产生变化而导致数据效用贬值（林飞腾，2020）。重置成本除生产数据所需硬件设施投入外，还包括数据清洗、处理、分析等投入。成本法评估数据价值有利于支持数据生产者的再生产能力、维持数据生产交易的可持续性，问题是可能低估数据要素价格。

（2）收益法

由于数据资产不具有物理功能，其价值取决于其带来的收益，因此，收益法就是通过评估未来数据收益、折现率和效益期限，对数据进行定价，这将是数据实现间接定价的努力方向。数据作为生产要素，收益法能够比较准确地反映数据的价值，问题在于预期收益评估的复杂性和不确定性。

（3）市场法

市场法就是发挥市场机制作用，通过供求机制、价格机制、竞争机制形成均衡价格，基于供求双方的讨价还价，最后形成一个公平合理的价格。在市场经济条件下，大多数生产要素的定价都是由市场决定的。因此，市场法一定是未来数据市场的主要定价形式，也是促进数据要素市场发展的基础。问题在于市场机制发挥作用是有前提条件的，数据要素在经济性质和物质形态上的特殊性决定了目前的数据在很大程度上满足不了市场机制的要求。

（4）实物期权法

这一方法，主要是参照对于不确定性较大的无形资产的定价方法，通过实物期权法来动态评估资产生命周期内的潜在价值。为此，有的学者建立了数据资产的B-S期权定价模型（翟丽丽和王佳妮，2016）。但是，数据资产与无形资产并不等同，因此，这一方法对数据定价的适用性也需要进一步探索。

9.4 入场交易

9.4.1 数据的经济性质

数据入场难的问题，重要原因是数据的经济性质复杂。因此，厘清数据经济性质，将是推动数据入场交易的重要前提。

学界在论述公共数据的概念范畴时存在"用途标准"与"归属标准"的纷争（沈斌，2023）。根据公共数据、企业数据、个人数据的分类①，基于"一般权利"和"特殊权利"界定，分别对应"用途标准"和"归属标准"，可以从理论上厘清数据的经济性质（见图9-8）。

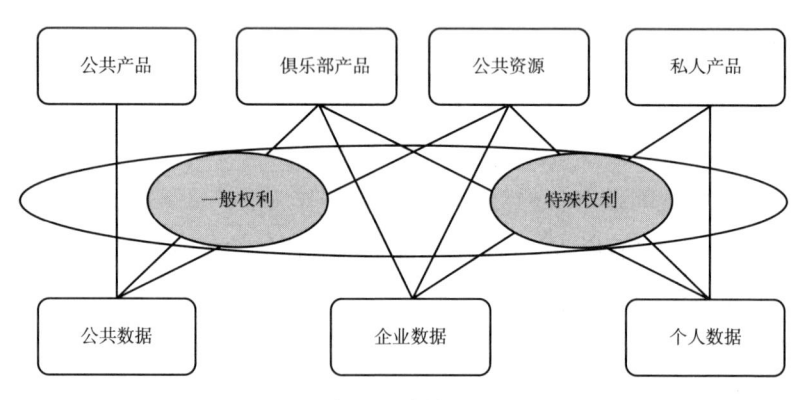

图9-8 数据经济性质的多重性

①基于"用途标准"，对于"一般权利"而言，数据具有非竞争性和潜在的非排他性（中国信息通信研究院，2022），公共数据、企业数据和个人数据都倾向于公共物品和准公共物品属性。一方面，数据的非竞争性表现为，由于数据的低成本复制性，同一组数据可以同时被多个主体使用，增

---

① 2022年6月22日，习近平总书记在主持召开中央全面深化改革委员会第二十六次会议时，明确提出"要建立数据产权制度，推进公共数据、企业数据、个人数据分类分级确权授权使用"，这一论述，将数据明确划分为公共数据、企业数据、个人数据。

加一个使用者并不会减少其他数据使用者的使用,也不会产生数据的损耗或成本。另一方面,数据潜在的非排他性,主要是数据持有者为保护自己的数字劳动成果,会采用一定的技术手段和经济手段来排斥他人的免费使用,因而具有了部分的排他性。但是,如果数据持有者主动放弃了这种排他的权利,无论是因为经济成本还是法律规定,这些数据将不再具有排他性。因此,就数据的一般权利而言,可能是公共物品、公共资源或俱乐部产品。

②基于"归属标准",对于"特殊权利"而言,数据的经济性质则需要分类界定。公共数据是各级行政机关以及具有公共管理和服务职能的事业单位在依法履行职责过程中获得的各类数据资源(袁康和刘汉广,2020;余筱兰,2021;郑大庆等,2022),具有公共性、共享性、开放性和非竞争性等特征,一般可以界定为公共产品;企业数据是企业生产经营过程中产生的事实记录,属于企业的资产,具有权利上的排他性和使用中的竞争性,一般更具私人物品的属性;个人数据是指能直接或间接识别个人身份的信息,特殊权利属于个人,具有权利上的排他性和使用中的竞争性,一般也属于私人物品。

③如果把"一般权利"和"特殊权利"结合起来,那么,数据的经济性质将变得更加复杂,而且经济性质的确定将主要依赖于、取决于特殊权利的属性。也就是说,无论是一般权利还是特殊权利,公共数据既没有权利上的排他性,也没有使用上的竞争性,因此,公共数据一般属于公共物品。企业数据的一般权利和特殊权利都具有权利上的排他性,企业也会采取措施实现使用中的潜在竞争性,因此,企业数据一般可以界定为私人物品;但是,如果企业放弃了使用竞争性的保护,这部分企业数据将成为准公共产品。个人数据的一般权利和特殊权利都具有权利上的排他性,企业也会运用法律和制度手段实现使用中的潜在竞争性,因此,个人数据属于私人产品;除非个人放弃对于使用竞争性的保护,此时,个人数据也将具有准公共产品的属性。

9.4.2 进行分级管理

国家建立数据分类分置产权制度，是推进数据要素交易的重要基础。一是建立相关制度并形成数据分类分级清单，为数据安全防护明确管控基调。二是建立健全基于数据全生命周期的数据安全管理制度及流程，并依据管理要求形成可落地的技术防护策略及防御手段，实现对数据的分类分级管控。三是在完成健全分类分级、制度流程和技术防护工作之后，再针对残余数据风险及可能触发的数据安全事件，采取必要的相关监测、应急、处置防护方法，以避免数据安全风险事件的发生。

在实践中，综合"类型"和"等级"两个维度，根据公共数据、企业数据、个人数据三个类别，依据对国家安全、公共利益或者个人、组织合法权益的影响和重要程度，将数据分为一般数据、重要数据、核心数据，不同级别的数据采取不同的管理办法（见图9-9）。

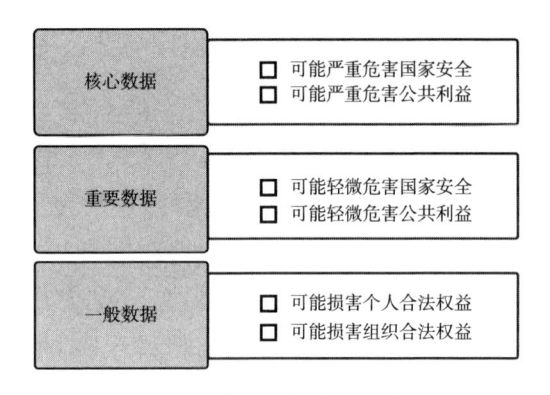

图9-9 数据分级及可能影响

资料来源：根据全国信息安全标准化技术委员会资料整理。

数据的分级原则主要有两个，①数据在经济社会发展中的重要程度；②一旦遭到篡改、破坏、泄露或者非法获取、非法利用，而对国家安全、公共利益或者个人、组织合法权益造成的危害程度。具体的分级应由数据实际持有人负责。根据这两个原则，可以运用分类分级表进行数据管理（见表9-7）。总体上看，属于"一般数据"的（个人数据中的一般数据对应必要信息），无论是哪一类，都可以入场交易；属于"重要数据"的，由数据持有人决定是否可以入场交易；属于"核心数据"的，无论是哪一类数据，都由国家法律规定决定是否可以入场交易。

表9–7 两个维度的数据分类分级

数据类型	一般数据	重要数据	核心数据
公共数据	可交易	持有人决定交易	法律规定交易
企业数据	可交易	持有人决定交易	法律规定交易
个人数据	可交易	持有人决定交易	法律规定交易

9.4.3 数据的标准化

任何现代意义上的市场，都要解决产品的标准化问题，只有标准化，才能为市场化、规模化、商品化生产提供可能。

数据入场难，重要的是要解决数据的标准化问题。数据物质形态的虚拟性、无形性、异质性，导致数据的产品化、标准化、批量化难以实现。数据产品属于异质性产品，社会对数据需求的多样性远超数据供给者的想象，所谓的数据产品化也只是在技术上满足需求者的要求，而不是制造出满足特定需求的数据（高富平和冉高苒，2022），这就给数据的标准化生产提出了要求，也带来了困难。因为在万物互联的泛在网络时代，大量数据因系统运行和经济社会活动而形成，但是这些数据本身并没有多少价值，只有符合市场需求、能够满足市场机制交换的数据才具有真正的市场价值。

为了解决数据的标准化、产品化、规模化、商品化问题，已有文献进行了深入研究。高富平和冉高苒（2022）认为，标准化问题重要的是实现数据的互操作性。IEEE（1991）将互操作性定义为"两个或多个系统或组件交换信息和使用已交换信息的能力"，实现该能力主要是句法和语义两个方面具有互操作性。根据这一原理，也可以定义数据法律、组织与技术层面的互操作性，就是为了降低交易成本，推动数据要素高效、有效、及时和高质量流通，从而实现一个系统与另一个系统的部分或全部独立工作的能力，使数据要素具有市场化的可流通性。实际上，数据的互操作性问题也属于数据的标准化问题，也就是将数据要素转换为通用格式以使用户能够对其进行处理和分析。高富平和冉高苒（2022）提出，数据标准化至少涉及三个方面内容：一是词汇术语标准；二是数据交换格式，指数据如何编码以使计算机可读的规格（数据可处理标准）；三是数据结构，表示数据的组织、数据模型和数据项关系。实现了数据的标准化，数据也就具备了FORCE11提出的"FAIR原则"[①]，即数据可发现（To be Findable）、数据可访问（To be Accessible）、数据可互操作（To be Interoperable）和可重复使用（To be Reusable）。实现了数据标准化，来源于不同系统、不同主体的数据就能够方便地相互连接起来。这样，无论数据流通到哪里，无论想获得什么见解或想解决什么问题，都能够正确理解所获得的数据，与更多数据实现匹配和聚合。

9.5 市场模式

9.5.1 基于经纪人的模式

数据经纪人模式以美国为代表。数据经纪人，通常是通过收集消费者数据，创建消费者个人数据文档，并随后向他人出售或者分享这些数据的公司。数据经纪人也被称为信息零售商、数据经销商或者信息经纪人。在实际运作中，数据经纪人可以是数据产品/服务提供商，也可以是撮合买卖双方交易的数据交易平台，还可以是提供数据共享功能的数据管理系统。

根据与数据经纪人发生交易关系的卖方与买方身份的不同，数据经纪人分为三类（见图9-10）。

---

① FORCE11是一个由学者、图书馆员、档案管理员、出版商和研究资助者组成的社区，目的是通过利用信息技术来改变现代学术交流、促进知识创造和共享。发起于2011年，并在德国达格斯图尔召开研讨会，简称为FORCE11。

第9章 更好发挥政府在市场建设中的作用

模式一 C2B 消费者对企业分销模式

模式二 B2B 企业对企业集中销售模式

模式三 B2B2C 分销集销混合模式

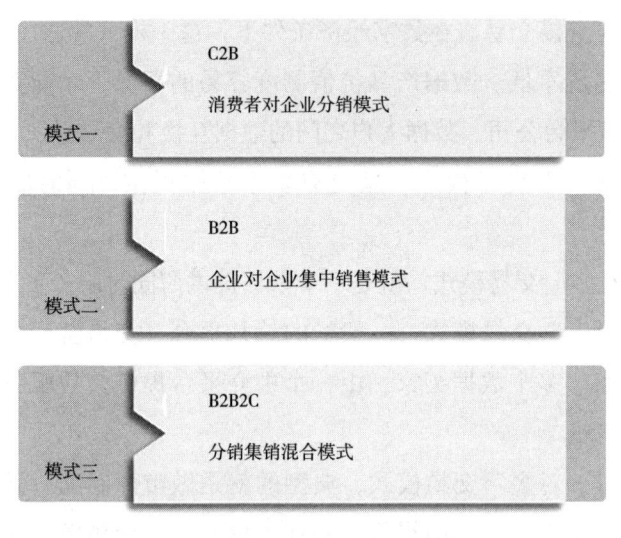

图 9-10 数据经纪人三种模式

一是消费者对企业（Customer to Business，C2B）分销模式，用户将个人数据提供给数据经纪人（通常是数据产品提供者），数据经纪人向用户支付一定的商品、货币、服务等价物或其他对价利益，并将汇总的个人信息出售给买方。

二是企业对企业（Business to Business，B2B）集中销售模式。此种模式下的数据经纪人通常发挥数据交易平台的功能：支持查询相关数据集，以中间人身份为数据提供方和数据购买方提供数据交易撮合服务。例如，美国微软 Azure、DataMarket 等数据平台可供研发企业等机构对目标客户进行查找、预览、购买和管理数据订阅等操作，并代理数据提供方、购买方进行数据买卖活动。

三是分销集销（B2B2C）混合模式。数据平台以数据经纪商身份，收集用户个人数据并将其转让、共享于他人，比如 Acxiom、ID Analytics 等公司。

基于美国的市场模式，还可以进一步拓展，把数据要素交易分为五种模式（Koutroumpis et al.，2020；Zhang & Beltán，2020）（见表9-8）。

① "一对一"交易模式，也称为"数据管道"模式，就是数据提供商

与数据买家的直接交易。在数字经济条件下，这一模式的适用范围并不宽。这需要在交易成本低、数据产品价值测度容易的情况下才能实现。这一模式一般适用于平台公司、数据大户之间的数据互换和交易。

②"多对一"交易模式，就是有多个数据提供商同时服务一个数据买家。

③"一对多"交易模式，就是一个数据提供商同时服务多个数据买家。

④"多对多"交易模式，一般指的就是平台（交易所）交易模式，多个数据提供商、多个数据买家，由一个中介平台提供交易服务，促进数据产品交易的实现。

⑤"多对一对多"交易模式，典型的就是做市商制度。做市商作为特许交易商，向买卖双方双向报价，并在该价位上接受买卖要求，以其自有资金进行交易，以自己的市场行为促进市场交易和发展。

表9-8　国内外现有数据要素市场模式

主要模式	交易形式	市场形式
一对一（1 To 1）	买卖双方直接交易	B2B集中销售模式，分散式双边市场
多对一（N To 1）	多个数据提供商同时服务一个数据买家	单边市场中的买方市场
一对多（1 To N）	一个数据提供商同时服务多个数据买家	单边市场中的卖方市场，单边数据经纪模式
多对多（N To N）	多个数据提供商，多个数据买家，其中由中介平台提供交易服务	分销集销混合模式，数据交易平台模式，数据管理系统模式，交易撮合模式
多对一对多（N To 1 To N）	由特许交易商向买卖双方双向报价	做市商制度，集中式双边市场，C2B分销模式

9.5.2　基于商业模式的市场类型

2022年，学者Santiago Andrés Azcoitia 和 Nikolaos Laoutaris 对欧美亚22个国家97个在网上提供数据产品的公司进行了调查，总结梳理了数据要素市场及其三种商业模式（见图9-11）。

第9章 更好发挥政府在市场建设中的作用

|单边数据提供模式|数据交易平台模式|数据管理系统模式|

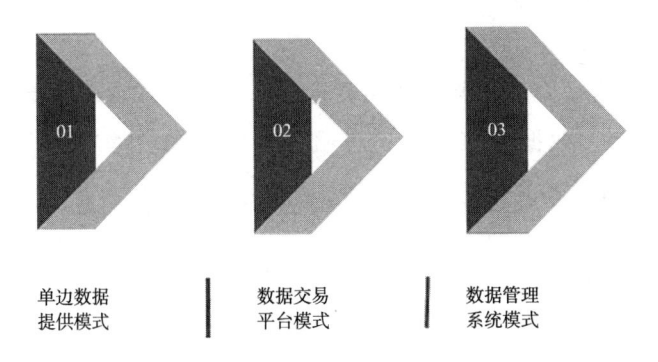

图9-11 数据要素市场的三种商业模式

（1）单边数据提供模式

在这一模式下，卖方包括数据产品提供者和数据服务提供者。数据产品提供者向数据需求者销售数据，但不向需求者披露数据来源；数据服务提供者将通过处理的数据提供给数据买方，比如，提供人脸识别服务的Clearview AI，其数据来源于互联网等公开渠道，但公司对这些数据根据市场需求进行了加工处理。

（2）数据交易平台模式

在这一模式下，数据买家和卖家将通过一个中间的交易平台进行数据的买卖，由数据交易平台具体实施双方交易行为。多数数据交易平台先是集聚数据，并对数据进行分类，有的要进行加工处理，以帮助买家了解相关数据产品。交易平台分为综合性平台和专业性平台，综合性平台可以交易各种类型的数据，专业性平台专注于某一领域、行业，例如，美国公司Terbine就是专门为物联网传感器数据提供数据交易服务。

（3）数据管理系统模式

在这一模式下，数据交易实体专注于管理企业或个人拥有的信息。数据管理系统负责收集、组织、存储、组合和丰富其组织内信息或个人数据，允许在组织内进行数据交换，并从第二或第三方供应商那里获取数据。数据管理系统一般没有完整的市场功能，主要是限于保障组织内的数据交换，负责一定范围内的数据资产交付和访问。例如，基于区块链的健康数据聚合平台HealthWizz，用户可以将自己的健康记录卖给研究人员和制药公司，从而换取代币OmCoins。

此外，也有研究从参与者的角度进行分类。数据要素市场的参与者包括数据提供商、数据买家、第三方服务提供商和数据交易中介，据此，Zhang和Beltrán（2020）把数据要素市场分为单边市场、集中式双边市场和分散式双边市场三种类型。一是单边市场，根据买卖双方在市场中的主导地位，将数据要素市场分为买方市场和卖方市场，买方市场是买方在定价中占据主导地位，卖方市场则是卖方在市场定价中占主导优势。二是集中式双边市场，这一市场模式需要数据经纪人的参与，数据经纪人采取多种数据保护技术，既有效保护数据提供商权益，又最大限度地开发数据要素价值。三是分散式双边市场，特点是点对点交易，买卖双方直接沟通，就交易对象、价格、时间、交割方式等内容签订意向协议。

9.5.3　我国现有市场模式

根据学界的研究和业界的探索，随着数据交易的发展，国内数据交易所逐渐形成了以充当数据中介为核心的交易撮合模式和提供数据产品的单边数据经纪模式两种主要的交易模式，并在此基础上，形成了10种具体交易形式（见图9-12）。

- 直接交易
- 专业数商
- 数据交易所
- 企业数据互换
- 信息资源免费转让

交易撮合模式
单边数据经纪模式

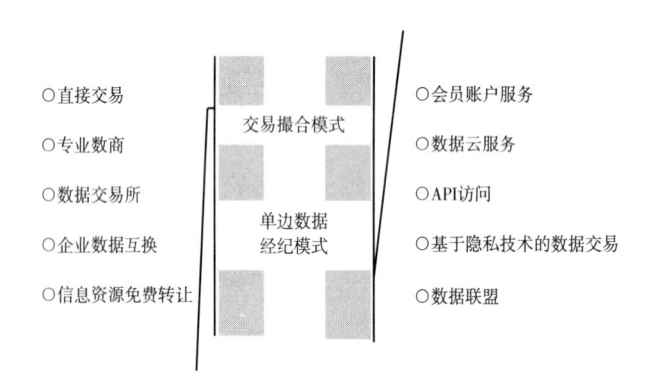

- 会员账户服务
- 数据云服务
- API访问
- 基于隐私技术的数据交易
- 数据联盟

图9-12　数据交易的10种具体形式

交易撮合模式。交易平台模式大多提供交易撮合服务，由数据交易所作为数据交易的平台，允许数据提供商和客户之间进行多对多的交易。在交易撮合模式下，由数据交易所搭建数据交易的第三方市场，平台本身不存储和分析数据，而是作为交易渠道，仅对数据进行必要的实时脱敏、清洗、审核和安全测试，通过API接口形式为各类用户提供出售、购买数据的使用权服务，实现交易流程管理。

单边数据经纪模式。除了作为平台的交易撮合模式，单边数据经纪模式也是我国数据交易的主流模式之一。在单边数据经纪模式下，企业可以利用自身的数据优势或者采取为客户定制数据的方式进行数据交易。一方面，我国的数据密集型企业（尤其是大型互联网平台企业）利用自身的数据优势主导建立数据交易或服务市场，将企业数据进行再利用，实现数据的交易。比如，阿里数据利用阿里巴巴集团旗下的数据储备，面向电商企业提供数据分析产品，帮助电商集团预测市场走势，进行物流和仓储等环节优化。另一方面，一些自身数据持有量不大的数据产品提供商则采用"采销一体"的数据交易模式。数据提供商面向特定市场需要，采集特定资源，根据需要组织成数据产品，如万得（Wind）数据、聚合数据、数据堂等。数据堂在全球配置专业数据采集设备并拥有加密数据采集工具，合作伙伴有1000家以上，涵盖全球50多个国家和地区，客户提出自己的需求，数据堂将为其定制采集。

基于交易撮合模式和单边数据经纪模式，数据要素市场的具体交易形式有10种（见表9-9）。这些模式，都是在数据交易的实践中形成的，各有优点，也存在不足，分别适用于不同情况的数据交易。

表9-9 数据交易的10种具体形式

交易模式	具体形式	优点	不足
直接交易	数据交易双方自己寻找交易对象，自行商定数据产品或服务类型、购买期限、使用方式和转让条件，适用于线下交易	灵活性强，适合用户需求明确、内容复杂的数据	交易风险较高，在市场准入、交易纠纷、侵犯隐私、数据滥用等环节存在"无人管理"现象

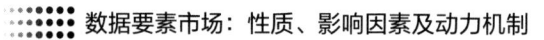

续表

交易模式	具体形式	优点	不足
专业数商	数据交易机构对自身拥有的数据或通过购买、网络爬虫等收集来的数据，进行分类、汇总、归档等初加工，将原始数据变成标准化的数据包或数据集再进行出售	有利于数据的专业化开发和规模化应用，便于监管	数据集中在少数企业手中，容易造成数据垄断，从而不利于数据要素价值的充分释放
数据交易所	数据供求双方通过政府监管下的大数据交易所或交易中心等第三方数据交易平台进行撮合交易	数据产品获得更多撮合交易机会，有效降低政府部门的监管难度	由于数据供给、数据确权、数据定价等问题未解决，场内交易数额不大
企业数据互换	数据密集型企业之间通过协议将自己拥有的数据进行交换使用	交易简单高效，有效避开了确权定价的一系列难题	可能损害第三方数据权益，也可能排斥第三方的使用，不利于对数据安全的监管
信息资源免费转让	App服务商通过提供免费的App应用服务，换取对用户个人数据的使用权	简单高效，有利于合规数据的顺畅流通	如果消费者数据权益意识不强，可能被迫过度授权数据使用，服务商可能滥用数据
会员账户服务	销售商出售数据平台的会员服务，消费者购买会员服务后，可以获得与会员层级对应的数据访问	有利于专业机构对数据的开发加工和利用，政府的监管比较容易	数据服务商控制大量数据，掌握了定价权和控制权，可能侵害消费者利益
数据云服务	数据云提供一个平台，使用者在任何时间、地点，使用不同的IT设备互相连接，实现数据存取、运算等目的	具有规模经济效应，开发者能够提供更好、更便宜和更可靠的应用	具有潜在安全风险，缺乏统一的技术标准，以及所有基于Web应用带来的问题
API访问	销售商通过API将用户数据开放给经授权的第三方机构，以促进用户数据的开发使用	促进软件模块化开发，使软件能够更好地适应用户需求的变化	存在安全性风险、数据隐私问题和技术限制等，还有技术的稳定性和可靠性问题
基于隐私技术的数据交易	使用密码学和隐私计算技术保证数据可用不可见	有利于保障数据安全、保护隐私，消除市场顾虑，提高市场活跃度	门槛高、投入大，必然导致成本提高，而且存在交易复杂、效率低的问题
数据联盟	在一定的范围内组建一个共同体，可以是政府之间，也可以是企业之间相互交换数据	会员数据具有规整性、高效性、保密性、安全性等特点	隔离了联盟外的数据获得权，不利于数据的统一利用，可能形成数据寡头

9.6 市场建设

9.6.1 市场体系

建立统一的数据要素市场,形成多层次的数据要素市场体系,是建设全国统一大市场的重要组成部分。数据要素市场还在探索发展中,就目前来看,主要的市场形态有如下几种。

(1)根据数据要素的性质,可以分为原始数据市场和数据产品市场。

(2)根据数据要素交易场所,可以分为场内市场和场外市场。

(3)根据数据要素的类型,可以分为公共数据市场、企业数据市场、个人数据市场。

(4)根据数据要素市场的层级,可以分为全国数据要素市场、区域数据要素市场、地方数据要素市场。

(5)根据数据要素的交易模式,可以分为直接交易市场、数据互换市场、集中交易市场等类型。

上述市场形态是数据要素市场体系的基础和组成部分,要通过统一的制度、统一的法律、统一的标准、统一的规范共同推动形成统一、开放、竞争、有序的全国数据要素大市场(见图9-13)。

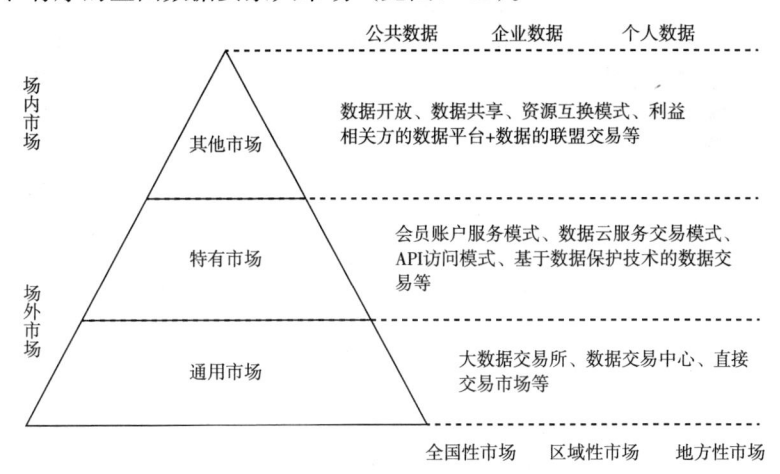

图9-13 数据要素市场体系

从市场体系的角度，要鼓励发展多种形式的数据要素市场。这主要包括如下几个。

（1）通用市场，包括大数据交易所、数据交易中心等，与其他要素市场一样，通过市场机制实现数据要素的交易流通。

（2）特有市场，这是基于数据要素特殊物质形态和经济技术特征形成的市场形态，包括会员账户服务模式、数据云服务交易模式、API访问模式等，只有数据要素交易才有适用性。

（3）其他市场，这类市场并不是严格理论意义上的市场，数据要素不完全按照市场机制交易流通，而是立足于数据要素资源的优化配置。

9.6.2 管理体制

劳动、土地、资本、管理、技术、知识、数据等已有的7种生产要素都有综合行政或行业主管部门（见表9-10）。数据要素作为数字经济社会的核心资源，目前已设立两个涉及数据要素管理的议事协调机构，并新设立了国家数据管理局，划转了国家网信办和工信部的部分职权。

表9-10 生产要素及对应的行业主管部门

	劳动	土地	资本	管理	技术	知识	数据
主管部门	人力资源和社会保障部等	自然资源部、国家能源局、国家海洋局等	中国人民银行、中国证券监督管理委员会、中国银行保险监督管理委员会等	中央组织部、人力资源和社会保障部等	科学技术部、中国科学院、中国工程院等	教育部、国家知识产权局等	国家数据管理局、国家网信办、工信部等

资料来源：根据中国政府网（https://www.gov.cn/）及相关部门网站数据整理。

2015年，根据《国务院关于印发促进大数据发展行动纲要的通知》精神，由国家发展和改革委员会牵头建立了促进大数据发展部际联席会议，成员单位包括工业和信息化部、中央网络和信息化委员会办公室等43个部门和单位。2022年，根据《"十四五"数字经济发展规划》，经国务院同意，设立了数字经济发展部际联席会议，国家发展和改革委员会作为牵头单位，成员包括中央网络和信息化委员会办公室、教育部、科技部、工业和信息化部等20个部门和单位，主要职责概括起来是四个方面：①推动落实国家相关决策部署，督促重大工程、试点示范和年度重点工作落实；②制定相关战略、政策和措施，推进制度、机制、标准规范建设；③研究协调重大问题，研究提出相关政策建议；④加强统筹协调，组织探索相应改革举措。

部际联席会议制度的建立，为统筹协调数字经济发展发挥了重要作用。同时也要看到，实践中也存在条块分割、重复建设等问题，数据要素市场构建中跨部门、跨系统、跨区域统筹协调的难度依然很大，难以形成合力。随着数字经济发展、数据集聚、数字技术创新进一步加快，已有管理体制机制需要进行与时俱进的调整。中国特色社会主义市场经济体制最重要的特点，就是发挥市场在资源配置中的决定性作用，更好发挥政府作用。更好发挥政府作用，体现在数据要素市场构建中，就是需要一个有力的政府行为主体，设立统一的行政主管部门，行使国家管理数据要素的行政职能。为此，国家组建了数据管理局，其职能大致包括如下几点。①实施有效行业管理。数字经济和数据要素领域的专业性强，目前由多个部门联席管理并不能解决专业技术问题。数字经济依赖于数字技术的快速发展和广泛应用，其中的5G网络、数据中心、工业互联网等，都是高新前沿技术，需要专业的主管部门和管理队伍才能适应这一需要。②应对当前发展形势。当今世界正发生着人类有史以来最迅速、广泛、深刻的变化，这主要来源于网络技术、数字技术、智能技术对经济社会发展的渗透和影响。迅速发展的信息技术、网络技术、人工智能具有极高的渗透性，有力地推进了产业数字化、数字产业化、数字化治理，需要专门的行政主管部门负责管理影响如此广泛和深刻的经济资源领域。③培育壮大数字经济。我国是全球互联网、移动互联网用户最多的国家，拥有丰富的数据资源和应用市场优势，数据大国的优势越来越明显。数字经济的到来将为我国提供千载难逢的发展机遇。传统要素资源人均占有少、资源环境约束大，这是我国长期的基本国情。随着数据成为新的生产要素，其具有的低边际成本、非稀缺性、重复使用等特点，为我国摆脱传统要素资源约束带来了新的历史机遇。

9.6.3 市场监管

数据安全是构建数据要素市场的基础和前提。我国始终高度重视数据安全，到目前为止，已经形成了"1+2+N"的法律制度体系和包括政府、企业、个人及社会和机构在内的数据安全全生命周期安全监管体系（见图9-14）。

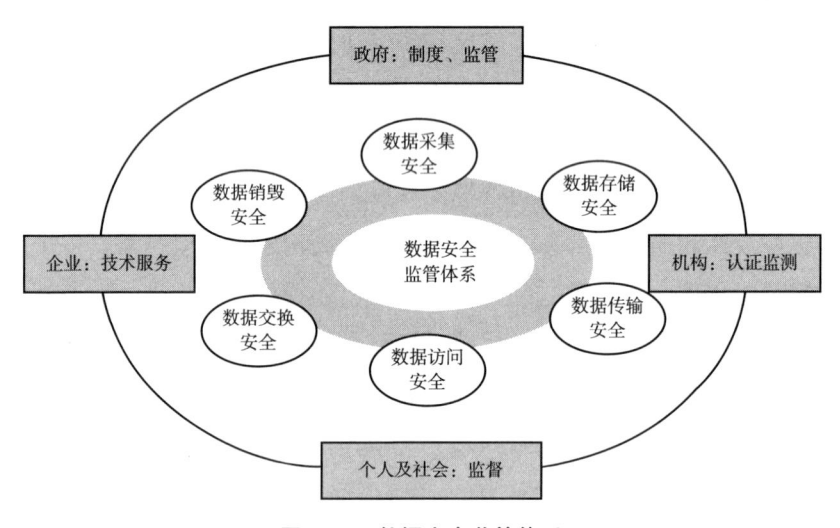

图9-14 数据安全监管体系

"1"是指《数据安全法》，这是专门针对数据安全的综合性法律。

"2"是指我国制定了两部重点领域的数据安全专门法律，即《个人信息保护法》《网络安全法》。

"N"是包含数据安全内容的其他法律制度。

下一步的任务是适应数据要素市场发展的需要，补齐制度、技术、管理等方面的短板，进一步形成政府、企业、个人、社会共同治理的全方位、多层次、立体化和实现事前、事中、事后全链条全领域的监管体系。

(1) 进一步加强监管制度体系建设

根据国家法律，相关部门制定了一系列涉及数据安全的规范、办法和标准（见表9-11），主要涉及个人信息、安全技术和网络安全等方面。随着数字经济的快速发展，新技术、新业态、新产业、新事物、新情况将不断出现，制度规范的建设任务将是一个长期的过程。

表9-11 有关数据安全的制度规定和标准

出台时间	文件名称	主要内容
2019年	《信息安全技术　数据交易服务安全要求》（GB/T 37932-2019）	信息安全
2019年	《App违法违规收集使用个人信息行为认定方法》	个人信息
2020年	《信息安全技术　数据安全能力成熟度模型》（GB/T 37988-2019）	安全技术
2020年	《信息安全技术　个人信息安全规范》（GB/T35273-2020）	安全技术
2021年	《信息安全技术　网络安全等级保护大数据基本要求》（T/ISEAA002-2021）	安全技术
2021年	《汽车数据安全管理若干规定（试行）》	企业数据
2021年	《网络安全审查办法》	网络安全
2022年	《信息安全技术　网络数据处理安全要求》（GB/T 41479）	网络数据
2022年	《信息安全技术　重要数据处理安全要求》（GB/T 41479-2022）	安全技术
2022年	《互联网用户账号信息管理规定》	个人信息
2022年	《网络安全标准实践指南—个人信息跨境处理活动安全认证规范》	个人信息
2022年	《数据出境安全评估办法》	数据安全
制定中	《信息安全技术重要数据识别规则》	安全技术

资料来源：根据中国政府网（https://www.gov.cn/）国务院政策文件库整理。

(2) 进一步加强数据安全监管体系建设

《数据安全法》第五条、第六条明确了数据安全监管职责，规定中央国家安全领导机构履行决策和统筹协调职能，行业主管部门承担本行业、本领域数据安全的监管职责，公安机关、国家安全机关承担相应的监管职责，国家网信部门负责统筹协调网络数据安全和相关监管工作。现在，我国数据安全监管逐步从分散走向统筹协调，各个部门都发挥了应有的职责。存在的问题是：一方面，数据监管涉及的部门过多，形成统筹协调的难度较大；另一方面，数据安全监管专业性强，缺乏专业的监管队伍。因此，需要进一步完善数据安全监管的职能定位，提高监管能力和专业水平。

（3）进一步加强监管技术体系建设

数据安全技术和服务供给，是实现数据安全的重要保障。要从国家政策层面重视和鼓励研发与运用可用不可见技术——密态计算，建立一批示范应用项目，推进安全多方计算（MPC）、差分隐私、知识图谱等技术的研发和应用。

9.6.4 数字技术

数据要素市场买方信息占优的特点，造成了供给侧引致的数据市场萎缩。解决这一问题，也是政府发挥作用的重要着力点。由于数据市场信息与一般生产要素市场信息不对称正好相反，所以，解决数据要素市场信息不对称问题，也不能完全沿用传统的办法，重点应放在让卖方掌握更多的市场信息。

一是实行"阳光交易"制度。买方在购买数据时就要同步填写数据的用途，以及使用数据的具体方式和产生的效益评估，便于卖方评估和知晓所卖数据的价值，提高在交易中的谈判能力。这就是要在交易环节解决卖方信息不足的问题，提高卖方参与交易的意愿。

二是实行"承诺交易"制度。数据交易之后，买方签署具有法律效力的承诺书，内容主要是购买数据时填写的用途承诺，一旦违反了约定的用途，将承担相应法律责任。这就是要降低数据安全风险，防止买方对购买数据之后的滥用问题，从而减少卖方对于数据安全的担忧。

三是实行"备案交易"制度。国家设立独立的监督机构，通过交易平台的数据交易，由交易平台到监管机构备案；买卖双方直接进行的交易，双方直接到监管机构备案，以利于保护数据卖方的利益。

先进数字技术的应用，是解决市场信息问题的根本办法。数字技术是一个完整的体系，主要包括大数据、云计算、物联网、区块链、人工智能技术等。2022中国数字技术新力量图谱（第二版）显示，中国数字技术发展迅速，已经形成了7个大类150个细分领域1825项主流数字技术的技术体系。这其中也包括数据要素市场与新技术的融合发展，以及数据要素流通交易技术的不断丰富。目前，隐私计算技术已经从实验室走向了具体案例运用，并与区块链等技术进一步融合，一些行业和企业加快了对流通模式和技术手段创新的探索，在数据确权、价值测度、安全监管等方面实现了场景化应用。特别是差分隐私、安全多方计算、联邦学习等技术的落地应用，为数据交易、流通提供了有力的技术支撑。

加快数字技术发展，要从政府层面重视和鼓励研发与运用可用不可见技术——密态计算，建立一批示范应用项目，推进安全多方计算、可搜索加密、零知识证明等技术在数据市场的应用。比如，可以在公共数据的开放中应用这一技术，各类数据需求主体可以在取得合法资格之后，通过部署在本地的数据加密客户端接入国家相关公共数据库。当需求主体发出请求指令后，公共数据库将给予相应的权限，需求主体进行密文数据挖掘计算，数据在整个流转和计算过程中一直处于密文状态，并不涉及任何解密操作。数据需求主体得到根据密文计算结果的数据产品，之后，根据自身需求和约定解密得到明文结果。这一技术的应用，可以保证明文数据的归属仍然在数据提供单位，使用需求主体仅是利用数据密文得出需要的计算结果。

同时，也要看到，目前中国数字技术也存在一些问题，一方面，仍然缺少自主可控的底层核心技术，无论从政治、经济还是从技术本身来讲，基于国外开源生态的底层技术存在较高风险，需要加快数字技术领域核心技术的研发，形成完整的自主可控产业生态；另一方面，不同程度地存在重复建设、低效投资和某些领域过度投资的问题。

一是加快信息基础设施建设，重点在5G、物联网、工业互联网、卫星互联网和人工智能、云计算、区块链、数据中心、智能计算中心领域谋划推进重点项目，争取在重要领域和关键环节的底层技术上实现突破。

二是坚持全国"一盘棋"，加强国家层面统筹规划，推进研发异构互联互通容器技术，解决使用不同隐私计算平台的数据提供方和数据应用方之间的协作问题，立足于整体突破，避免"数据孤岛"演变为"计算孤岛"。

三是加快形成数字技术生态，突出区块链技术，推动发展自主可控、长效迭代、先进有效的区块链开源生态联盟，探索多个区块链平台通过标准与协议的底层互通。

四是支持市场主体加大数据流通技术开发应用力度，加强敏感数据识别、数据脱敏技术、数据泄露防护技术的突破，重视和鼓励研发与运用可用不可见技术——密态计算，建立一批示范应用项目，为数据要素快捷流通、安全交易提供技术支持。

9.7 本章小结

本章是全书的一个政策总览。数据要素市场存在的困难，源于数据要素特殊物质形态和经济技术特征，集中体现为在市场厚度、市场拥塞、市场交易的安全性与简易性方面存在的诸多问题。这就需要发挥有为政府的作用，要在政策制度、市场供给、价格机制、入场交易、市场模式、市场建设等方面积极有为，推进管理体制的完善，加快市场体系的构建，增加要素资源的供给，强化数据安全的监管，突破数字技术的发展，做好市场做不好、做不了的事，弥补市场失灵，既要当市场的"守夜人"，又要当市场发展的"引领者"。

第10章
数据要素市场的未来

本章综合全书主要结论，对全书主要研究成果进行概要性总结，进一步提出发展数据要素市场的建议，给出未来的研究展望。

10.1 数据要素市场方兴未艾

数据要素市场仍然处于起步阶段，与数字经济的快速发展相比、与数据要素规模的海量集聚相比、与其他生产要素市场的发展现状相比，我国数据要素的市场化程度仍然不高，与经济规模不相匹配，也严重滞后于其他生产要素市场。同时更要看到，在数字经济大背景下，数据要素市场具有强劲的发展势头、广阔的发展空间、巨大的发展潜力。

第一，从市场性质看，数据要素市场是一个"饥饿市场"。这一判断，得到了数据要素市场供求关系数学模型、经济理论分析以及数据要素市场影响因素理论模型、实证模型的支持。原因主要有二：一方面，数据要素具有产权主体的二重性、价值测度的间接性、商品转化的困难性、经济性质的多重性、市场形态的多样性，是一个典型的买方占优市场，根据市场信息理论，如果任由市场机制作用，将会引发供给侧引致的市场失灵；另一方面，由于数据要素是一种特殊的物质技术形态，本身包含"事实主体"和"记录主体"，具有"一般权利"和"特殊权利"，出于数据安全"红线"

"底线"的原因，任何数据都不能无保留地向市场供给。由此，无论是其他生产要素市场模式，还是已有市场创造的数据要素交易模式，都不能完全适应数据要素交易，国内外尚没有形成成熟的市场模式，需要继续深入研究数据要素市场的性质，树立供给侧解决问题的思维，以理论的突破带动实践的创新。

第二，从影响因素看，数据要素市场是一个"复杂市场"。数据要素市场受物理、事理、人理"三位一体"综合影响，三个维度对数据要素市场的影响因素系数分别为物理维因素34.7%、事理维因素33.1%、人理维因素32.2%，这三个维度相互联系、相互影响、相互促进，共同作用于数据要素市场。因此，要立足基于WSR系统方法论而不是哪一个维度来分析和解决数据要素市场的发展问题，这是发展数据要素市场要解决的主要矛盾。同时，定性分析和实证研究的结果表明，当前，影响数据要素市场发展的首要因素是物理维因素，这是矛盾的主要方面。数据要素市场事理维影响因素，比如法律、政策问题，这是问题的表现，根源在于物理维因素特别是数字技术、数据供给、数据安全问题没有得到有效解决。另外，人理维因素同样具有重要作用，特别是专业人才对数据要素市场具有重要意义，而市场本身的基础理论研究则往往被其他研究所忽视。

第三，从发展前景看，数据要素市场是一个新兴市场。数字经济快速发展势头不减，数据要素市场方兴未艾。无论是与数字经济规模相比，还是与其他要素市场的绝对规模和相对比重相比，数据要素市场都处在起步阶段，具有极大的发展空间和潜力。在问卷调查中，认为数据要素市场前景"好"和"很好"的受访者占79%。根据数据要素总量结构的变化规律，数据要素将先后经历公共数据占比大、企业数据占比大、个人数据占比大三个阶段，随着5G技术和物联网、工业互联网的加速发展，企业数据的大量形成将为数据要素市场的发展带来重大机遇。要发挥有为政府和有效市场的作用，通过产权制度、定价机制、交易模式的制度机制设计，发挥国家制度顶层设计的引领作用，加快完善法律制度、管理体制、市场体系、监管体系，推动形成一个稠密的、顺畅的、市场行为简易和安全的数据要素市场。

10.2　数据将在发展新质生产力中始终发挥关键要素作用

2024年1月31日，习近平总书记在主持中共中央政治局第十一次集体学习时，就新质生产力的基本内涵进行了阐释。习近平总书记指出："概括地说，新质生产力是创新起主导作用，摆脱传统经济增长方式、生产力发展路径，具有高科技、高效能、高质量特征，符合新发展理念的先进生产力质态。它由技术革命性突破、生产要素创新性配置、产业深度转型升级而催生，以劳动者、劳动资料、劳动对象及其优化组合的跃升为基本内涵，以全要素生产率大幅提升为核心标志，特点是创新，关键在质优，本质是先进生产力。"数据作为新型生产要素，既遵循了社会生产力发展的一般规律，又契合我国新发展阶段的新特征新要求，也为数字中国建设打开了新空间。

根据习近平总书记的重要论述，数据在发展新质生产力中的关键要素作用，可以从三个方面进行理解。

第一，实现技术革命性突破、生产要素创新性配置、产业深度转型升级，数据将始终发挥关键要素作用。

人类从农业经济社会、工业经济社会进入数字经济社会，最重要的标志，就是数据成为新型生产要素。目前，世界正处在新一轮科技革命的风口，数字技术的突破、数据要素的应用将带来科研范式、创新范式的变革，通过重构创新生态提升科学生产率。

未来产业的发展，创新生态的形成，最大的背景是数字经济时代的到来，最大的资源是数据作为要素参与生产。数字技术的关键性突破、数据要素的广泛性应用，必然有效拓展创新领域、缩短创新周期、提升创新效率，推动科研范式、创新范式的转变，必将极大地提高科学生产率、改造提升传统产业、发展壮大新兴产业、加快布局未来产业，催生有显著战略性、引领性、颠覆性和不确定性的前瞻性新兴产业。

因此，新一轮科技革命，除了数字技术的突破，如何发挥数据要素的关键作用，将是一个重要的基础性、战略性、支撑性问题。在市场经济条件下，这就是要加强数据要素市场的建设，发挥市场对于资源配置的决定性作用，为未来产业的发展、创新生态的形成提供关键的要素支撑。

第二，实现劳动者、劳动资料、劳动对象及其优化组合的跃升，数据将始终发挥关键要素作用。

与其他生产要素不同的是，数据既是劳动资料，也是劳动对象。数据不仅作为生产要素在生产过程中独立发挥作用，更为重要的是，数据将通过产业效应、创新效应、匹配效应、协同效应提升其他生产要素的生产效率和组合效率，进而在参与社会生产中创造新质生产力。数据成为新型生产要素，本身为社会生产带来了新的动力支撑，也激发了其他生产要素的创造活力。

在数字经济时代，劳动者、劳动资料、劳动对象将因为数字技术的发展和革命性突破，为生产要素创新性配置、产业深度转型创造条件。而这其中，数据利用水平的高低，直接影响土地、劳动力、资本、技术、管理、知识等要素配置效率，推动传统产业结构性重塑，促进产业高端化、智能化、绿色化，放大和激活传统生产要素价值。

第三，摆脱传统经济增长方式、生产力发展路径，大幅提升全要素生产率，数据将始终发挥关键要素作用。

当前，我国全要素生产率与西方发达国家相比仍有较大差距，经济发展效率有待进一步提高，这也为我国在数字经济时代发展提供了巨大空间和增长潜力。

2019年，我国GDP已达美国的67%，但全要素生产率水平只有美国的40.3%、德国的43.4%、法国的44.4%、英国的51.3%、日本的61.5%、韩国的65.7%。如果到2035年，我国全要素生产率能够达到美国的60%左右，也就相当于目前韩国的水平，那么，平均每年全要素生产率提升对经济增长的拉动就会超过3个百分点。在此期间，如果每年经济增长为5%左右，那么全要素生产率提高的贡献度就会超过60%。可见，推进中国式现代化，效率提升带来的增长空间足以支撑我国未来几十年的经济发展（黄群慧，2024）。

提升全要素生产率，一方面，要推进产业数字化、数字产业化、数据价值化，通过数字化、数智化改造，统筹传统产业、新兴产业、未来产业的发展，建立现代化产业体系；另一方面，要推进数字化治理，建立与新质生产力相适应的新型生产关系，完善中国特色社会主义市场经济体制，实现新型生产要素合理匹配、优化组合的跃升，从而形成更高效率、更高水平的生产函数，推进全要素生产率的持续、快速提升。

总的来看，在数字经济时代背景下，以数字化、信息化、智能化、绿色化和融合化为基本特征的新科技正在推进传统的劳动者、劳动资料和劳动对象及其组合方式发生质的变革，成为新质生产力的新型生产要素，新型生产要素及其新组合催生了大量的新产业、新模式，这些如雨后春笋般勃发的未来产业、新兴产业及其传统产业的深度转型，整体推进了产业体系发展。在新质生产力的形成和发展过程中，数据将始终发挥关键要素作用，而这其中，如何发挥市场对于数据资源的配置作用，将决定数据能在多大程度上发挥关键作用，能发挥多大的作用。

10.3 数据要素市场助力中国式现代化

历史经验表明，现代化的历程总是伴随着技术的更迭而不断演进，不同发展时期的国家在推进现代化过程中体现了鲜明的时代特征（刘颖等，2023）。中国在人类进入数字时代的今天推进现代化，必然会体现数字经济、发挥数据要素作用的时代特征。系统动力学模型的仿真模拟表明，数据要素市场的发展程度直接关系GDP增长。投资于数据要素市场建设，可以通过数据资源的优化配置，推动数字技术、数字经济、数字社会的发展，从而带动国家经济发展、助力中国式现代化。

第一，助力释放人口规模新红利。人口规模巨大是中国式现代化的国情实际，占全球18%的人口规模推动了改革开放40多年来的经济快速发展。然而，人口老龄化和生育率下降对人口红利的持续性提出了挑战。数字经济通过提高劳动效率、改善劳动结构、提升人口素质、激发创新潜能来重塑人口规模的优势。

数字技术以其特有的虚拟、开放、共享等特征改变了劳动工具和劳动方式，数据要素的边际报酬递增特性使其使用价值随着场景的丰富逐渐提升，极大提高了劳动效率。

数字化与智能化的进程将进一步改变劳动结构，常规重复性工作越来越多地被机器替代，人们能够更多投身于创造性、情感性工作等，全社会人口素质和人力资本水平将得到整体提升（柏培文和张云，2021）。

数据要素成为创新主体寻求创新灵感、研判市场趋势、优化研发布局的有力工具（汪寿阳和刘颖，2023）。创新活动不再是循序渐进的固定流程，而是强调开放创新、持续迭代优化的动态交互流程（刘洋等，2020）。依托数字技术的强算力，创新主体得以在进行产品的创新设计过程中快速获取反馈，降低了时间成本和人力成本，使创新活动的不确定性大幅度降低，进而激活巨大人口优势的创新潜能。数字经济发展催生的新领域和新赛道，已经成为科技创新扩散和应用的土壤。

第二，助力实现共同富裕。全体人民共同富裕，是中国式现代化的重要特征，也是社会主义的本质要求（蔡继明等，2022）。数字经济不仅能够降低市场交易成本、提高全要素生产率、推动宏观经济一般性增长，而且能够以其惠普性、包容性的技术特征解决发展不平衡不充分的问题。

数据要素赋能传统要素，打通了实体经济生产、经营、流通、服务等环节的堵点，以数字技术驱动改进企业价值创造模式，促进了供应链和产业链的协同（戚聿东和肖旭，2020），能够有效解决中国部分产业存在的"小、散、弱"等问题，提高整体市场的资源配置效率，开辟全新经济增长点。数字时代产业间的分工协作发生了巨大变化，数字经济以其强渗透性和广覆盖性的优势，使不同产业间的壁垒得以打通，推动产业从内部分工向外部协作转型。数字经济的发展开拓了实体经济发展新空间，实现产业间技术的渗透融合，形成开放融合、分工协同的产业发展新格局。

数字技术与教育、医疗、金融等融合形成新业态，扩大了教育和医疗的覆盖范围，增加了中小微企业和中低收入群体获得资源的机会，促进了基本公共服务均等化。数据要素的开放共享有助于弥合传统资源禀赋差距，提高数据资源的普惠化水平，促进区域协调发展和共同富裕。

第三，助力物质文明和精神文明相协调。满足人民美好生活需要是中国式现代化的根本目的。进入新时代，人民的需求结构变化呈现两个特点：一方面，人民群众的需求呈现多样性、个性化特征，并且更加关注产品和服务的质量；另一方面，随着生活水平的提高，人民群众的精神文化追求也需要"同频共振"，不断丰富并提高层次。

数字经济能够推动物质文明和精神文明协调发展。在物质文明方面，数据要素赋能土地、劳动等传统要素，进一步提高了资源配置效率，带来了巨大的物质财富创造效应（洪永淼等，2022），能够满足人们多层次的产品需求。在精神文明方面，数字技术推动了数字文化产业的繁荣，为中华文化的传播提供了更有效的方式。基于新型技术的数字文旅、电子政务等业态发展迅速，极大地提升了人们的体验感和幸福度，进一步满足了人们对精神文明高质量发展的需求。

第四，助力人与自然和谐共生。人与自然和谐共生是中国式现代化的基本路径，其重点在于平衡好经济发展与生态文明之间的关系。促进人与自然和谐共生既要创造更多物质财富和精神财富以满足人民日益增长的美好生活需要，也要满足与之相适应的优美生态环境需要（韩保江和李志斌，2022）。数字经济发展有助于推动形成绿色低碳的生产生活方式。在生产侧，大数据、人工智能、数字孪生等技术赋能传统产业的智能化和绿色化改造，以数据和知识的流动减少不必要的物体移动，提高能源和资源的配置效率，智慧能源开发、绿色工厂建设等成为企业转型升级的重点方向。数字技术不仅可以应用于能源生产和环境监测，提高环境监测精准性，而且还能助力能源结构加速变革，促进新能源和绿色技术的创新，提高绿色产业市场化能力，进一步提升绿色国内生产总值的比重。在消费侧，共享单车、线上办公、智慧政务等数字应用迅速普及，有助于绿色理念在消费模式、社会治理等方面推动变革，促使全社会自觉参与生态环境保护、切实践行绿色发展理念。数字经济生态化与生态经济数字化的深化，将使数字生产力产生更大的生态效益，运用数字技术对生态产业进行全链条改造，能够有效促进绿色经济和数字经济的融合发展。

第五，助力走和平发展道路。和平发展是中国式现代化的鲜明特征和必由之路。数字经济大幅缩短了人类经济活动的时空距离；数字经济与实体经济深度融合，有利于统一大市场的形成，实现了生产要素在国内国际的良性循环（江小涓和孟丽君，2021），显著提升了经济体系的连通性和韧性。数字化支付体系和现代物流的发展，能够有效降低国际贸易和经济技术合作的成本，从而有利于跨国要素流通和商品流通。数字技术发展带来的全球治理体系的变革，将把世界各国更加紧密地联系在一起，合作共赢将成为各方最大的利益交汇点，促进全球产业的分工协作。数字技术的普及应用使各国文化日益交融，增进了交流与合作，减少了对立和冲突。顺应信息化、智能化的发展趋势，全球数字基础设施建设将进一步加强互联互通，有助于消除数字鸿沟，促进信息共享和互信合作，释放数字经济新动能，从而推动世界各国共建网络空间命运共同体，共创互利共赢的和平发展道路。

10.4　数据要素市场迎来发展机遇

本书的研究隐含着和论证了**命题1：通过理论分析和实证研究，数据要素与其他生产要素一样，其资源的优化配置是重要的，而且会比其他生产要素更直接、更广泛、更深刻地影响国民经济的增长质量和效率。**

那么，进入数字经济时代以来，为什么在数据要素市场建设滞后的情况下，数字经济仍然实现了快速发展？这有三个原因。

第一，数字经济的发展起步时间并不长，特别是市场主体的数字化转型仍然处在继续推进的过程中。这就决定了，数据要素并没有成为每一个市场主体的刚性需求，经济还没有发展到离不开数据的阶段。高晓雨（2021）指出，总体上看，工业互联网应用场景尚不成熟，各行业的应用效果有待进一步显现，整体还处于初级应用阶段。马晔风和蔡跃洲（2022）的调查显示，相比较而言，企业在生产制造环节的数字化建设程度最低，且国有企业、民营企业和外资企业的整体数字化建设程度均在40%左右。

第二，在消费互联网时代，消费型数字经济发挥了主导作用。由于网络购物、数字居家生活、智慧健康养老等场景的数字化转型发展，数字化消费模式已成为居民消费的主流形态。这一领域的发展，得益于公共数据的共享和开放。到2020年，我国地方政府数据开放平台达到142个，开放有效数据集达到98558个。

第三，平台公司的免费数据红利。进入数字经济时代以来，平台公司在经济发展中扮演了生力军作用。平台公司在其生产经营过程中，收集掌握了大量的个人用户数据和经济社会行为数据，将这些数据滚动用于生产经营中，进一步带动、推动了自身的发展。根据中国互联网协会发布的报告，2021年我国前百家企业互联网业务总收入达到4.1万亿元。由于数据权属没有得到有效解决，数据密集型企业实际上享受了免费的"数据红利"。

据此，可以得出**命题2：过去一个时期以来的发展实践表明，数据要素市场的滞后并没有对经济发展产生大的影响，是因为数据权属在事实上的模糊性，数据要素事实上通过非市场的方式配置到了最有发展活力的领域，发挥了新型生产要素的重要作用。**

接下来需要讨论的问题是，为什么国家如此高度重视数据要素市场的发展，为什么各地对于建设数据要素交易平台热情不减？

2022年6月22日，习近平总书记在主持召开中央全面深化改革委员会第二十六次会议时，明确提出"要建立数据产权制度，推进公共数据、企业数据、个人数据分类分级确权授权使用"，这一论述，将数据明确划分为公共数据、企业数据、个人数据。研究数据结构的发展，可以发现，数字经济呈现三个阶段的变化趋势（见图10-1）。

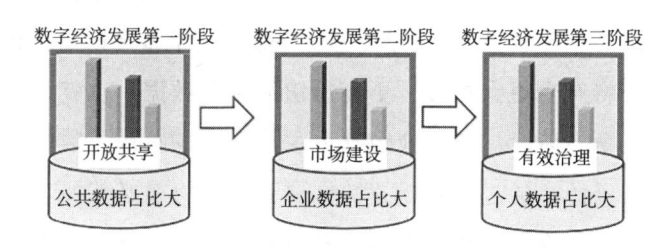

图10-1 数字经济的3个发展阶段

第一阶段，公共数据占主体地位。我国现有数据中80%为政府或政府部门所掌握，这些数据多数是公共数据。平台公司收集的大量数据，不少也都有公共数据的性质。公共数据是国家和社会数字化治理的基础。全面提升数字社会建设水平，仍然是当前和今后一个时期的重要任务，最终的目标，就是实现"无数字，不治理"，这也是刘瑞明等（2020）关于数字时代社会秩序与国家治理现代化研究中的重要观点。

第二阶段，企业数据占主体地位。工业互联网、物联网、5G等数字技术的运用发展，企业数字化转型的加快，必将促使供给端产生更大规模、更高数量级、更大价值密度的数据（安筱鹏，2021）。2019年我国物联网设备连接量达到47亿台，预计2025年物联网设备量将达到199亿台。数字经济发展的必然结果是，产生于工业生产领域和商业经营领域的数据将越来越多，其在数据总量中的占比将超过公共数据。对于每一个实现了数字化转型的企业，可以说，没有数据就无法正常生产经营，也就是说，数字经济发展进入"无数据，不经济"的阶段。

第三阶段，个人数据占主体地位。数字经济进一步发展，在元宇宙时代，随着现实世界虚拟化、数字化进程的加快，社会成员对数字空间的各种需求将无限制地增长，个人数据量将得到更大幅度的增长，社会必然进入"无数据，不生活"的阶段。到目前为止，由于数据要素仍然以大型平台公司体系内部或基于资本生态圈内的生产与消费循环为主，市场上无法形成大规模的交易和流通。但是，随着企业数字化转型的全面实现，社会产、学、研、学、用对数据要素的刚性需求增加，数据要素的市场化配置将越来越重要。

为此，可以给出命题3：**随着社会和企业数字化转型加快，新的数字技术不断出现，工业互联网、物联网、5G等数字技术普及运用，企业数字化转型加快，必将产生更大规模、更高价值的企业数据**。也就是说，随着数字经济发展到第二阶段，即企业数据占主体地位的时候，数据要素将不再是免费的公共资源，通过市场配置数据要素资源将是必然要求，数据要素市场建设将越来越重要，数据要素交易流通将越来越重要。可以说，没有数据要素市场的繁荣，就没有数字经济的繁荣。

以上三个命题，都集中指向了加快数据要素市场建设的重要性、特殊性、紧迫性。我国经济总量排名世界第二、人口规模排名世界第一，是名副其实的数据大国。充分发挥我国海量数据、广阔市场空间和丰富应用场景优势，充分释放数据要素价值，激活数据要素潜能，以数据流促进生产、分配、流通、消费各个环节高效贯通，推动数据技术产品、应用范式、商业模式和体制机制协同创新，迫切需要加快数据要素市场建设。探索走出一条符合中国特色的数据要素市场建设之路，是推动我国数字经济发展、实现高质量发展的必然要求，也是打造数字时代我国竞争新优势和发展新格局的重要机遇。

数据要素市场是一个新兴的理论和实践领域，理论研究成果还不多，实践成果也不多。因而，加快数据要素市场发展的理论研究和实践探索，成为一个紧迫而重大的课题，需要改善数据要素市场发展环境，优化数据要素市场运行机制，使之成为促进我国经济社会高质量发展的重要途径（王申等，2022；姜宇，2023；王伟玲，2023）。这其中，数据要素市场的性质是什么、受哪些因素影响，以及动力机制如何，直接关系到数据要素市场的构建和运行效率，需要学界、业界继续进行进一步的理论研究和实践探索。

参考文献

安筱鹏，李倩等.数据治理热点解析与建议；马晔风，蔡跃洲等.企业数字化建设对新冠肺炎疫情应对的影响与作用；李艺铭.中国消费型数字经济发展的现状与特征［C］.李海舰，蔡跃洲等主编，中国数字经济前沿（2021），北京：社会科学文献出版社.2021.

白永秀，李嘉雯，王泽润.数据要素：特征作用机理与高质量发展［J］.电子政务，2022（06）：23-36.

柏培文，张云.数字经济、人口红利下降与中低技能劳动者权益.经济研究，2021（05）：91-107.

柏培文，喻理等.数字经济发展与企业价格加成：理论机制与经验事实［J］.中国工业经济，2021（11）：59-75.

蔡继明，刘媛，高宏，陈臣.数据要素参与价值创造的途径——基于广义价值论的一般均衡分析［J］.管理世界，2022（07）：108-121.

蔡万焕，张紫竹.作为生产要素的数据：数据资本化、收益分配与所有权［J］.教学与研究，2022（07）：57-65.

杜晓梅，罗昭源，张银平.基于WSR的海外油气田开发项目的风险管理研究［J］.西南石油大学学报（社会科学版），2012（06）：1-5.

丁波涛.基于信息生态理论的数据要素市场研究［J］.情报理论与实践，2022（12）：36-41+59.

段哲哲，艾健，秦强.系统理论中系统动力学方法论的困境、问题与未来——基于经典定性与定量方法的批判视角[J].系统科学学报，2022（02）：30-34.

冯根尧.开放复杂巨系统及方法论[J].陕西理工学院学报（社会科学版），1997（04）：18-21.

高飞.物理-事理-人理系统方法及其应用[D].北京：中国社会科学院，2000.

高富平，冉高苒.数据要素市场形成论——一种数据要素治理的机制框架[J].上海经济研究，2022（09）：70-86.

高军，王华伟，赵美.系统方法分类与应用选择研究[J].系统科学学报，2016（02）：36-39+53.

高晓宁，胡威，臧国全.科研数据共享效率影响因素系统动力学仿真分析[J].情报理论与实践，2022（08）：146-153.

高晓雨.数字化和新模式新业态发展的中国实践[J].互联网天地.2021（08）：7-10.

顾基发，高飞.从管理科学角度谈物理-事理-人理系统方法论[J].系统工程理论与实践，1998（08）：2-6.

顾基发，唐锡晋.从古代系统思想到现代东方系统方法论[J].系统工程理论与实践，2000（01）：89-92.

顾基发，唐锡晋.物理-事理-人理系统方法论理论与应用[M].上海：上海科技教育出版社，2006.

顾基发.从运筹学到系统工程到系统科学——怀念许国志先生的学术点滴[J].系统科学与数学，2009（11）：1437-1440.

国家发展和改革委员会.加快构建中国特色数据基础制度体系，促进全体人民共享数字经济发展红利[J].宏观经济管理，2023（03）：13-15+34.

国家工业信息安全发展研究中心，等.中国数据要素市场发展报告（2021-2022）[R/OL].2022.

国家工业信息安全发展研究中心.中国数据要素市场发展报告（2020-2021）[R/OL].（2021-04-25）[2022-12-11].https：//cics-cert.org.cn/

web_root/ webpage/articlecontent_101006_1387711511098560514.html.

国务院.国务院关于印发"十四五"数字经济发展规划的通知［EB/OL］.（2022-01-12）［2022-12-11］.https：//www.gov.cn/zhengce/content/2022-01/12/content_ 5667817.htm.

海龙.数据的私法定位与保护［J］.法学研究，2018（06）：80-91.

韩保江，李志斌.中国式现代化：特征、挑战与路径.管理世界，2022（11）：29-43.

郝爽，李国良，冯建华，等.结构化数据清洗技术综述［J］.清华大学学报（自然科学版），2018（12）：1037-1050.

何鋆灿.数据权属理论场景主义选择——基于二元论之辩驳［J］.信息安全研究，2020（10）：919-932.

洪永淼，汪寿阳.大数据、机器学习与统计学：挑战与机遇［J］.计量经济学报，2021（01）：17-35.

洪永淼，张明，刘颖.推动跨境数据安全有序流动 引领数字经济全球化发展.中国科学院院刊，2022（10）：1418-1425.

胡东兰，夏杰长.数据作为核心要素的理论逻辑和政策框架［J/OL］.西安交通大学学报（社会科学版）.https：//kns.cnki.net/kcms/detail/61.1329.c.20221107.1534.002.html.

黄朝椿，魏云捷.基于物理-事理-人理的数据要素市场影响因素分析［J］.计量经济学报，2023（03）：636-659.

黄朝椿.论基于供给侧的数据要素市场建设［J］.中国科学院院刊，2022（10）：1402-1409.

黄丽华，窦一凡，郭梦珂，汤奇峰，李根.数据流通市场中数据产品的特性及交易模式［J］.大数据，2022（03）：3-13.

黄群慧.读懂新质生产力［N］.华夏时报，2024-03-11.

江小涓，孟丽君.内循环为主、外循环赋能与更高水平双循环——国际经验与中国实践.管理世界，2021（01）：1-19.

姜宇.数据要素市场化的一种方案：基于数据信托的数据交易所机制重构［J］.电子政务，2023（07）：12-26.

寇晓东，顾基发.物理-事理-人理系统方法论25周年回顾——溯源、释义、比较与前瞻［J］.管理评论，2021（05）：3-14.

李爱华，续维佳，石勇.基于"物理-事理-人理"的多源异构大数据融合探究［J］.中国科学院院刊，2023（08）：1225-1233.

李牧翰.数字经济下民事新权利的构建：数据资源权［J］.云南社会科学，2020（04）：48-54.

林飞腾.基于成本法的大数据资产价值评估研究［J］.商场现代化，2020（10）：59-60.

刘朝阳.大数据定价问题分析［J］.图书情报知识，2016（01）：57-64.

刘金钊，汪寿阳.数据要素市场化配置的困境与对策探究［J］.中国科学院院刊，2022（10）：1435-1444.

刘力宏.以数字化网络化智能化为中国式现代化打造"数字引擎"［J］.旗帜.2023（06）：40-42.

刘瑞明，葛晶等.数字时代的社会秩序与国家治理现代化［J］.中国工业经济，2020（09）：24-40.

刘文革，贾卫萍.数据要素提升经济增长的理论机制与效应分析——基于新古典经济学与新结构经济学的对比分析［J］.天津师范大学学报（社会科学），2022（10）：13-23.

刘洋，董久钰，魏江.数字创新管理：理论框架与未来研究.管理世界，2020（07）：198-217.

刘颖，黄朝椿，洪永淼，汪寿阳.数字经济赋能中国式现代化［J］.中国科学院院刊，2023（10）：1468-1474.

刘枞，郝雪镜，陈俞宏.大数据定价方法的国内外研究综述及对比分析［J］.大数据，2021（06）：89-102.

罗伯特·F.德威利斯.量表编制：理论与应用［M］.席仲恩，杜珏译.重庆：重庆大学出版社，2016.

罗伯特·默顿·索洛.增长理论：一种解说［M］.朱保华，译.北京：格致出版社，2015.

马国强.基于东方系统方法论的企业安全评价应用研究［D］.郑州：河南科技大学，2011.

马克思，恩格斯.共产党宣言［M］.北京：人民出版社，2014.

马莉莎.数据要素发展水平测度及其与传统生产要素的交互效应研究［D］.南昌：江西财经大学，2022.

马歇尔.经济学原理［M］.朱志泰，陈良璧，译.北京：中国社会科学出版社，2007.

马晔风，蔡跃洲.国内外城市数字化治理比较及其启示［J］.科学发展，2022（12）：14-22+104.

曼昆.经济学基础（第八版）［M］.梁小民，梁硕.北京：北京大学出版社，2022.

梅夏英.数据的法律属性及其民法定位［J］.中国社会科学，2016（9）：164-183+209.

美国商务部.浮现中的数字经济［M］.姜奇平，译.北京：中国人民大学出版社，1998.

苗东升.系统科学精要［M］.北京：中国人民大学出版社，1998.

闵华松，胥贵萍.ILDM：数据生命周期动态管理［J］.计算机科学，2011（12）：239-241，262.

牟新娣，李秀婷，董纪昌，等.基于系统动力学的我国住房需求仿真研究［J］.管理评论，2020（06）：16-28.

欧阳日辉，杜青青.数据要素定价机制研究进展［J］.经济学动态，2022（02）：124-141.

欧阳日辉，龚伟.基于价值和市场评价贡献的数据要素定价机制［J］.改革，2022（03）：39-54.

欧洲议会.欧盟《通用数据保护条例》及其合规指南［M］.王敏，译.武汉：武汉大学出版社，2021.

戚聿东，肖旭.数字经济时代的企业管理变革［J］.管理世界，2020（06）：135-152.

钱学森，许国志，王寿云.组织管理的技术——系统工程［J］.上海理工大学学报，2011（06）：520-525.

钱子瑜.论数据财产权的构建［J］.法学家，2021（06）：75-91+193.

乔晗，李卓伦，黄朝椿.数据要素市场化建设的影响因素与提升路径——基于复杂经济系统管理视角的组态效应分析［J］.外国经济与管理，2023（01）：38-54.

邱东.数据科学在社会经济领域应用的重心——兼评《十字路口的统计学，谁来应对挑战》［J］.计量经济学报，2021（02）：250-265.

邱皓政.量化研究与统计分析［M］.重庆：重庆大学出版社，2013.

区晶莹，许丹纯，俞守华.新市民信息需求与社区信息服务互动关系系统动力学仿真——以广东省为例［J］.情报科学，2016（06）：57-62.

让·巴蒂斯特·萨伊：《政治经济学概论》［M］.晏智杰，赵唐英，译.北京：华夏出版社，2017.

荣泰生.AMOS与研究方法［M］.重庆：重庆大学出版社，2017.

沈斌.论公共数据的认定标准与类型体系［J］.行政法学研究，2023（04）：64-76.

宋方青，邱子键.数据要素市场治理法治化：主体、权属与路径［J］.上海经济研究，2022（04）：13-22.

孙毅.数字经济学［M］.北京：机械工业出版社，2022.

泰普斯科特.数字经济蓝图［M］.陈劲，何丹，译.大连：东北财经大学，2003.

唐晓波，李新星.社会化问答社区知识共享机制的系统动力学仿真研究［J］.情报科学，2018（03）：125-129+163.

汪寿阳，刘颖.以数字经济赋能现代化产业体系建设［J］.前线，2023（02）：37-40.

王磊，陈国华.基于WSR方法论的企业安全管理研究［J］.中国安全生产科学技术，2008（01）：112-115.

王利明.迈进数字时代的民法［J］.比较法研究，2022（04）：17-32.

王申，许恒，吴汉洪.数据互操作与知识产权保护竞合关系研究［J］.中国工业经济，2022（09）：24-42.

王胜利，薛从康.数据生产要素参与分配：价值基础、依据和实现形式[J].制度经济学研究，2022（02）：182-199.

王伟玲.中国数据要素市场体系总体框架和发展路径研究[J].电子政务，2023（07）：2-11.

王文平.大数据交易定价策略研究[J].软件，2016（10）：94-97.

王雪清，刘勇.大气污染与环境规制对企业库存的影响机制研究——基于广东省工业企业数据[J].管理评论，2021（12）：60-70.

网信办.关于印发《常见类型移动互联网应用程序必要个人信息范围规定》的通知[EB/OL].（2021-03-12）[2022-12-11].https://www.gov.cn/zhengce/zhengceku/2021-03/23/content_5595088.htm.

威廉·配第.赋税论[M].威廉·配第爵士经济文集，陈冬野，译.北京：商务印书馆，1963.

吴晷兵，贾康.政府和市场合作供给公共产品的理论分析和制度设计[J].江西社会科学，2023（05）：157-171+208.

吴明隆.问卷统计分析实务[M].重庆：重庆大学出版社，2018.

吴培新.经济增长理论的突破性进展（上，下）——评卢卡斯《论经济发展的机制》.外国经济与管理.[J].1995（05）：3-7.

吴易风.产权理论：马克思和科斯的比较[J].中国社会科学，2007（02）：5-19.

西蒙·库兹涅茨.各国的经济增长[M].赏勋等，译.北京：商务印书馆，1999.

肖利哲，赵鹤宇，李永华.基于系统动力学的科技创新团队攻坚期协同创新机理研究[J].中国科技论坛，2020（05）：72-81.

萧政.大数据时代关于预测的几点思考[J].计量经济学报，2021（01）：1-16.

谢康，夏正豪，静华.大数据成为现实生产要素的企业实现机制：产品创新视角[J].中国工业经济，2020（05）：42-60.

新华社.中共中央关于坚持和完善中国特色社会主义制度 推进国家治理体系和治理能力现代化若干重大问题的决定[EB/OL].（2019-11-05）

［2022-12-11］. https：// www. gov. cn/zhengce/2019-11/05/content_5449023. htm.

新华社.中共中央国务院关于构建数据基础制度更好发挥数据要素作用的意见［EB/OL］.（2022-12-19）［2023-08-11］.https：//www.gov.cn/zhengce/2022-12/19/ content_5732695.htm.

徐翔，赵墨非.数据资本与经济增长路径［J］.经济研究，2020（10）：38-54.

许建峰，汤俊，马雪峰，等.客观信息的模型和度量研究［J］.中国科学：信息科学，2015（03）：336-353.

鄢浩宇.数据定价的机制构建与法律调节［J］.金融经济，2022（09）：62-71.

杨红娟，张成浩.基于系统动力学的云南生态文明建设有效路径研究［J］.中国人口·资源与环境，2019（02）：16-24.

余晨然.数据治理的制度逻辑［J］.中南法律评论.2021（00）：25-37.

余筱兰.公共数据开放中的利益冲突及其协调——基于罗尔斯正义论的权利配置［J］.安徽师范大学学报（人文社会科学版），2021（03）：83-93.

袁康，刘汉广.公共数据治理中的政府角色与行为边界［J］.江汉论坛，2020（05）：120-127.

约翰·奈斯比特.大趋势［M］.梅艳，姚综，译.北京：中国新华出版社，1984.

约瑟夫·熊彼特.经济发展理论［M］.何畏，易家祥，译.北京：商务印书馆，2020.

翟丽丽，王佳妮.移动云计算联盟数据资产评估方法研究［J］.情报杂志，2016（06）：130-136.

张彩江，孙东川.WSR方法论的一些概念和认识［J］.系统工程，2001（06）：1-8.

张杰.保罗·罗默主要经济思想研究［D］.厦门：厦门大学，2020.

张强，薛惠锋.基于WSR方法论的环境安全分析模型［J］.中国软科学.2010（01）：165-174.

赵刚.数据要素：全球经济社会发展的新动力［M］.北京：人民邮电出版社，2021.

赵鑫.数据要素市场面临的数据确权困境及其化解方案［J］.上海金融研究，2022（04）：59-68.

赵正，郭明军，马骁，等.数据流通情景下数据要素治理体系及配套制度研究［J］.电子政务，2022（02）：40-49.

郑大庆，黄丽华，郭梦珂，等.公共数据资源治理体系的演化模型：基于整体性治理的建构［J］.电子政务，2022（05）：79-92.

中共中央马克思恩格斯列宁斯大林著作编译局.马克思恩格斯全集（第25卷）［M］.北京：人民出版社，1974.

中国信息通信研究院.数据价值化与数据要素市场发展报告（2021年）［R/OL］.（2021-05-01）［2022-12-11］.http：//www.caict.ac.cn/kxyj/qwfb/ztbg/202105/t20210527_378042.htm.

中国信息通信研究院.数据要素白皮书（2022）［R/OL］.（2023-01-07）［2023-06-11］.http：//www.caict.ac.cn/kxyj/qwfb/bps/202301/P020230107392254519512.pdf.

中国政府网.新华：习近平在中共中央政治局第十一次集体学习时强调加快发展新质生产力 扎实推进高质量发展［EB/OL］.（2024-02-01）.https：//www.gov.cn/yaowen/liebiao/202402/content_6929446.htm.

钟永光，贾晓菁，钱颖.系统动力学（第二版）［M］.北京：科学出版社，2023.

钟永光，贾晓菁，钱颖.系统动力学前沿与应用［M］.北京：科学出版社，2016.

周樨平.大数据时代企业数据权益保护论［J］.法学，2022（05）：159-175.

朱迪丝·A.霍尔顿，伊莎贝尔·沃尔什.经典扎根理论［M］.王进杰，朱明明，译.北京：北京大学出版社，2021.

朱扬勇，叶雅珍.从数据的属性看数据资产［J］.大数据，2018

(06): 65-76.

朱扬勇. 加快推进数据资源开发 [J]. 高科技与产业化, 2017 (06): 32-35.

朱志昌. 物理事理人理方法论国际交流的启示 [C] // 第11届中国系统工程学会年论文集, 2000: 149-164.

邹传伟. 数据要素市场的组织形式和估值框架 [J]. 大数据, 2021 (03): 28-36.

Acquisti A, Brandimarte L, Loewenstein G. Privacy and human behavior in the age of information [J]. Science, 2015, 347 (6221): 509-514.

Agarwal A, Dahleh M, Sarkar T. A marketplace for data: An algorithmic solution [C] //Proceedings of the 2019 ACM Conference on Economics and Computation, 2019: 701-726.

Arrow K J, Forsythe R, Gorham M, et al. The promise of prediction markets [J]. Science, 2008, 320 (5878): 877-878.

Attard J, Orlandi F, Auer S. Exploiting the value of data through data value networks [C] //Proceedings of the 10th International Conference on Theory and Practice of Electronic Governance. 2017: 475-484.

Cohen J E. Between Truth and power the legal constructions of informational capitalism [M]. New York: Oxford University Press, 2019.

Cong L W, Wei W, Xie D, et al. Endogenous growth under multiple uses of data [J]. Journal of Economic Dynamics and Control, 2022, 141: 104395.

Cong L W, Xie D, Zhang L. Knowledge accumulation, privacy, and growth in a data economy [J]. Management Science, 2021, 67 (10): 6480-6492.

Corrado C. Data as an asset: Expanding the intangible framework [C] //Conference on the Economics, Governance and Management of AI, Robots and Digital Transformation (EMAEE). 2019.

Curry E. The big data value chain: Definitions, concepts, and theoretical approaches [J]. New Horizons for A Data-Driven Economy, 2016: 29-37.

Daskalakis C, Deckelbaum A, Tzamos C. Strong duality for a multiple-good monopolist [J]. Econometrica, 2017, 85 (3): 735-767.

Farboodi M, Veldkamp L. A model of the data economy [R]. NBER Working Paper, No. w28427, 2021.

Gale D, Shapley L S. College admissions and the stability of marriage [J]. The American Mathematical Monthly, 1962, 69 (1): 9-15.

Ghosh A, Roth A. Selling privacy at auction [C] //Proceedings of the 12th ACM Conference on Electronic Commerce. 2011: 199-208.

Glaser B G. Basics of grounded theory analysis: Emergence vs forcing [M]. California: Sociology Press. 1992.

Grether D M, Isaac R M, Plott C R. The allocation of landing rights by unanimity among competitors [J]. The American Economic Review, 1981, 71 (2): 166-171.

Groves T, Ledyard J. Optimal allocation of public goods: A solution to the "free rider" problem [J]. Econometrica: Journal of the Econometric Society, 1977: 783-809.

Heckman J R, Boehmer E L, Peters E H, et al. A pricing model for data markets [J/OL]. iConference 2015 Proceedings, 2015. https://www.ideals.illinois.edu/items/73657.

Jia R, Dao D, Wang B, et al. Efficient task specific data valuation for nearest neighbor algorithms [J]. Proceedings of the VLDB Endowment, 2019, 12 (11): 1610-1623.

Jones C I, Tonetti C. Nonrivalry and the economics of data [J]. American Economic Review, 2020, 110 (9): 2819-2858.

Kagel J H, Levin D. Auctions: A survey of experimental research [M]. Pittsburgh: University of Pittsburgh, 1990.

Kamleitner B, Mitchell V W. Can consumers experience ownership for their personal data? From issues of scope and invisibility to agents handling our digital blueprints [J]. Psychological Ownership and Consumer Behavior, 2018: 91-118.

Katz M L, Shapiro C. Network externalities, competition, and compatibility [J]. The American Economic Review, 1985, 75 (3): 424-440.

Kittsteiner T, Ockenfels A. Market design: A selective review [J]. Zeitschrift für Betriebswirtschaft, 2006, 5 (Special Issue): 121-143.

Koutroumpis P, Leiponen A, Thomas L D. Markets for data [J]. Industrial and Corporate Change, 2020, 29 (3): 645-660.

Liang F, Yu W, An D, et al. A survey on big data market: Pricing, trading and protection [J]. IEEE Access, 2018 (6): 15132-15154.

Liu K, Qiu X, Chen W, et al. Optimal pricing mechanism for data market in blockchain-enhanced internet of things [J]. IEEE Internet of Things Journal, 2019, 6 (6): 9748-9761.

McMillan J. Market design: The policy uses of theory [J]. American Economic Review, 2003, 93 (2): 139-144.

Miller A R, Tucker C. Privacy protection, personalized medicine, and genetic testing [J]. Management Science, 2018, 64 (10): 4648-4668.

Pan S L, Tan B. Demystifying case research: A structured-pragmatic-situational (SPS) approach to conducting case studies [J]. Information and Organization, 2011, 21 (3): 161-176.

Pei J. A survey on data pricing: From economics to data science [J]. IEEE Transactions on Knowledge and Data Engineering, 2020, 34 (10): 4586-4608.

Rassenti S J, Smith V L, Bulfin R L. A combinatorial auction mechanism for airport time slot allocation [J]. The Bell Journal of Economics, 1982: 402-417.

Rochet J C, Tirole J. Platform competition in two-sided markets [J]. Journal of the European Economic Association, 2003, 1 (4): 990-1029.

Roth A E. The economist as engineer: Game theory, experimentation, and computation as tools for design economics [J]. Econometrica, 2002, 70 (4): 1341-1378.

Roth A E. Repugnance as a constraint on markets [J]. Journal of Economic Perspectives, 2007, 21 (3): 37-58.

Roth A E. The art of designing markets [J]. Harvard Business Review, 2007, 85 (10): 118-126.

Roth A E. Deferred acceptance algorithms: History, theory, practice, and open questions [J]. International Journal of Game Theory, 2008, 36: 537-569.

Roth A E. What have we learned from market design? [J]. The Economic Journal, 2008, 118 (527): 285-310.

Sarkar P. Data as a service: A framework for providing reusable enterprise data services [M]. Hoboken: John Wiley & Sons, Inc., 2015.

Schomm F, Stahl F, Vossen G. Marketplaces for data: An initial survey [J]. ACM SIGMOD Record, 2013, 42 (1): 15-26.

Shleifer A. The age of Milton Friedman [J]. Journal of Economic Literature, 2009, 47 (1): 123-135.

Steinfeld N. Trading with privacy: The price of personal information [J]. Online Information Review, 2015, 39 (7): 923-938.

Svejnar J, Singer M. Using vouchers to privatize an economy: The Czech and Slovak case [J]. Economics of Transition, 1994 (2): 43-69.

Tsai J Y, Egelman S, Cranor L, et al. The effect of online privacy information on purchasing behavior: An experimental study [J]. Information Systems Research, 2011, 22 (2): 254-268.

Vickrey W. Counter speculation, auctions, and competitive sealed tenders [J]. The Journal of Finance, 1961, 16 (1): 8-37.

Xie D, Zhang L. A generalized model of growth in the data economy [J/OL]. SSRN Electronic Journal, 2021. https://api.semanticscholar.org/

CorpusID: 198186175.

Yu H, Zhang M. Data pricing strategy based on data quality [J]. Computers & Industrial Engineering, 2017 (112): 1-10.

Zhang M, Beltrán F, Liu J. Selling data at an auction under privacy constraints [C] // Conference on Uncertainty in Artificial Intelligence. PMLR, 2020: 669-678.

Zhang M, Beltrán F. A survey of data pricing methods [J/OL]. SSRN Electronic Journal. 2020. https://doi.org/10.2139/ssrn.3609120.

Zhang R, Indulska M, Sadiq S. Discovering data quality problems: The case of repurposed data [J]. Business & Information Systems Engineering, 2019 (61): 575-593.

附　录
问卷调查情况

附件1　调查问卷函

尊敬的受访者:

首先,感谢您对本次问卷调查的支持,对您抽出宝贵的时间填写问卷表示敬意!

"加快培育数据要素市场",这是以习近平同志为核心的党中央关于发展数字经济的重要战略部署。近年来,随着数字经济快速发展,推进数据资源化、资产化、资本化、要素化、市场化成为学界和业界的共识。然而,现实中数据要素市场发展并不顺利,呈现"有数无市、有市无数"的现象。为此,本研究围绕数据要素市场的影响因素,以问卷形式开展调研,期待您在这一研究课题中贡献智慧。

问卷分为两个部分,第一部分是受访人基本信息,我们已充分考虑了保护个人隐私问题,请放心填写;第二部分是数据要素市场影响因素重要程度量表,请您根据自己的理解或工作实践给出答案。

问卷只用于本课题研究,不会用于任何其他目的,原始数据也不会提供给其他任何用途,我们承诺为您参与本次问卷的任何个人信息安全负法律责任。

最后,祝您工作顺利、身体健康!感谢您对本研究贡献智慧和力量。

中国科学院大学经济与管理学院

2022年8月30日

附件2 受访者基本信息（请在选项上直接打√）

1.您的性别？

A.男　　　　B.女

2.您的年龄？

A.30岁及以下　B.31~40岁　C.41~50岁　D.51~60岁　E.60岁以上

3.您的职业？

A.数据主管部门人员　B.数据企业人员　C.专家　D.网民　E.交易机构人员

4.您在本单位的职务？

A.高层管理人员　　B.中层管理人员　　C.普通员工　　D.其他

5.您的学历？

A.博士　　B.硕士　　C.大学本科　　D.专科　　E.专科以下

6.您认为数据交易市场的前景如何？

A.很好　　B.好　　C.一般　　D.说不准

7.您是否会在确保数据安全的前提下出售个人数据？

A.会　　B.不会　　C.不知道怎么卖　　D.没有想过

附件3 数据要素市场影响因素量表

请您根据自己的工作实践、直观理解和思考,判断表中因素对于数据要素市场的影响程度。您只需要在对应的表格中打"√",并请尽量都作出判断。

表格中,"1"表示影响程度低,"2"表示影响程度较低,"3"表示影响程度一般,"4"表示影响程度较高,"5"表示影响程度高。

附表3-1 数据要素市场影响因素量表

编号	影响因素	重要性程度				
		低	较低	一般	较高	高
		1	2	3	4	5
b1	推动个人数据入市					
b2	加强人工智能研发					
b3	完善数据定价机制					
b4	坚持市场配置资源					
b5	培育数商市场主体					
b6	保障网络设施安全					
b7	开发场景应用技术					
b8	支持交易场所建设					
b9	加强信息机制设计					
b10	完善市场基础设施					
b11	加快市场体系建设					
b12	加快企业数据入市					
b13	突破隐私保护技术					
b14	推进数字技术进步					
b15	开放更多公共数据					
b16	加快数据产业发展					
b17	鼓励列支数据消费					
b18	培育数据市场生态					
b19	支持数据入市融资					

续表

编号	影响因素	重要性程度				
		低	较低	一般	较高	高
		1	2	3	4	5
b20	打击市场违法活动					
b21	支持多种交易形式					
b22	加快数据授权使用					
b23	限制市场垄断行为					
b24	明确数据产权制度					
b25	支持数据参与分配					
b26	制定产品标准体系					
b27	加大政府资金支持					
b28	发挥平台公司作用					
b29	鼓励民营资本入市					
b30	依法保护个人隐私					
b31	完善市场准入制度					
b32	出台专项产业政策					
b33	出台市场交易规则					
b34	重视数据伦理问题					
b35	打造良好法治环境					
b36	加强信用体系建设					
b37	增设数据学科专业					
b38	形成良好舆论氛围					
b39	培育诚信社会风尚					
b40	加强基础理论研究					
b41	培养数据专业人才					
b42	提升全民数字素养					

附件4　调查问卷默认报告

附表4-1　调查对象基本情况

1.您的性别？　［单选题］

选项	小计	比例
A.男	249	69.94%
B.女	107	30.06%
本题有效填写人次	356	

2.您的年龄？　［单选题］

选项	小计	比例
A.30岁及以下	124	34.83%
B.31~40岁	144	40.45%
C.41~50岁	79	22.19%
D.51~60岁	8	2.25%
E.60岁以上	1	0.28%
本题有效填写人次	356	

3.您的职业？　［单选题］

选项	小计	比例
A.数据主管部门人员	153	42.98%
B.数据企业人员	154	43.26%
C.专家	19	5.34%
D.网民	30	8.43%
E.交易机构人员	0	0%
本题有效填写人次	356	

4.您在本单位的职务？　　[单选题]

选项	小计	比例
A.高层管理人员	3	0.84%
B.中层管理人员	15	4.21%
C.普通员工	336	94.38%
D.其他	2	0.56%
本题有效填写人次	356	

5.您的学历？　　[单选题]

选项	小计	比例
A.博士	3	0.84%
B.硕士	136	38.2%
C.大学本科	213	59.83%
D.专科	3	0.84%
E.专科以下	1	0.28%
本题有效填写人次	356	

6.您认为数据交易市场的前景如何？　　[单选题]

选项	小计	比例
A.很好	164	46.07%
B.好	117	32.87%
C.一般	39	10.96%
D.说不准	36	10.11%
本题有效填写人次	356	

7.您是否会在确保数据安全的前提下出售个人数据？　　[单选题]

选项	小计	比例
A.会	62	17.42%
B.不会	228	64.04%
C.不知道怎么卖	25	7.02%
D.没有想过	41	11.52%
本题有效填写人次	356	

附表4-2　数据要素市场影响因素［矩阵量表题］

该矩阵题平均分：4.26

编号	问题	低	较低	一般	较高	高	平均分
b1	推动个人数据入市	7 (1.97%)	3 (0.84%)	27 (7.58%)	114 (32.02%)	205 (57.58%)	4.42
b2	加强人工智能研发	5 (1.4%)	6 (1.69%)	43 (12.08%)	119 (33.43%)	183 (51.4%)	4.32
b3	完善数据定价机制	5 (1.4%)	2 (0.56%)	36 (10.11%)	93 (26.12%)	220 (61.8%)	4.46
b4	坚持市场配置资源	4 (1.12%)	4 (1.12%)	40 (11.24%)	104 (29.21%)	204 (57.3%)	4.4
b5	培育数商市场主体	5 (1.4%)	3 (0.84%)	50 (14.04%)	123 (34.55%)	175 (49.16%)	4.29
b6	保障网络设施安全	6 (1.69%)	11 (3.09%)	87 (24.44%)	110 (30.9%)	142 (39.89%)	4.04
b7	开发场景应用技术	4 (1.12%)	7 (1.97%)	22 (6.18%)	78 (21.91%)	245 (68.82%)	4.55
b8	支持交易场所建设	4 (1.12%)	5 (1.4%)	51 (14.33%)	108 (30.34%)	188 (52.81%)	4.32
b9	加强信息机制设计	4 (1.12%)	4 (1.12%)	52 (14.61%)	119 (33.43%)	177 (49.72%)	4.29
b10	完善市场基础设施	6 (1.69%)	8 (2.25%)	81 (22.75%)	97 (27.25%)	164 (46.07%)	4.14
b11	加快市场体系建设	5 (1.4%)	3 (0.84%)	53 (14.89%)	120 (33.71%)	175 (49.16%)	4.28
b12	加快企业数据入市	8 (2.25%)	9 (2.53%)	67 (18.82%)	115 (32.3%)	157 (44.1%)	4.13

续表

编号	问题	低	较低	一般	较高	高	平均分
b13	突破隐私保护技术	5 (1.4%)	7 (1.97%)	65 (18.26%)	109 (30.62%)	170 (47.75%)	4.21
b14	推进数字技术进步	5 (1.4%)	4 (1.12%)	37 (10.39%)	102 (28.65%)	208 (58.43%)	4.42
b15	开放更多公共数据	15 (4.21%)	14 (3.93%)	95 (26.69%)	90 (25.28%)	142 (39.89%)	3.93
b16	加快数据产业发展	8 (2.25%)	3 (0.84%)	54 (15.17%)	113 (31.74%)	178 (50%)	4.26
b17	鼓励列支数据消费	6 (1.69%)	3 (0.84%)	44 (12.36%)	124 (34.83%)	179 (50.28%)	4.31
b18	培育数据市场生态	6 (1.69%)	6 (1.69%)	47 (13.2%)	120 (33.71%)	177 (49.72%)	4.28
b19	支持数据入市融资	5 (1.4%)	13 (3.65%)	82 (23.03%)	108 (30.34%)	148 (41.57%)	4.07
b20	打击市场违法活动	7 (1.97%)	4 (1.12%)	58 (16.29%)	110 (30.9%)	177 (49.72%)	4.25
b21	支持多种交易形式	11 (3.09%)	12 (3.37%)	65 (18.26%)	125 (35.11%)	143 (40.17%)	4.06
b22	加快数据授权使用	21 (5.9%)	14 (3.93%)	74 (20.79%)	113 (31.74%)	134 (37.64%)	3.91
b23	限制市场垄断行为	5 (1.4%)	3 (0.84%)	35 (9.83%)	123 (34.55%)	190 (53.37%)	4.38
b24	明确数据产权制度	7 (1.97%)	4 (1.12%)	50 (14.04%)	129 (36.24%)	166 (46.63%)	4.24
b25	支持数据参与分配	9 (2.53%)	7 (1.97%)	53 (14.89%)	125 (35.11%)	162 (45.51%)	4.19
b26	制定产品标准体系	7 (1.97%)	5 (1.4%)	53 (14.89%)	127 (35.67%)	164 (46.07%)	4.22
b27	加大政府资金支持	6 (1.69%)	3 (0.84%)	57 (16.01%)	122 (34.27%)	168 (47.19%)	4.24
b28	发挥平台公司作用	10 (2.81%)	9 (2.53%)	58 (16.29%)	110 (30.9%)	169 (47.47%)	4.18
b29	鼓励民营资本入市	5 (1.4%)	6 (1.69%)	36 (10.11%)	105 (29.49%)	204 (57.3%)	4.4
b30	依法保护个人隐私	9 (2.53%)	7 (1.97%)	62 (17.42%)	120 (33.71%)	158 (44.38%)	4.15

续表

编号	问题	低	较低	一般	较高	高	平均分
b31	完善市场准入制度	6 (1.69%)	4 (1.12%)	35 (9.83%)	111 (31.18%)	200 (56.18%)	4.39
b32	出台专项产业政策	6 (1.69%)	5 (1.4%)	57 (16.01%)	124 (34.83%)	164 (46.07%)	4.22
b33	出台市场交易规则	4 (1.12%)	4 (1.12%)	48 (13.48%)	121 (33.99%)	179 (50.28%)	4.31
b34	重视数据伦理问题	4 (1.12%)	5 (1.4%)	42 (11.8%)	118 (33.15%)	187 (52.53%)	4.35
b35	打造良好法治环境	5 (1.4%)	3 (0.84%)	41 (11.52%)	124 (34.83%)	183 (51.4%)	4.34
b36	加强信用体系建设	6 (1.69%)	7 (1.97%)	69 (19.38%)	124 (34.83%)	150 (42.13%)	4.14
b37	增设数据学科专业	6 (1.69%)	7 (1.97%)	57 (16.01%)	130 (36.52%)	156 (43.82%)	4.19
b38	形成良好舆论氛围	7 (1.97%)	4 (1.12%)	28 (7.87%)	103 (28.93%)	214 (60.11%)	4.44
b39	培育诚信社会风尚	4 (1.12%)	8 (2.25%)	51 (14.33%)	136 (38.2%)	157 (44.1%)	4.22
b40	加强基础理论研究	6 (1.69%)	2 (0.56%)	50 (14.04%)	123 (34.55%)	175 (49.16%)	4.29
b41	培养数据专业人才	5 (1.4%)	2 (0.56%)	39 (10.96%)	110 (30.9%)	200 (56.18%)	4.4
b42	提升全民数字素养	7 (1.97%)	8 (2.25%)	62 (17.42%)	131 (36.8%)	148 (41.57%)	4.14
小计		276 (1.85%)	248 (1.66%)	2213 (14.8%)	4830 (32.3%)	7385 (49.39%)	4.26

后 记

本书由我的博士学位论文改写而成。

顺利完成了在中国科学院大学的学习和论文写作，成果属于学位获得者，凝聚的是导师和老师、同学以及所有关心支持我的人的思想、智慧和心血。

感谢我的导师汪寿阳教授！汪老师经世济用的治学情怀、包容宽厚的博大胸怀、提携后进的学者仁心、鼓励创新的大家风范，不仅影响着我的求学之道，也一定会照耀我以后的人生之路，让我终身受益。

感谢我的副导师乔晗教授！乔老师勤奋好学、年轻有为，是我学习的榜样。

感谢董军社常务副书记、王艳芬常务副书记、董纪昌副校长、洪永淼院长！你们创造的良好学习环境，为我们在离科学最近的地方搭建了攀登科学高峰的阶梯。

感谢李秀婷老师、魏云捷老师！感谢陈立轩同学！感谢中央财经大学杨朴园博士！感谢中国联通何飙副总裁！感谢工业和信息化部徐朝锋司长！你们在论文的数学建模、实证分析和数据收集上给了我重要帮助。

感谢胡毅老师、董志老师、许伟老师和张奇同学、季煦同学、李邓宇卉同学！你们为我的论文提出了宝贵意见。

感谢所有授课老师和经济与管理学院阎古月老师、侯海利老师等全体教职员工！你们为我提供了最大的支持帮助。

感谢我的同事孙梦爽同志、程旭同志！你们为论文的英文翻译贡献了力量。

感谢2020级博士高端班亲爱的同学们！我们不再"青葱"的岁月里，但依然续写着精彩的光阴故事。

感谢"奋进新时代"的几个好朋友！我们一起奋进美好生活，共享时代荣光。

感谢我的夫人黎嫦娟女士！感谢我的孩子黄忆然、黄枥茜！你们让我有勇气给你们树立学习的榜样。

黄朝椿

2023年11月11日

图书在版编目(CIP)数据

数据要素市场：性质、影响因素及动力机制/黄朝椿著. -- 北京：社会科学文献出版社，2024.6
ISBN 978-7-5228-3590-7

Ⅰ.①数… Ⅱ.①黄… Ⅲ.①数据管理-信息产业-研究 Ⅳ.①F49

中国国家版本馆CIP数据核字（2024）第083955号

数据要素市场：性质、影响因素及动力机制

著　者 / 黄朝椿

出 版 人 / 冀祥德
组稿编辑 / 陈　颖
责任编辑 / 宋　静
责任印制 / 王京美

出　　版 / 社会科学文献出版社·皮书分社（010）59367127
　　　　　地址：北京市北三环中路甲29号院华龙大厦　邮编：100029
　　　　　网址：www.ssap.com.cn
发　　行 / 社会科学文献出版社（010）59367028
印　　装 / 三河市龙林印务有限公司
规　　格 / 开　本：787mm×1092mm 1/16
　　　　　印　张：16.75　字　数：252千字
版　　次 / 2024年6月第1版　2024年6月第1次印刷
书　　号 / ISBN 978-7-5228-3590-7
定　　价 / 98.00元

读者服务电话：4008918866

版权所有 翻印必究